# Bloomberg par Bloomberg

MICHAEL BLOOMBERG

avec la précieuse collaboration de

MATTHEW WINKLER

# Bloomberg par Bloomberg

Traduction de Marie-France Pavillet

Village Mondial

L'édition originale de cet ouvrage a été publiée aux États-Unis par John Wiley & Sons, Inc., New York, sous le titre *Bloomberg by Bloomberg*.





ISBN : 2-84211-064-1

À
Emma et Georgina

M.B.

À
Jacob, Nathan, et Lydia

M.W.

pour essayer de répondre à la question « Qu'est-ce qu'il fait Papa ?»

# Sommaire

# Préface

Je suis heureux que *Bloomberg par Bloomberg* fasse l'objet d'une édition française. L'Europe représente en effet 35 % du chiffre d'affaires mondial de notre Groupe et la France étant l'un de nos dix principaux marchés, j'ai le plaisir d'y venir de plus en plus souvent.

Bloomberg News, à Paris depuis 1992, est notre première tête de pont en France – notre présence s'imposait dans la seconde économie d'Europe, riche de tant de banques, de maisons de courtage et de gestionnaires de fonds de renommée mondiale.

Néanmoins, fidèles à notre méthode habituelle, nous avons commencé petit : au début, notre rédacteur en chef travaillait tout seul, à domicile. Il a ensuite embauché deux collègues et loué un bureau exigu rue du Faubourg Saint-Honoré, non loin de l'Élysée. Lorsque notre équipe s'est étoffée, nous avons annexé le bureau voisin et nos journalistes, fidèles eux aussi à nos méthodes, ont fait abattre la cloison pour faciliter la communication interne.

Depuis près de dix ans, mon nom était déjà connu des banques d'investissement et des traders européens qui appréciaient le Terminal Bloomberg pour ses données informatisées, ses cours constamment actualisés, ses analyses et ses graphiques. Dans les premiers temps, les journalistes de notre bureau parisien ont cependant dû mettre les bouchées doubles pour faire connaître aux entreprises françaises notre service de presse naissant. Ils se sont vite fait remarquer par le dynamisme avec lequel ils couvraient les marchés, l'actualité économique et la vie des entreprises.

L'activité se développant, ils ont déménagé à plusieurs reprises avant de s'installer à notre adresse actuelle, avenue Kléber, dans un immeuble spacieux, entièrement rénové, avec vue sur la Tour Eiffel. Une vingtaine de journalistes y travaillent ; ils disposent d'un studio de télévision ultra moderne où ils ont accueilli les banquiers, les industriels et les analystes les plus célèbres du pays. D'emblée, comme à Manhattan, nous y avons adopté un agencement de l'espace entièrement ouvert, de sorte qu'il n'y a plus de cloisons à abattre.

Notre expansion en France a coïncidé avec une restructuration majeure du système financier et la mise en œuvre de réformes économiques d'une portée plus générale. Le cours des valeurs mobilières y a plus que doublé pendant la seconde moitié des années quatre-vingt dix, tandis que le volume des transactions augmentait également. À la faveur des privatisations, la culture de l'actionnariat, déjà bien établie aux États-Unis et en Grande-Bretagne, y a gagné du terrain. Les OPA fracassantes s'y multiplient, tandis que les entreprises françaises figurent désormais parmi les investisseurs les plus dynamiques du monde.

Bloomberg a joué un rôle significatif dans cette évolution : nous avons en effet contribué à accroître la transparence en obligeant les maisons de courtage et les porte-parole des entreprises à s'exprimer. Au passage, nous n'avons pas hésité à briser certains tabous, par exemple en appelant les dirigeants à leur domicile pour leur demander leur point de vue.

En sept ans, nous avons observé et accompagné des changements profonds en France ; il y a fort à parier que l'avenir en réserve d'autres, ainsi que des défis. Nous avons la ferme intention de relever les nôtres et de faire partie du nouveau paysage français.

Bonne lecture.

MICHAEL BLOOMBERG,
*novembre 1999*

# 1

# Goodbye, Mr Bloomberg !

## Tarrytown, 1981 : je me fais mettre à la porte en beauté

Et voilà... J'ai trente-neuf ans, et je m'entends dire : « Voici un chèque de 10 millions de dollars. Tu es viré. » Un matin d'été, John Gutfreund, associé gérant du cabinet de courtage le plus célèbre de Wall Street et Henry Kaufman, alors l'économiste le plus influent du monde, m'expliquent que ma carrière chez Salomon Brothers est terminée.

« Il est temps que tu partes », précise John.

Nous sommes le samedi 1er août 1981 et ces deux hommes sont en train de mettre un terme à mon premier emploi à plein temps et à la vie stressante et trépidante que j'adore. Et cela après quinze ans de journées de douze heures, six jours sur sept.

Dehors !

Quinze ans durant, j'ai joué un rôle de premier plan au sein de la maison de courtage de titres la plus florissante du pays et à Wall Street même. Apparemment, je n'étais pas le seul à le penser : à en croire les coupures de presse me concernant, c'était l'opinion générale. Mais voilà, on n'a plus besoin de moi, maintenant. J'étais associé de Salomon Brothers. Plus actionnaire que salarié. Qu'à cela ne tienne :

Licencié !

Dès demain, je ne serai plus au courant de rien, je ne prendrai plus de décisions, je ne partagerai plus les pertes et profits de « mon » cabinet, je n'en ferai plus partie du tout. Il n'y a plus de « nous », désormais. Il y a « eux », et il y a « moi ».

« Que penses-tu de la vente du cabinet ? » me demande Henry.

« Si je suis viré, j'aime autant qu'elle se fasse tout de suite ! »

J'empoche tout de même dix millions de dollars. L'Amérique est un pays extraordinaire.

* * *

Le conseil exécutif de Salomon Brothers a décidé de fusionner cette vénérable firme (elle a alors soixante-dix ans) avec Phibro Corporation, société de négoce cotée en Bourse (qui avait autrefois appartenu à Engelhard Minerals and Chemicals). Nous découvrons la chose par une chaude soirée d'été, un vendredi, au cours d'une réunion convoquée à la hâte. « Présence obligatoire, discrétion absolue de rigueur », précisait l'invitation. Quant au lieu, c'est le centre de conférences de Tarrytown, ancienne propriété de Mary Duke Biddle, l'un des fleurons de la grande bourgeoisie new-yorkaise au début du siècle. Un service de sécurité draconien vérifie l'identité de tous les participants au fur et à mesure de leur arrivée. (Un journaliste du magazine *Fortune*, qui a eu vent de l'événement et s'est caché dans un arbre, réussit cependant à passer entre les mailles du filet. Pour de la discrétion absolue, ce n'est pas mal !) Soixante-trois d'entre nous participent à leur dernière réunion en qualité d'associés de Salomon Brothers. Quant à moi, c'est ce soir-là que Gutfreund et Kaufman me diront que je suis rayé des listes.

Nous nous retrouvons tous dans une grande salle de conférence, avant le dîner. Des avocats et des experts-comptables de haut vol, dont les honoraires seront encore plus élevés qu'à l'accoutumée en raison de l'horaire, arpentent les côtés de la salle, échangeant des regards furtifs et suintant la nervosité. Peut-être craignent-ils qu'un grain de sable ne vienne empêcher les choses de se dérouler conformément au scénario préétabli. Tables et chaises ont été disposées en rangées et le conseil exécutif fait face à la salle, face aux « troupes ». Un sous-main de cuir gris foncé aux initiales de chaque associé marque la place de chacun. Je m'assieds à ma place et, bien que l'on nous ait demandé d'attendre, je me mets, comme tout le monde, à lire les documents qu'il contient. Les premiers sont des projections financières pour notre compagnie après la fusion envisagée avec Phibro. Suivent, en annexe, des comptes de résultats et des bilans, des documents juridiques et d'autres paperasses administratives.

Mais le sous-main contient aussi un autre dossier infiniment plus intéressant : les conséquences de l'accord envisagé pour moi, Michael Bloomberg. Apparemment, je vais toucher plusieurs millions de dollars !

Les discours insipides se succèdent. Le conseil exécutif a pris sa décision : il vend. Tout est joué d'avance ; cette mise en scène a tout de la parodie d'un jugement en assises. Les témoins ont vu de leurs yeux l'accusé appuyer sur la gâchette, pas la moindre circonstance atténuante n'a été invoquée par la défense, les juges viennent d'envoyer les jurés délibérer. À peine arrivés dans leur salle, le président les interroge.

Douze personnes répondent instantanément : « Coupable ! »

« Bien. Retournons à la cour. »

« Impossible ! Ce serait manquer d'égards pour l'accusé. Asseyons-nous et bavardons un moment. »

C'est exactement ce que nous faisons ce soir-là, à Tarrytown. Nous parlons. Soixante minutes. Avec sérieux et gravité. Certains posent des questions sur les différences entre les cultures d'entreprise, d'autres sur le potentiel bénéficiaire, quelques-uns sur la structure de l'équipe de direction et le risque que certains postes fassent doublons.

Complètement à côté de la plaque, ces questions ! Le conseil exécutif souhaite cette fusion et aurait pu la voter tout seul. Oui, c'est vrai, nous sommes mis devant le fait accompli. Mais il ne faut pas s'y tromper : les autres associés approuvent. À 100 %. Aucun des participants de cette assemblée n'envisage une seule seconde de s'opposer à la vente, moi pas plus que les autres. Il y a trop d'argent à la clé, nous sommes tous actionnaires.

Quand nous passons à table, tout est dit. Nous arborons tous l'air sérieux d'hommes d'affaires accomplis, mais nous avons bien du mal à ne pas sourire béatement. Ceux qui viennent de participer à la réunion se retrouvent tous à la tête d'une fortune dépassant leurs rêves les plus fous. Jusque-là, le capital que nous possédions en tant qu'associés ne représentait à nos yeux que des rangées de chiffres alignés dans le grand livre, c'était de l'argent « impalpable ». Nous pouvions en faire don aux bonnes œuvres ou donner notre démission, mais dans ce cas il faudrait encore attendre dix ans pour le toucher. En dehors de cela (mis à part les 5 % d'intérêts qui nous étaient versés annuellement), notre fortune n'existait que sur papier. Avant le 1er août 1981, du moins. Mais plus maintenant. Elle est réelle, maintenant. Dans notre poche. Cash !

On nous a demandé de n'en parler à personne avant l'annonce officielle, le lundi suivant. Jusque-là, le secret a été bien gardé : personne, que ce soit à l'intérieur ou à l'extérieur de la société, ne sait que la vente est envisagée. (À vrai dire, mon ami et associé Bob Salomon a deviné, la veille, que ce qui se trame implique Phibro Corp. Il m'a montré le symbole de la société sur son écran boursier avant de partir pour la réunion de Tarrytown. Il faut croire qu'il est plus malin que les autres !) Le conseil exécutif n'a rien dit aux anciens associés commanditaires. Pas même au vénérable patriarche Billy Salomon, qui se trouve dans sa résidence secondaire de Southampton. Il en sera informé deux jours plus tard, à l'occasion d'une visite surprise – et fort critiquée – en hélicoptère, du conseil exécutif.

Nonobstant les instructions formelles de garder le secret absolu, certains associés téléphonent à leur épouse dès le vendredi soir. Personnellement, je trouve ridicule de transformer sa femme en suspect au cas où il y aurait des fuites. Qu'est-ce que cela peut lui faire d'être au courant vingt-quatre heures plus tôt ou plus tard ? Mais certains ne partagent pas mon point de vue. L'un d'entre nous appelle sa femme, qui passe la soirée à son country club. Elle a à peine raccroché qu'elle se précipite dans le restaurant du club house en criant : « Nous sommes riches, nous sommes riches ! » Heureusement, personne ne fait attention à elle.

Au dîner, on nous sert un énorme steak, arrosé un peu plus tard de digestifs corsés ; ensuite, nous jouons au billard et au poker, fumons des cigares de Cuba, rions comme des fous. La soirée est mémorable : on se croirait sur un campus, nous buvons et faisons la fête jusqu'au petit matin. Sans penser aux autres. Ce moment, c'est le nôtre. Nous avons travaillé pour y parvenir et, que nous le méritions ou non, nous l'avons !

* * *

Le lendemain matin, avec des gueules de bois incroyables et fort évidentes, chaque associé est reçu par deux membres du conseil exécutif, Gutfreund et Kaufman en ce qui me concerne. La plupart des soixante-trois associés sont invités à rester comme salariés de la nouvelle compagnie. Pas moi. Une demi-douzaine d'autres types sont également remerciés.

« Puisque vous n'avez plus besoin de moi, je rentre à la maison. »

Je n'ai aucune raison d'assister à la réunion avec les nouveaux actionnaires. Je ne suis pas concerné.

Suis-je triste, en rentrant en voiture ? Sans aucun doute. Mais, comme d'habitude, j'ai trop d'amour-propre pour le montrer. Et puis, j'ai des consolations : un chèque de 10 millions de dollars et des obligations convertibles. S'il faut quitter Salomon Brothers, c'est le moment où jamais. Je touche mon capital immédiatement au lieu d'attendre dix ans. Et comme Phibro offre une prime de fusion, sa valeur a doublé. Je n'ai même pas à me torturer sur la question de savoir s'il faut, ou non, rester chez Salomon – hier encore, elle était pourtant pertinente, mes perspectives de carrière y étant manifestement de moins en moins prometteuses.

Tout de même, cela me fait drôle de penser que la prochaine fois que j'entendrai parler de Salomon Brothers, ce ne sera plus *ma* boîte, je serai en dehors du coup. S'ils m'avaient dit : « Nous avons un autre poste à vous proposer » – la direction du bureau d'Afghanistan, par exemple – j'aurais sauté dessus. Comme je l'avais fait à un autre tournant de ma carrière, en 1979, lorsque Billy Salomon et John Gutfreund m'avaient demandé d'abandonner mes responsabilités de commercial et de trader pour prendre la direction des systèmes informatiques. Ils auraient pu me demander ce qu'ils voulaient, j'aurais été d'accord pour le faire. C'était une boîte formidable, et j'aurais été heureux d'y rester. Je ne serais jamais parti de moi-même : il n'y aurait pas eu de raisons de le faire en période faste et je ne les aurais jamais abandonnés en période difficile. Malheureusement (ou heureusement pour moi, en fin de compte), l'option de rester ne m'était pas ouverte.

Par la suite, je ne me suis jamais demandé ce qui se passait dans mon ancienne entreprise, je ne suis jamais allé voir mes anciens collègues. Je n'ai pas l'habitude de regarder en arrière. Quand c'est fini, c'est fini : la vie continue !

* * *

Si, techniquement, c'était Phibro qui achetait Salomon, ce dernier ne tarda néanmoins pas à prendre la direction du nouvel ensemble – le pouvoir changea de mains à une vitesse record. Au moment de la transaction, Phibro avait certes pris les rênes du nouveau groupe Phibro-Salomon. Mais la branche valeurs mobilières était florissante, tandis que la branche négoce de matières premières s'effondrait. Bientôt, la nouvelle entité devint Salomon Inc., avec deux filiales, Phibro Energy et Philipp Brothers. Ce dernier nom retomba dans l'obscurité où il était cinq ans plus tôt. Pratiquement dès le premier jour, l'acquisition dominait son acquéreur, sans que ce dernier comprenne ce qui lui arrivait. Il faut dire que le couple était aussi mal assorti que possible.

Quant aux associés de Salomon, si la fusion leur offrait à la fois la liberté et la fortune, elle mettait fin à la firme telle qu'ils l'avaient connue des décennies durant. En perdant le contrôle de ses collaborateurs clés, Salomon détruisait en effet sa ressource la plus précieuse. Jusqu'alors, les associés travaillaient à long terme, attachés qu'ils étaient par des menottes en or : les dix ans qu'il fallait attendre avant de toucher leur capital. Après la fusion, la nouvelle société ne comptait plus que des salariés ordinaires. Aujourd'hui, tant chez Salomon que chez Phibro, pratiquement tous ceux qui étaient là au moment de la fusion sont partis. S'il est incontestable que cela a fait la fortune des associés de l'époque et que le nouveau groupe s'en tire très bien, en dernière analyse, les deux partenaires y ont perdu.

* * *

Une semaine après l'annonce de la fusion, je suis allé voir Billy Salomon pour lui dire au revoir et le remercier de tout ce qu'il avait fait pour moi. Il n'était pas heureux. Il était même furieux que l'on ait vendu « sa » boîte sans le consulter.

« Vous m'avez bien eu ! » me dit-il.

Je me suis senti obligé de faire une petite mise au point : « Non, Billy, c'est vous qui avez fixé les règles du jeu ! C'est vous qui avez décrété, il y a des années, que les associés non dirigeants et les associés commanditaires (dont il faisait désormais partie) n'avaient pas voix au chapitre. Vous avez décidé que le conseil exécutif exercerait un pouvoir absolu. Vous en avez choisi personnellement tous les membres, un à un. À tort ou à raison, c'est vous qui en avez doté le cabinet. Et la décision de fusionner avec Phibro, ce sont eux qui l'ont prise, pas les autres associés ! »

Je n'ai jamais pensé que Billy avait réellement matière à se plaindre. Sauf peut-être pour la façon dont les choses s'étaient passées, mais pas sur le fond. C'était John et le conseil exécutif qui exerçaient véritablement la responsabilité de faire ce qu'ils pensaient être bon pour la société – autrement dit pour ses actionnaires. Bill avait choisi les hommes qui prenaient les décisions. Ces derniers ne faisaient qu'appliquer les règles qu'il avait établies. Simplement, il n'avait pas prévu que cela mènerait à des résultats qui lui plairaient aussi peu.

Si j'ai fait mes adieux à Billy, je ne me souviens pas que John Gutfreund m'ait jamais fait les siens. Je l'ai revu pour la première fois sept ans plus tard, à l'occasion d'un anniversaire surprise organisé pour les cinquante ans d'un ancien associé, Jack Kugler. Il est venu me saluer :

« Bonjour jeune homme, comment vas-tu ? ».

« Très bien, un peu plus jeune que toi. »

« Tu as toujours été un rigolo, toi ! »

Et voilà. Merci, John. Il m'avait embauché quand, jeune titulaire de mon MBA, je cherchais du boulot – et mis dehors quand je n'avais plus rien à attendre de Salomon Brothers. Dans les deux cas, à point nommé.

Même si ma carrière s'y est terminée sans que je l'aie personnellement souhaité, je dois beaucoup à William Salomon et à John Gutfreund. Ils m'ont appris énormément de choses : l'éthique, la philanthropie, à travailler d'arrache-pied et à me soucier des autres. Ils m'ont encouragé à me battre pour réussir et m'ont toujours soutenu, même quand ça ne marchait pas. Ils m'ont donné l'occasion de faire mes preuves, et aussi celle de partir à la tête d'une fortune presque inimaginable, que j'ai utilisée plus tard pour créer ma propre entreprise. Compte tenu du nombre de collaborateurs qu'a compté Salomon Brothers au fil des années, des myriades d'autres personnes doivent partager ma reconnaissance pour ces deux hommes.

Leurs carrières se sont terminées très différemment, Billy ayant donné volontairement sa démission, John ayant été contraint de remettre la sienne à la suite d'un scandale (un sous-fifre ayant truqué la comptabilité), mais ils ont en commun d'avoir joué un rôle très positif. J'estime en effet qu'ils ont tous deux beaucoup apporté, à Wall Street d'abord, à moi personnellement ensuite, tant au plan intellectuel qu'au plan humain. Encore aujourd'hui, je les considère tous deux comme des amis.

* * *

Au cours de la semaine qui a suivi ce mémorable dernier repas des associés de Salomon Brothers à Tarrytown, je suis allé chez un fourreur de la 3ième Avenue et ai commandé une veste de zibeline pour Sue, mon épouse, qui s'était mariée cinq ans plus tôt avec un golden boy, une étoile de Wall Street, même. Hélas, depuis cette soirée fatidique de 1981, quand elle rencontrait quelqu'un et qu'on lui demandait ce que faisait son mari, elle était tentée de répondre quelque chose comme : « Eh bien, il a été un associé très important chez Salomon Brothers. » J'espérais que ma petite surprise lui remonterait le moral.

C'est vrai que, de mon côté, cela ne m'a jamais gêné de dire que je m'étais fait licencier et que je dirigeais maintenant une petite entreprise que j'avais créée. Je crois que j'ai peut-être le cuir plus épais que beaucoup d'autres (un mécanisme de défense psychologique m'a peut-être permis de me convaincre que je me fichais du « qu'en dira-t-on »). Mais je craignais que Sue ne vive mal le fait que je ne bénéficie plus de la même visibilité, qu'elle ait peur que nous nous retrouvions à la rue. Il me semblait qu'une veste de zibeline exprimerait très bien le message suivant : « Ne t'inquiète pas. Nous avons encore de quoi vivre. Nous sommes encore dans la course. »

Mon dernier jour chez Salomon tombait le 30 septembre 1981. J'ai demandé au fourreur de m'attendre jusqu'à sept heures et demie du soir et, après une journée, comme d'habitude, de douze heures, je suis passé prendre la veste. Sue était aux anges. Après avoir bu une bouteille de champagne, nous avons embrassé notre fille Emma et sommes allés au restaurant. Le lendemain matin, je créais la société Bloomberg. Le reste n'est que devenir.

# 2

# Je fais mon entrée dans le monde capitaliste

## École, travail et coups durs

J'avais déjà parcouru un bon bout de chemin pour arriver dans ce centre de conférences de Tarrytown. D'origine modeste et laborieuse – mon père était comptable dans une laiterie, ma mère, indépendante et plutôt libérale – je n'étais guère programmé pour réussir brillamment, à Wall Street ou ailleurs. Mais, dès l'enfance, mes parents m'ont inculqué le goût du travail, la curiosité intellectuelle et l'ambition de tout mettre en œuvre pour atteindre mes objectifs – tous ces principes allaient m'être des plus utiles durant mes études, au cours de ma formation au capitalisme chez Salomon et, plus tard, quand j'ai créé mon entreprise.

Nous habitions Medford, dans le Massachusetts, petite ville ouvrière dans la proche banlieue de Boston. J'ai fait mes études secondaires – que j'ai terminées en 1960 – à l'école publique. Celle-ci comptait 250 élèves par niveau et la plupart s'orientaient ensuite non vers des études supérieures mais vers une formation professionnelle. Je me suis terriblement ennuyé jusqu'à la terminale, mais cette année-là nous avons eu la chance d'avoir deux cours passionnants en histoire et littérature. Pour la première fois, mes études m'intéressaient suffisamment pour me donner envie de donner le meilleur de moi-même.

Le professeur d'histoire nous faisait véritablement vivre les événements du passé, en particulier certaines époques encore sujettes à controverse de l'histoire américaine, dont il nous précisa qu'ils n'avaient encore jamais été enseignés dans les écoles publiques. L'un de ces événements était la période troublée des années vingt, dont le procès des anarchistes Sacco et Vanzetti fut un des épisodes les plus marquants. Il nous racontait que sa mère allait tous les jours assister aux audiences (aujourd'hui, elle aurait certainement regardé les émissions que la télévision consacre aux grands procès), nous expliquait que certains considéraient les accusés comme des héros, d'autres comme des incarnations de l'Antéchrist. Cette façon de mêler sa famille à l'histoire lui conférait une réalité, une actualité extraordinaires : ce n'était plus une matière comme une autre, à lire et à apprendre. J'ai eu la même chance en littérature : au lieu de se contenter de nous enseigner l'orthographe et la grammaire (deux domaines où j'ai certainement encore des lacunes), le professeur d'anglais nous aidait à analyser les grands chefs d'œuvres de l'humanité. Il y avait une différence immense entre discuter de la signification profonde de l'œuvre et en décortiquer l'intrigue, toute la différence qu'il y a entre se passionner et s'ennuyer. Ces deux cours ont élargi mes horizons. Le fait d'être mis en contact avec une histoire et une culture qui n'étaient pas nécessairement « politiquement correctes » m'a ouvert un monde nouveau. Je ne regrette qu'une seule chose, c'est d'avoir en partie perdu mon temps avant cette année-là. Je suis convaincu que notre société a le devoir de faire en sorte que nos enfants découvrent le bonheur d'apprendre. S'il y a une chose dont nous n'avons pas besoin, c'est de fabriquer des générations successives de victimes de l'illettrisme fonctionnel.

En dehors de l'école, il y a un livre qui m'a beaucoup marqué, je crois que j'ai bien dû le lire une centaine de fois. C'est le roman *Johnny Tremain,* dont le héros est un jeune messager qui joue les espions au service des rebelles américains de Boston en 1776, pendant la guerre d'indépendance. J'ai souvent pris le métro pour me rendre en ville, sur les lieux historiques qu'il décrivait. Je m'identifiais au héros patriote, défiant le vieux roi George III – rôle de franc-tireur que j'essaie, encore aujourd'hui, de jouer. J'ai fini par développer un sens de l'histoire et de ce qu'elle nous laisse en héritage – d'ailleurs, je suis toujours abasourdi de voir le peu d'enseignements que les gens tirent du passé ; nous livrons indéfiniment les mêmes batailles et tout le monde a l'air d'avoir oublié que ce sont des politiques malencontreuses et à courte vue qui ont conduit aux grandes crises, aux guerres, à l'oppression et à la division. En tant que citoyens, nous laissons continuellement nos élus prétendre, pour racoler des suffrages, que des solutions faciles, boiteuses et éculées peuvent résoudre des problèmes complexes. En tant qu'électeurs, nous oublions sans cesse les leçons que nous ont enseignées ceux qui n'ont pas accepté de faire aveuglément confiance aux autorités élues. Dieu nous préserve si, comme le croit George Santayana, nous sommes condamnés à ce que tout cela se répète.

Le scoutisme, que j'ai adoré, m'a permis de conjuguer mon sens de la vie en groupe et mon ambition de me réaliser personnellement. J'étais heureux comme un roi chaque fois que j'avais mérité et obtenu un badge, fier comme Artaban chaque fois que je progressais d'un échelon. J'ai été l'un des plus jeunes Eagle Scouts (l'équivalent américain des Routiers) de l'histoire de la troupe. Le camp d'été était le grand moment de l'année. Pour réunir les fonds nécessaires, nous vendions des guirlandes de Noël en faisant du porte-à-porte. C'est ainsi que j'ai acquis ma première expérience commerciale. Le grand moment venu, nous passions six semaines dans les coins les plus sauvages du New Hampshire, dormions deux par tente, pour être réveillés au son du clairon, puis nous doucher à l'eau glacée. Quant à la nourriture, c'était une alternance de hot dogs et de hamburgers que nous dégustions dans un vaste réfectoire. Nous prenions notre tour pour les corvées de patate, mettre la table et faire la vaisselle. Je me souviens que j'adorais les repas, en particulier la boisson instantanée sucrée que nous appelions « punch ». Tous les jours, nous pouvions pratiquer le tir, le tir à l'arc, l'aviron, le canoë, la natation, le dessin, la poterie et des dizaines de jeux et d'autres activités manuelles. Les raids et les descentes du fleuve étaient les temps forts de la semaine. Le moins drôle, c'était la journée des parents, mais, heureusement, il n'y en avait qu'une ou deux par camp. C'est grâce au scoutisme que j'ai appris à me débrouiller par moi-même et, en même temps, à vivre et à travailler avec les autres.

L'hiver, le samedi matin, j'allais assister à des conférences au musée des sciences de Boston. On y familiarisait les enfants avec le monde de la nature et de la physique d'une façon que l'école ne pouvait pas le faire. Chaque semaine, deux heures durant, j'étais sous le charme. Les moniteurs nous mettaient en mains des serpents, des hiboux, des porcs-épics ; ils nous faisaient découvrir les lois fondamentales de la physique grâce à des expériences auxquelles ils nous faisaient participer activement ; puis ils nous interrogeaient sur les objets exposés dans le musée. Nous nous prenions vraiment au jeu : tous les enfants – moi y compris – essayaient de se faire remarquer en faisant un sans faute. Cette compétition m'a montré la valeur de l'observation précise, du souci du détail, de l'écoute attentive. Un jour, par exemple, la question portait sur l'âge d'un arbre. À l'étage au-dessus était exposée la section d'un arbre immense, d'un mètre cinquante de diamètre, où les grands événements de l'histoire étaient marqués au moyen d'ampoules électriques placées sur les cercles correspondants, des plus récents, sur l'anneau périphérique, aux plus anciens, au cœur du tronc, remontant à l'époque de sa germination, plusieurs siècles plus tôt. La question portait sur l'âge du « séquoia ». À notre fureur générale, le moniteur refusait la réponse que nous considérions unanimement comme la bonne ; enfin, l'un d'entre nous a réalisé que la section d'arbre à laquelle nous pensions, celle qui portait les repères historiques lumineux, ne provenait pas d'un séquoia mais d'un séquoia géant – variété légèrement différente. Écouter, poser des questions, expérimenter, réfléchir... Les moniteurs du musée des sciences de Boston m'ont appris la valeur de l'honnêteté intellectuelle et de la culture, des années avant que je n'entame mes études supérieures.

* * *

Depuis que j'étais au lycée, je travaillais le soir, le week-end et pendant les vacances pour une petite entreprise d'électronique de Cambridge, non loin de chez nous. J'y avais fait la connaissance d'une femme qui y faisait figure de génie de la technique. Lorsque nous avons discuté de mon avenir, elle m'a poussé à poser ma candidature à l'université Johns Hopkins, à Baltimore. Les sciences m'intéressaient, et elle connaissait quelqu'un au Laboratoire de Physique appliquée. Puisque je voulais poursuivre mes études, il fallait bien choisir une université, autant choisir celle-là. Je remplis donc un dossier de candidature, et, au bout de quelque temps, j'ai appris que j'étais accepté. Je ne pense pas que cet établissement ait regretté de m'avoir donné ma chance. Quant à moi, je n'ai jamais regretté d'y avoir obtenu mon diplôme d'ingénieur.

J'étais un étudiant assez médiocre, plus par manque de motivation que d'aptitudes naturelles, du moins je l'espère. Mes notes se situaient en général autour de C (c'est-à-dire de la moyenne), mais en dernière année, j'ai suivi deux fois plus de cours que la normale et collectionné les A. Je me contentais néanmoins de lire les manuels, d'aller au cours, de comprendre ce que disait le professeur et de le lui ressortir plus tard comme un perroquet. Jamais il ne m'est venu à l'idée que j'aurais pu présenter des idées personnelles. Je n'avais ni une motivation ni un intellect suffisants pour devenir un véritable ingénieur, physicien, ou mathématicien. Ce que j'aimais vraiment – ma véritable spécialité – c'étaient les contacts humains. Je suis donc devenu président de ma fraternité, président du conseil inter-fraternités, président de promo, le grand homme du campus, quoi.... J'ai appris à mener campagne pour me faire élire, à briguer les meilleurs postes. L'organisation des soirées pour le bureau des élèves ou la fraternité m'a permis de développer des talents d'organisateur. J'ai appris à obtenir le consensus et à faire travailler les gens en équipe en dirigeant diverses organisations estudiantines en marge de l'université. Toutes ces compétences m'ont aidé, plus tard, chez Salomon Brothers à Wall Street, puis dans ma propre entreprise.

Quand j'ai commencé à réfléchir à ce que je ferais après le diplôme, il m'est apparu évident que je devais m'orienter vers la gestion. D'ailleurs, j'aurais sans doute cherché un job tout de suite si je ne m'étais senti obligé de faire comme mes condisciples de Johns Hopkins, qui avaient tous posé des candidatures dans d'autres universités pour obtenir des diplômes de « graduates » (troisième cycle). Sous cette pression collective, j'ai donc posé la mienne à la Harvard Business School. Je me trouvais, avec des copains, dans la salle réservée au courrier du campus lorsque la réponse est arrivée : c'était une épaisse enveloppe brune.

« Super ! Je suis pris ! Allons boire un café ! »

« Tu n'ouvres pas la lettre ? »

« Pas la peine ! Si c'était non, l'enveloppe serait toute mince ! »

* * *

Je n'ai pas perdu mon temps, au cours des deux années que j'ai passées à Harvard. J'y ai appris les bases de la comptabilité, du marketing, de la production, du management, du contrôle de gestion, de la finance et de la science du comportement. La méthode de Harvard, l'étude de cas, m'a permis d'aiguiser mes compétences analytiques et mes aptitudes à la communication. Rien n'est aussi éducatif que les réactions instantanées d'une centaine de condisciples qui vous clouent au pilori si vous ne connaissez pas votre dossier à fond ou si vous ne parvenez pas à justifier votre point de vue.

Le niveau y était très bon, mais pas ce que j'appelle extraordinaire. Il y avait dans ma promotion quelques étudiants très brillants, mais certains autres n'étaient, à mon sens, pas particulièrement doués intellectuellement, certains même ne savaient parler que de sport : je les considérais comme des imposteurs. Je ne m'étais pas tellement trompé : si je regarde ce qu'ils sont devenus trente ans plus tard, ceux que je trouvais bons ont bien réussi, ceux que trouvais médiocres s'en sont moins bien sortis et ceux que je trouvais minables ont totalement disparu de la circulation. Le sens pratique et le bon sens tout court augurent mieux de la réussite après le diplôme que le rang de sortie. Comme le mien était moyen, ce constat ne me dérange guère.

J'ai un peu honte à le dire, mais je me souviens avoir été plus impressionné par le nom de mes camarades de promo que par leurs aptitudes. Moi qui venais d'une banlieue ouvrière, je n'avais jamais rencontré d'individus aussi proches de la célébrité. Nombre de mes condisciples étaient fils de grands patrons qui faisaient la une des journaux économiques. Pensais-je qu'ils atteindraient des sommets parce que papa l'avait fait avant eux ? (Cela ne s'est pas produit, en général.) Espérais-je secrètement que l'un d'entre eux me présenterait à ses parents, ce qui n'aurait pas nui à ma carrière ? (Rares sont les sociétés dirigées par les pères en question qui n'ont pas été rayées de la carte aujourd'hui.) Pensais-je qu'être vu avec eux me donnerait du prestige ? (Aujourd'hui, des noms célèbres, il y en a treize à la douzaine, dans nos bureaux !) De fait, si les relations que j'ai nouées parmi les anciens élèves de Harvard m'ont beaucoup aidé et me rendent encore service, il ne s'agit jamais de ceux qui m'avaient tellement impressionné à l'époque.

* * *

En 1966, quand je me préparais à quitter Harvard avec mon MBA en poche, je ne m'étais pas encore tellement préoccupé de ma carrière professionnelle. Comme la plupart des jeunes gens de ma génération, je pensais partir droit au Vietnam après la remise des diplômes. Je ne connaissais personne qui soutienne réellement cette guerre, et je n'étais certes pas enthousiaste à l'idée de me faire canarder dans la jungle, mais à l'époque l'idée de nous rebeller contre notre pays ne nous venait pas à l'esprit. Contrairement à ce que laissaient entendre les journaux, personne, pratiquement, n'allait au Canada pour éviter d'être appelé sous les drapeaux. La famille, l'école, le scoutisme, le sport, la politique, la presse – tout, dans la vie, nous enseignait le devoir, la loyauté, la responsabilité, le sacrifice, le patriotisme. Une petite minorité de jeunes organisait des manifestations, se montait la tête, et écrivait des articles sur la désobéissance civile. Mais, d'une façon générale, quand l'Oncle Sam nous appelait, nous répondions présent.

J'étais rattaché à une unité militaire qui me donnerait le grade de sous-lieutenant après Harvard. Trois mois avant la remise des diplômes, je suis allé passer la visite médicale. Une formalité, car j'étais en parfaite santé. À ma grande surprise, le médecin me dit que j'avais les pieds plats : je n'étais pas apte au service.

Être dispensé de partir et peut-être de me faire tuer, c'était une bonne nouvelle. Mais la dispense qui m'a été notifiée ne me dispensait pas réellement. Elle donnait au gouvernement la possibilité de changer d'avis plus tard, si l'effort de guerre nécessitait la contribution de ceux d'entre nous qui étaient affligés de cette terrible difformité podologique. Et, dans ce cas, je ne savais ni à quelle unité je serais affecté, ni si j'y serais officier. J'ai donc tout mis en œuvre pour faire sauter ma dispense et entrer dans l'armée. J'ai écrit aux sénateurs et aux représentants au Congrès du Massachusetts, pour faire mon devoir – servir mon pays – mais aussi pour garder un certain contrôle de mon destin. Les réponses de ces hommes politiques m'ont donné un premier avant-goût de ce que sont leurs promesses, apparemment jamais tenues. J'ai bien reçu des lettres rédigées par leur secrétariat (« Nous allons faire notre possible pour vous aider »), mais personne, apparemment, n'est jamais intervenu en ma faveur. Et, bien qu'en ce milieu des années soixante, tous les jeunes hommes de moins de vingt-cinq ans soient potentiellement sous les drapeaux, je n'ai plus jamais entendu parler de mon centre de conscription. Nous avons fini par déclarer la victoire et perdre la guerre.

* * *

Qu'allais-je faire de ma vie ? Deux mois avant la remise de diplômes, je n'avais pas la moindre idée de la façon dont je transformerais des études fort onéreuses en gagne-pain. Je n'y avais pas encore réfléchi, pas plus que je n'avais cherché à obtenir des entretiens de recrutement. Mon bon ami Steve Fenster, camarade de Harvard qui ferait plus tard partie de mon conseil d'administration (cinq ans avant qu'il ne meure d'un cancer), m'a conseillé d'appeler Salomon Brothers & Hutzler et Goldman Sachs, et de leur dire que je ne rêvais que de devenir commercial ou trader.

Ces noms ne me disaient pas grand-chose. J'avais fort à faire à me mettre en tête les subtilités de la théorie économique keynésienne et les complexités des manuels financiers, mais je connaissais mal Wall Street, les gens qui y travaillaient et les métiers que l'on pouvait y exercer. J'avais toujours pensé que je ferais de la gestion dans une grande entreprise industrielle ou dans un bureau d'études, ou que je me lancerais dans l'immobilier, comme Ron Burks, mon meilleur ami de Harvard. (Il a fallu attendre les années quatre-vingts pour que Wall Street se mette à attirer invinciblement les MBA fraîchement émoulus.)

« Ne t'inquiète pas, me dit Fenster, téléphone-leur, tu verras bien ! »

Steve avait travaillé au Pentagone, où il avait fait partie du vivier de jeunes de Robert McNamara et il avait fait un stage d'été chez Morgan Stanley. C'était mon expert personnel, tant pour l'armée que pour Wall Street et il disait que je serais comme un poisson dans l'eau, que ce soit chez Goldman Sachs ou chez Salomon, soit commercial ou trader. N'ayant personnellement aucune idée plus judicieuse, j'ai pris mon téléphone et j'ai appelé ces deux firmes.

Heureusement pour moi qui n'avais guère frayé avec les Rockefeller et dont le père n'était pas un célèbre capitaine d'industrie, les métiers de la bourse ne jouissaient pas, à l'époque, d'un prestige exceptionnel. Relativement peu de diplômés des universités les plus prestigieuses dites « *Ivy League* », s'orientaient dans cette direction. Contrairement aux opérations financières ou à l'analyse, Wall

Street était dédaigné par les jeunes privilégiés. Que ce soit pour être commercial ou trader, il fallait se salir les mains, prendre le téléphone, parler à des clients. D'accord, pratiquement tous les métiers comportent une composante commerciale importante – tant il est vrai qu'il faut toujours « vendre » sa société, ses idées, et soi-même. Assurément, les grands pontes de la banque d'investissements dépendent au moins autant de leurs relations que de leur talent d'analyste. Indubitablement, un bon trader doit faire preuve de rigueur, de concentràtion, avoir la discipline de compartimenter, se battre pour réussir. Néanmoins, à l'époque, aucun analyste financier, aucun banquier qui se respecte n'aurait envisagé une seule seconde de travailler avec des téléphones pour décrocher des affaires. Solliciter, c'était s'abaisser. Les postes de commerciaux et de traders qu'avaient à offrir les sociétés de Bourse n'attiraient pas les foules. Les « grosses pointures » allaient ailleurs.

Dans le milieu familial où j'avais grandi, ces distinctions de classe n'avaient pas cours. Si l'on avait essayé de m'expliquer ces subtilités, je n'aurais pas compris. Mes parents me servaient de modèles, ils m'avaient enseigné leurs valeurs, les valeurs américaines traditionnelles : l'amour du travail, le respect de l'instruction, et à compter sur moi-même, qu'il s'agisse d'une activité intellectuelle ou physique. Pour moi qui avais à rembourser l'emprunt contracté pour financer mes études supérieures, un bon job était un bon job, un point c'est tout. Et, comme j'allais l'apprendre plus tard, chez Salomon Brothers et dans ma propre société, ce sont les « sans le sou » dont les yeux brillent d'ambition, ceux qui ont la faim au ventre mais pas la moindre notion de caste sociale, qui vont le plus loin et réalisent le plus de choses.

L'un des rares titulaires d'un MBA de la Harvard Business School à accepter de s'enrôler dans les bataillons de Wall Street, j'ai obtenu des entretiens dans les deux maisons auxquelles Steve m'avait conseillé de postuler. Goldman Sachs m'a invité à New York et j'ai été présenté à Gustav Levy, associé gérant de la firme. L'homme était une légende vivante. « Mike, monsieur Levy ! »

J'avais devant moi un homme que rien, apparemment, ne distinguait de ses collaborateurs, à la fois cordial et distant, dont le cercle d'amis et de relations comptait certes les leaders de la politique et de la finance, mais pas encore moi. Nous nous sommes serré la main et avons échangé les plaisanteries habituelles. Ignorant l'importance du personnage, je n'étais pas aussi impressionné que j'aurais dû l'être. Gus, comme on l'appelait, c'était vraiment quelqu'un : il avait fait de grandes choses, c'était l'un des premiers arbitragistes et philanthropes de Wall Street. Plusieurs dizaines d'années après sa mort, il est encore révéré en tant que banquier novateur, conseiller jouissant de la confiance générale et brillant preneur de risques. Je n'ai hélas pas eu la présence d'esprit de lui poser quelques questions ce jour-là, je regrette aussi de n'avoir pas eu l'occasion de le rencontrer plus longuement plus tard dans ma carrière, avant sa mort. Mais c'est ainsi.

Après ce premier entretien, j'ai filé chez Salomon Brothers & Hutzler où j'en avais un autre. J'étais le seul diplômé de Harvard à avoir sollicité un poste dans cette petite maison de négociation de titres qui ne comptait dans ses rangs aucun collaborateur titulaire d'un MBA prestigieux, profil que recherchent tant de sociétés. Le directeur du personnel, Stuart Allen, m'a fait faire un tour de maison au cours duquel je suis entré en conversation avec un certain Bill, dont je n'ai pas compris le nom de famille. Nous avons parlé études, de la pluie et du beau temps, de New York, de choses et d'autres. Il avait l'air sympathique, j'avais l'impression de parler à un cousin éloigné pendant un mariage de famille.

« Qu'est-ce que vous pensez de Billy ? », m'a demandé mon compagnon quand celui-ci se fut éloigné.

Avant de répondre, je me suis fait préciser son identité.

« Eh bien, William R. Salomon ! »

Je ne savais pas. Je l'avais trouvé sympathique, d'un contact facile. Mais comme j'en étais à appeler par son prénom l'associé gérant d'une firme et que j'avais rencontré « monsieur Levy », le patron de l'autre, je savais où je m'intégrerais le mieux.

Le véritable entretien d'embauche, chez Salomon, ce n'est pas Billy, mais trois autres personnes qui me l'ont accordé : Harry Nelson, le directeur commercial ; Sandy Lewis, le directeur du trading (c'était le fils de Cy Lewis, qui était alors associé gérant de Bear), et l'associé numéro deux de Salomon, John Gutfreund. Nous nous trouvions dans une salle de conférences sans fenêtres, mais qui communiquait directement avec la pièce où officiait le coiffeur-barbier des associés, luxe qu'il était de bon ton de s'offrir à l'époque dans les hautes sphères. Les œuvres d'art qui décoraient la pièce (je sus plus tard qu'elles étaient toutes louées) étaient également du meilleur effet. Je vois encore cette énorme toile représentant le célèbre combat de boxe Dempsey-Firpo. C'était la première fois de ma vie que je voyais une vraie toile ailleurs que dans un musée. Lors du second entretien de rigueur, auquel participaient les mêmes interlocuteurs, ils m'ont offert un job, avec un salaire de 9 000 dollars par an. Entre-temps, Dick Menschel, le directeur commercial de Goldman, Sachs, m'en avait offert un autre, à 14 000 dollars par an, le salaire normal pour un MBA de Harvard à l'époque.

« Désolé, mais, je n'ai pas les moyens d'accepter ! ai-je expliqué à Nelson, Lewis et Gutfreund. Je voudrais bien, j'aimerais bien, mais le costume que je porte sur moi est le seul que je possède, vous comprenez ! » Effectivement, à Harvard, on pouvait fort bien s'installer au fond de la classe, en jean, en se contentant de porter le veston du collège. « Je n'ai pas d'appartement. Mon compte en banque est vide. En revanche, j'ai des emprunts à rembourser, car mon travail à temps partiel au parking du campus ne me permettait pas de joindre les deux bouts. »

« Vous auriez besoin de combien ? » a demandé Gutfreund.

Instantanément, j'ai décidé que je ne pouvais en aucun cas demander les 14 000 dollars nécessaires : je ne voulais pas avoir l'air trop gourmand et j'étais convaincu que si je demandais moins, ils me donneraient plus – ils ne pouvaient pas ne pas comprendre que je devais être libéré de tout souci financier pour pouvoir me consacrer entièrement à mon travail, au lieu de passer mon temps à me demander avec quoi je paierais le repas suivant.

« Il me faudrait 11 500 dollars. »

« Très bien, dit Gutfreund. Ça fera 9 000 dollars de salaire et un prêt de 2 500 dollars. » Sur ces belles paroles, il s'est levé et est sorti. Pas mal, la négociation, pour un futur trader !

« Affaire conclue », enchaîna Sandy Lewis.

« Mais je n'ai dit ni oui ni non ! »

« Ne vous inquiétez pas ! »

Il n'y avait plus rien à dire. J'ai signé un contrat d'emprunt (au moins, il était sans intérêt !) La première année, j'ai reçu en bonus 500 dollars pour rembourser une partie de mon emprunt et douze mois plus tard, le solde de l'emprunt. En 1973, j'ai fait encadrer la note, signée de Gutfreund, m'acquittant de l'ensemble de la dette, à côté de l'annonce, dans le journal, de ma nomination comme associé.

* * *

Dire que je me suis facilement intégré chez Salomon et que j'aimais mon métier serait très en dessous de la vérité. Je l'adorais littéralement. En 1966, Wall Street n'était pas le monde impersonnel qu'il est aujourd'hui, où il n'est pas rare que des gens changent de job six fois en dix ans. À l'époque, on passait plusieurs années dans la même maison, on était, ou on devenait, un « Morgan Stanley », un « Becker », un « KL » (pour Kuhn Loeb), etc. Non seulement les gens s'identifiaient à leur employeur, mais ils s'imprégnaient de la personnalité de la maison : l'éventail était très ouvert, de la morgue hautaine à la désinvolture désarmante. La réciproque était vraie, car les firmes étaient marquées des caractéristiques de leurs principaux collaborateurs. Dès l'instant où j'ai été embauché, il n'y avait aucun doute, je suis devenu un « Salomon ». Nombre de grands cabinets de courtage cherchaient à recruter les rejetons de cette sorte de noblesse que confère l'ancienneté dans les affaires, ils avaient un faible prononcé pour les jeunes gens bien élevés, les accents distingués, les anciens des universités appartenant à l'*Ivy League*. Salomon Brothers, en revanche, se présentait plutôt comme une méritocratie : on y appréciait les ambitieux, on tolérait l'excentricité, et l'on ne faisait pas de différence entre le titulaire d'un doctorat et un garçon qui n'avait même pas achevé ses études secondaires. Je m'intégrais parfaitement dans cet environnement. C'était moi.

Si nos employeurs déteignaient ainsi sur nous, il y avait à cela une bonne raison. Ce qui comptait, à Wall Street, à l'époque, ce n'était pas l'individu mais la maison à laquelle il appartenait. Nous ne parlions jamais à la première personne du singulier. (Un jour Billy Salomon entendit un trader contrevenir à cette règle en disant à un client : « *Je* vous achète 50 000 actions ». Il lui demanda haut et fort, devant tout le monde, si son compte personnel était suffisamment approvisionné.) Rares sont aujourd'hui les firmes qui se considèrent comme une grande famille, ce n'est pas compatible avec le recrutement ou le licenciement de fournées de centaines de personnes à la fois ; aussi l'esprit maison a-t-il laissé la place aux ambitions dévorantes. Tout collaborateur vise à se hisser à la place de « numéro un ». Il n'y a plus que des cowboys. Même les assistants traders débutants se considèrent comme des superstars et commencent à développer un ego fantastique. Les golden boys de Wall Street ne font pas grand cas du travail de leurs subordonnés, du bilan de leur société, de sa réputation, ni de leurs collègues. Ils *n'entrent* plus dans tel ou tel cabinet de courtage, ils y *acceptent un poste*. La firme dans laquelle ils travaillent n'est qu'un véhicule, le lieu où ils peuvent exercer leur talent irremplaçable (et toujours sous-payé !) ; ils revendiquent le statut d'agents libres pratiquement dès leur premier jour.

En revanche, quand j'ai débuté, si l'on parvenait à se faire embaucher dans une banque d'investissements – et cela n'avait rien de facile pour ceux qui n'avaient pas la chance de descendre directement de la famille du fondateur – on comptait bien y faire toute sa carrière. On grimperait les échelons de la hiérarchie, si tout allait bien, on finirait associé, et on mourrait à un âge avancé, au beau milieu d'une réunion de travail (c'est ainsi que Cy Lewis et Gus Levy ont tous deux quitté ce bas monde). On n'aimait pas forcément tous ses collègues et/ou associés, mais la réussite était « solidaire ». Leur succès contribuait au vôtre, votre réussite à la leur. Lorsque cette règle importante a été oubliée, vers la fin des années soixante-dix, la communauté que Wall Street formait jusque-là a volé en éclats. La suite est parfaitement conforme aux lois de Darwin : comme dans la nature, les meilleurs survivent, mais nombre de créatures dignes et bonnes périssent.

* * *

Salomon avait ceci de remarquable qu'il ne se prêtait ni aux querelles de couloir ni aux rivalités fratricides qui font rage dans l'entreprise commerciale moyenne. C'était un environnement totalement transparent. Tout le monde s'adonnait à la vente de titres ou au trading dans la même pièce, au coude à coude. Parfois, nous n'étions pas d'accord, des conflits éclataient, comme cela arrive toujours dans un groupe de collaborateurs réagissant au quart de tour. Les adversaires du moment s'envoyaient des injures. Ensuite, ils parvenaient à un compromis et la tempête s'apaisait. Les alliances se recomposaient. Les ennemis de la dernière algarade devenaient les alliés de la suivante. Mais personne ne fulminait derrière sa porte fermée, les cadres n'attisaient pas les animosités, n'érigeaient pas de barrières. Tout était ouvert, rapide et immédiat.

De même, personne ne venait nous mettre de bâtons dans les roues au nom de ce que l'on appelle pompeusement la « démocratie d'entreprise ». La « responsabilisation » n'avait pas encore été muée en concept de management, pas plus que le « développement personnel » ou le « consensus ». Il y avait l'associé gérant au sommet, le conseil exécutif juste au-dessous de lui, suivi par les associés et le gros de la troupe. (Les associés étaient convaincus d'avoir plus de pouvoir que les non-associés, mais en réalité, la plupart du temps ce n'était pas vrai.) À l'époque, l'associé gérant prenait toutes les décisions importantes. Je soupçonne que, bien souvent, il n'en parlait même pas ensuite au conseil exécutif, autant dire qu'il se préoccupait encore moins de le consulter *avant* ! Je suis prêt à parier que le conseil ne votait jamais sur rien. Je suis certain, en tous cas, qu'en ce qui nous concerne, on ne nous demandait jamais notre avis. C'était de la dictature pure et simple. Certes, mais une dictature bienveillante.

William R. Salomon (on l'appelait WRS derrière son dos, voire Billy, ce qu'il préférait de beaucoup), qui était le patron quand je suis arrivé en 1966, avait créé une culture d'entreprise tout à fait particulière. Chef d'entreprise résolu, il faisait preuve d'une grande constance. Je ne sais pas s'il lui arrivait parfois de douter de lui-même après une décision, je n'en ai jamais été témoin. Et même s'il était d'un abord très facile, toujours prêt à entendre le point de vue de chacun, quand il disait à gauche, on allait à gauche, et quand il disait à droite, c'était à droite. Sachant donc où nous allions, nous n'avions pas besoin de nous préparer à aller à droite *ou* à gauche. Il édictait les règles et il s'y conformait lui-même. Je ne sais pas si une conduite propre à ne pas embarrasser la firme en faisait partie, toujours est-il que sa vie privée était exemplaire. En revanche, s'il avait des raisons de croire que l'un d'entre nous se laissait aller à des incartades, il organisait instantanément une réunion d'associés pour éjecter le coupable, même si, en se privant de ses services, on renonçait à un chiffre d'affaires substantiel. Décrétait-il que chacun d'entre nous devait être accessible à tous ? Tout un chacun pouvait venir le voir à son bureau, à tout moment. Il appelait par leurs prénoms autant de personnes relevant des échelons inférieurs de la hiérarchie que de l'équipe de direction et demandait la réciproque. Devait-on prendre sa retraite à 65 ans chez Salomon ? Il décida de le faire à 63 ans, dès qu'il eut l'impression de ralentir un peu. Il n'y avait pas un règlement pour lui et un pour les autres : il se conformait au règlement général, un point c'est tout. Il dirigeait par l'exemple. Ce qu'il disait, il le faisait. Et nous n'avions plus qu'à en faire autant.

John Gutfreund a été, lui aussi, un patron remarquable, mais j'ai toujours pensé qu'il écoutait trop de personnes différentes et c'est souvent le dernier à parler qui l'emportait. Cela m'a beaucoup aidé au moment où je tentais désespérément de sauver ma·carrière. Du moment que je m'arrangeais pour être le dernier à le voir afin de le persuader du bien fondé de ma position, j'étais sûr qu'il me soutiendrait contre le conseil exécutif tout entier. Mais, avec le recul, je pense aujourd'hui que cela lui a énormément compliqué la tâche. Quand John a succédé à Bill comme associé gérant, les plus brillants d'entre nous se sont mis à se préparer à la fois à aller à gauche *et/ou* à droite. Par voie de conséquence, le personnel s'est divisé, et quand des difficultés se sont présentées, il s'est avéré plus difficile de diriger la firme. Contrairement à Billy, John consultait toutes les parties concernées avant de prendre une décision. Quelque noble que soit son motif, l'indécision apparente qui résultait de cette attitude a fini par le rendre impopulaire et le mener à sa perte. Si je compare le leadership de John à celui de William Salomon, il me semble que John avait d'aussi bons principes, était aussi honnête, aussi attentif au bien-être du personnel, plus égalitaire que Billy, mais moins efficace.

La vraie différence entre eux, c'est que John avait un meilleur sens de la bourse et Billy un meilleur sens des hommes. Cette distinction ne fera plaisir ni à l'un ni à l'autre, mais j'ai toujours pensé que la maison se portait mieux quand ils la dirigeaient conjointement. Chacun d'entre eux avait ses talents. Sans John, je crois que Billy aurait eu du mal à gérer l'aspect ingénierie financière au moment où les dérivés, les swaps, les valeurs hypothécaires et autres nouveaux produits financiers ont rendu le monde de la bourse de plus en plus complexe. Quant à John, il est clair que lorsque la croissance de la firme s'est traduite par des milliers de salariés à travers le monde, il a eu du mal à gérer les ressources humaines sans Billy. C'est quand ils ont travaillé en équipe, jusqu'à ce que Billy prenne sa retraite en 1978, qu'ils ont donné le meilleur d'eux-mêmes.

Quand leur partenariat a pris fin, ma carrière de gestionnaire de titres étant sur le déclin, j'avais besoin de faire autre chose – j'ai donc tenté de convaincre John qu'il avait besoin d'un adjoint susceptible de lui dire que l'empereur était nu – quelqu'un qui lui résiste un peu. Qui lui permette de tester sa résolution et d'affiner ses réactions. Mais il n'a pas voulu s'engager dans cette voie. Peut-être pensait-il que je n'avais pas les compétences nécessaires. Peut-être, tout simplement, ne souhaitait-il pas avoir une présence critique à ses côtés. Quoi qu'il en soit, ma proposition de prendre un chef d'état-major, de s'adjoindre une sentinelle – et de jouer personnellement ce rôle – n'a pas été retenue.

* * *

Je suis arrivé dans l'immeuble vétuste de Salomon, au numéro 60 de Wall Street, en juin 1966, et ai passé mon premier été dans « la cage », à compter physiquement, à la main, les titres. Pour un titulaire du MBA de Harvard, c'était un début bien modeste. Nous travaillions comme des bêtes, en maillot de corps, dans la chaleur accablante de la salle des coffres du sous-sol, alors sans air conditionné. Seuls les packs de bière que nous nous offrions de temps à autre rendaient notre labeur plus supportable. Après-midi après après-midi, nous comptions des milliards de dollars de certificats d'actions et d'obligations qui étaient ensuite livrés aux banques pour garantir leurs emprunts au jour le jour. Puis, tous les matins, ces certificats qu'il fallait rendre aux clients nous étaient rapportés par un groupe de coursiers débraillés, blanchis sous le harnais, qui faisaient du porte à porte dans les rues du bas Manhattan chargés d'actions et d'obligations « au porteur » ; il nous fallait alors les vérifier à nouveau avant de les réinscrire dans l'inventaire de la firme. Dans les années quatre-vingts, ces pratiques, désormais aussi désuètes que les voitures à cheval, ont été éliminées par les ordinateurs de l'ère de l'information. Ce n'était pas encore le cas lors de mes débuts chez Salomon.

Trois mois après ce brillant début de carrière, j'ai été promu au département des Achats et des Ventes. Un jour, le beau temps nous ayant incités à faire un petit tour dehors, l'ancien docker que j'avais comme patron nous a expliqué à tue-tête, devant tout le département, qu'à l'heure du déjeuner, il ne fallait pas passer plus d'une heure loin de son bureau, même et surtout si l'on sortait de Harvard et que l'on se prenait pour une diva. Il l'avait fait délibérément, pour me ridiculiser. Travailler sous la férule de ce type n'était guère plus agréable que suer sang et eau dans la « cage ». Diplômé de Johns Hopkins et de la Harvard Business School, je m'échinais dans un taudis dont le sol était recouvert d'un lino usé jusqu'à la corde, sur des chaises de bois bancales, passant mes journées à classer des bordereaux par ordre alphabétique et à me faire réprimander par un homme que j'aurais sans doute dû respecter, mais pour lequel je n'avais pas la moindre estime. Si des amis me demandaient ce que je faisais au bureau, je répondais pour sauver la face que « j'étudiais les méthodes et les procédures destinées à simplifier le flux de travail ». Il fallait bien enjoliver un peu, puisqu'ils étaient tous analystes financiers ou banquiers d'affaires et trônaient dans de vastes bureaux avec fenêtre et moquette, tandis que j'étais pour ma part ce que l'on ne peut appeler qu'employé. Pourquoi est-ce que je ne suis pas parti ? Par amour-propre, je crois.

Mais la chance a fini par me sourire. À la fin de ma première année, j'ai été sélectionné pour devenir véritablement « assistant » à l'étage du trading, dans la branche services publics. Je me trouvais propulsé au cœur de l'action, c'est là que se trouvaient les postes bien rémunérés. La vocation du service consistait à vendre et acheter des titres de compagnies d'électricité et de gaz. Il était dirigé par deux associées, Ira Lectmann et Connie Maniatty. Ma fonction principale consistait à tenir à jour le livre des positions. Quand un associé avait signé une fiche de transaction (les plus importantes donnaient lieu à une double signature), je tamponnais un numéro consécutif à celui de la transaction précédente, puis je mettais nos registres à jour. Ensuite, les fiches étaient transportées par tapis roulant au Back Office, d'où je venais de m'échapper. Je faisais enfin partie intégrante du système capitaliste. Apposer des tampons, tenir les registres : on peut dire que j'exploitais à fond les connaissances acquises au cours de mes études supérieures !

L'exécution de la seule autre tâche que l'on m'avait confiée fut à l'origine de ma perte – ou de mon salut, cela dépend du point de vue auquel on se place. J'étais chargé de la lourde responsabilité de faire en sorte que six crayons HB n° 2 parfaitement taillés attendent Ira sur son bureau le matin à son arrivée, et que six crayons HB n°3, tout aussi admirablement taillés, attendent Connie sur le sien – ou peut-être l'inverse, au fond. Quoi qu'il en soit, un jour, pour rompre l'ennui et exprimer le fond de ma personnalité, j'ai délibérément placé sur le bureau de l'une les crayons de l'autre et inversement ; pour couronner ce méfait, j'ai cassé toutes les mines. Connie l'a bien pris. Mais Ira s'est levée comme une folle, hurlant à John Gutfreund qu'elle ne voulait plus me voir, qu'il n'avait qu'à me renvoyer. Les crayons tenaient une place importante dans la vie d'Ira.

Sans autre forme de procès, John m'arracha à ce département (dont le sort fut modifié à jamais) et m'installa provisoirement dans son service de syndication, à côté de Jay Elsas, son adjoint, et surtout derrière une colonne. À partir de cet instant, mon visage cessa de polluer le champ de vision d'Ira. Salomon tolérait parfaitement un petit brin d'anarchie sous forme de canular, mais j'avais poussé trop loin le… crayon !

Un mois plus tard, j'ai été transféré au Département des Actions ; le reste appartient à l'histoire. Fini, les obligations. J'étais passé aux actions, pour de bon. Le cabinet venait juste de faire venir, du bureau de St Louis, Jay Perry, commercial doté d'une faconde et d'un débit impressionnants, pour développer une nouvelle activité, les transactions de blocs de titres. Depuis plusieurs dizaines d'années, Salomon achetait et vendait des paquets de milliers d'obligations en une seule transaction, sans passer par la corbeille, ce qui lui permettait d'éviter les fluctuations de cours brutales. Il s'agissait de transposer cette méthode aux actions, ce qui permettait aux investisseurs institutionnels d'acheter ou de vendre d'importants paquets d'actions en évitant les aléas du marché. Salomon allait d'ailleurs devenir le premier dans ce domaine. Quant à moi, en tant que bras droit de Jay, j'étais dans le coup. Lui aussi, puisque c'était mon bras gauche, comme il m'est arrivé de dire lorsque je me sentais d'humeur particulièrement modeste.

En fait, Perry et moi formions une équipe explosive. Nous aurions vendu n'importe quoi à n'importe qui. Si vous aviez eu envie de vous défaire d'un paquet d'actions, nous aurions vraisemblablement réussi à convaincre votre épouse de l'acheter. À l'époque, Salomon ne disposait pas encore d'une gamme complète de services diversifiés, nous ne pouvions donc pas nous appuyer, comme nos concurrents le faisaient sans même se rendre compte de la chance qu'ils avaient, sur les travaux du service d'études, d'analyse financière et de multiples contacts. Nous nous débrouillions très bien quand même, nous contentant de faire ce que font tous les grands vendeurs devant l'éternel : nous présentions tout ce que nous avions et ensuite nous insistions sur les faits les plus susceptibles de permettre au client de se convaincre lui-même qu'il fait une bonne affaire.

« Il y a un puissant spécialiste derrière », affirmais-je doctement à un acheteur qui n'avait vraisemblablement pas la moindre idée de la raison pour laquelle il était important qu'il y en ait un. (À Wall Street, les « spécialistes » sont des gens qui sont affectés à l'achat et à la vente des titres de telle ou telle société, de façon à ce que les transactions s'opèrent dans l'ordre et la discipline.) « D'après les graphiques que j'ai sous les yeux, j'ai l'impression que le titre va se redresser », affirmait Perry à ceux qui croyaient dur comme fer à la tendance. Je susurrais : « Regardez qui a acheté et vendu ce titre », à l'intention des clients convaincus que, s'ils ne savent pas, les autres savent. Ou encore : « Achetez ceci, nous vous aiderons à vendre cela », comme si nous n'aurions pas accepté de faire les deux opérations séparément.

Souvent, quand nous travaillions sur une transaction importante, critique, risquée, Billy et John se tenaient à côté de moi, écoutant en silence pendant que j'étais au téléphone avec un client, la tête en avant, complètement absorbé par la vente que j'essayais de faire, accumulant les arguments et les explications, tentant de me faire charmeur, plaidant ma cause. Quand je sentais que j'étais en train de l'emporter, j'étais très excité. L'opération conclue : « Voilà ! », disais-je en raccrochant calmement le téléphone, puis en passant l'ordre dûment rempli au trader, avec une nonchalance étudiée. Ils s'éloignaient sans mot dire. Sans un compliment. Je n'en avais pas besoin. J'étais l'étoile montante. Tout le monde s'attendait à ce que je fasse de gros coups. Je le savais très bien (et eux aussi !)

Quand nos autres stratégies ne marchaient pas, nous disposions d'une arme ultime : le capital de la firme et une fine équipe de cinq types astucieux, suffisamment bien informés et décidés pour jouer le grand jeu si nécessaire. Les deux traders du bureau, David Healy et Robert Bradley (Perry et moi aimions à nous dire traders, mais nous n'étions en réalité que des commerciaux), ainsi que Michael Meehan, David Kirkland et Hans Kertess à la corbeille pouvaient toujours menacer d'acheter les titres en question pour le compte de Salomon. Cela forçait l'acquéreur potentiel à passer à l'action, même s'il eût préféré attendre. « Il faut acheter maintenant, sinon vous risquez que l'occasion ne se présente plus jamais ». Ils achetaient toujours.

C'était fantastique. Ce nouveau concept du mega trading, nous le développions au fur et à mesure. C'était Cy Lewis, de Bear Stearns et Gus Levy de Goldman Sachs qui, les premiers, s'étaient mis à vendre les actions par blocs, comme des obligations, en une seule grosse transaction et à un seul prix. C'était une activité complètement révolutionnaire par rapport à la méthode traditionnelle, qui consistait à accumuler les titres à coup d'une succession de petites transactions en bourse, étalées sur un certain temps – à moins d'en disposer dès le départ. Grâce à ces efforts de pionniers, nous avons créé un marché plus large et plus rapide, destiné aux fonds institutionnels géants qui devenaient des acteurs de plus en plus importants à Wall Street : les fonds de pension, les fonds mutuels, les hedge funds, et les annuités des compagnies d'assurance. Ce faisant, nous transformions la relation vendeur/acheteur du concept traditionnel consistant à faire des affaires avec des partenaires connus, que nous faisions évoluer vers un système fondé sur une concurrence ouverte et loyale, jouant sur le prix. C'était nouveau, différent, lucratif (au début du moins), c'était amusant et j'étais fier d'être l'un des jeunes turcs à la tête du mouvement (avec mes contemporains Ginny Clark, Bruce Hackett et James Massey, qui sont tous devenus, plus tard dans leur carrière, des étoiles de Wall Street).

Le temps passant, Billy et John, même s'ils n'étaient pas traders à part entière comme Cy Lewis et Gus Levy, ont en réalité fait plus pour lancer le nouveau concept que n'importe quel autre leader de Wall Street. Salomon et Gutfreund connaissaient la valeur de la régularité dans le service à la clientèle. Ils étaient également très conscients de l'importance de la publicité, de faire passer le message que Salomon était à la fois bon et agressif dans ce nouveau domaine. Ils nous encourageaient à faire toutes les transactions, qu'elles soient profitables ou non. Avant que Billy ne prenne la tête de Salomon, les associés spécialisés sur les obligations avaient préféré investir en obligations de B & O Railroads plutôt qu'en actions de Haloid (le futur Xerox). Quand Billy a pris les commandes, ce sont les actions qui ont eu la part belle. Plus tard, lorsque les mêmes associés de Salomon se sont mis à se plaindre que Perry était fou à lier, John les a exclus, poussant transactions de blocs de titres et la participation à des syndicats de garantie, qu'il considérait comme l'avenir de la firme. Quand ils ont exigé que le capital de Salomon – autrement dit leur propre argent – ne soit pas mis en péril par des non associés comme ce gamin de Bloomberg, John s'est contenté de faire la sourde oreille et nous a laissé construire un département entier de traders agressifs qui apporteraient le service aux clients, prendraient le risque, et rassembleraient tout le monde. « Ne laissez jamais le client sortir d'ici et aller deux immeubles plus bas dans Wall Street – il risquerait d'y trouver les mêmes services que chez nous et de ne jamais revenir », nous disait toujours Billy. « Faites la transaction aujourd'hui. Il ne vous restera plus qu'à trouver le moyen de la rendre rentable demain. »

* * *

J'aimais Wall Street, mais pas seulement parce que l'on y brassait des sommes d'argent considérables. J'aimais aussi la vie que l'on y menait. Wall Street promettait des richesses considérables, mais en réalité, je ne crois pas que tellement de grandes fortunes s'y soient faites. De John D. Rockefeller et Sam Walton à, un de ces jours, je l'espère, Michael Bloomberg, il semble au contraire que les réussites financières éclatantes viennent plutôt couronner ceux qui ont créé leur entreprise, avec des produits concrets, dans le monde réel, ceux qui ont créé des emplois et de la valeur, aidé les gens. À l'époque, je n'en demandais pas tant : le confort quotidien de la prospérité et les satisfactions que m'apportait mon travail suffisaient à m'occuper et à faire de moi un homme heureux.

Le provincial que j'étais avait beaucoup à apprendre, non seulement sur Wall Street, mais aussi sur les agréments de la vie d'un golden boy à New York. Je me souviens encore de la première fois que je suis allé dans un restaurant français luxueux, « La Côte Basque ». C'était en 1967, avec Dave Osborn, commercial cosmopolite qui avait fait ses débuts chez Salomon en même temps que moi. (Il est devenu associé la même année et, plusieurs années plus tard, s'est également fait jeter le même jour que votre serviteur.) Je ne pouvais pas m'empêcher d'ouvrir des yeux ronds. C'était la première fois que je mettais les pieds dans un lieu d'une telle opulence. Une douzaine de personnes étaient assises autour d'une table sur laquelle trônait le plus grand décor floral que j'eus jamais vu.

La dame que j'avais à ma droite ne me parlait qu'en cas de stricte nécessité, et avec un accent si raffiné que j'avais du mal à comprendre du premier coup. Ses sujets de conversation étaient tout aussi incompréhensibles : Où ma famille possédait-elle des résidences secondaires en Europe ? Sous quel pavillon était notre yacht ? Avions-nous un hangar pour nos avions ? Feu mon père, qui n'a jamais gagné plus de 6 000 dollars par an, aurait bien ri. Autour de mon assiette, il y avait plus de couverts que n'en recelaient les tiroirs de ma mère. Il y en avait même entre mon assiette et mon verre, chose que je n'avais jamais vue ! Inutile de dire que j'ai prudemment attendu que les autres commencent pour voir comment manier tout cet arsenal.

Non seulement Osborn m'a donné un aperçu de la vie dans le grand monde, mais il m'a montré le bon usage d'une note de frais professionnels. Nous emmenions des clients au théâtre, à de grands événements sportifs, prendre le petit déjeuner dans les hôtels les plus huppés de Manhattan, nous les invitions évidemment à déjeuner et à dîner. Plus généreux encore, nous les emmenions aussi faire du golf, du ski dans les Rocheuses, assister à des congrès… Tout cela étant bien entendu financé par Salomon et, comme il se doit, de toute première classe, puisque l'objectif était de cimenter les « relations avec nos clients vitaux ». Oui, c'était tout à fait légitime, et c'était vraiment du business, mais cela nous permettait aussi de faire ce dont nous avions envie, quand, où, et avec qui nous en avions envie.

Parfois, je me disais que nous avions, comme Alice, traversé le miroir, que nous nous trouvions dans un autre monde. Un jour, nous avons paradé autour de Central Park dans une immense limousine noire. La seule autre occasion que j'avais eue de monter dans ce type de voiture, c'était pour les funérailles de mon père. Arrivés à destination, quelqu'un tendit un billet de 50 dollars au chauffeur – alors qu'un taxi nous aurait coûté environ deux dollars ! Cinquante dollars ! Cela couvrait l'intégralité de mon budget hebdomadaire, tant pour les dépenses personnelles que les sorties et la nourriture ! Drôle de monde ! Drôle d'argent ! Différent, surtout, de tout ce que j'avais connu jusque-là.

* * *

Pour revenir à la vie réelle, je me rendais chez Salomon en métro et, aussitôt arrivé, je lisais l'exemplaire du bureau du *Wall Street Journal* – j'économisais ainsi quinze cents. J'arrivais tous les matins à 7 heures, avant tout le monde sauf Billy Salomon. S'il avait besoin d'une allumette ou envie de discuter du dernier match, comme j'étais le seul interlocuteur possible, il venait bavarder avec moi. À vingt-six ans, j'étais le meilleur copain de l'associé gérant. Le soir, je restais plus tard que tout le monde sauf John Gutfreund. Quand il avait besoin de quelqu'un pour appeler les plus gros clients après la fermeture des bureaux ou l'écouter se plaindre que tout le monde soit parti, j'étais ce quelqu'un. J'en profitais pour rentrer chez moi en taxi, gratuitement, avec le numéro deux de la boîte. Cela ne me dérangeait pas d'être omniprésent, au contraire, j'adorais ça. Inutile de dire que cela n'a certainement pas nui à ma carrière de développer des relations étroites de travail avec les deux hommes qui tenaient les commandes.

Je n'ai jamais compris pourquoi tout le monde ne fait pas la même chose – je veux dire, se rendre indispensable. J'avais déjà mis au point cette tactique pendant les vacances entre ma première et ma seconde année à Harvard. Je travaillais pour une petite agence immobilière de Cambridge, Massachusetts, la petite ville où est implantée Harvard. Les étudiants venaient sur place chercher un appartement pour y emménager en septembre, mais ils étaient toujours pressés de repartir en vacances. Nous faisions passer des publicités dans les journaux locaux, dont chacune présentait une vingtaine de nos appartements. Tous les jours, les nouveaux arrivés se levaient tôt, faisaient main basse sur le journal de leur hôtel, se jetaient sur les pages immobilières, prenaient leur téléphone et fixaient un rendez-vous avec la première agence qui se trouvait disponible pour voir des logements qui semblaient devoir convenir, puis retournaient se coucher. Plus tard dans la journée, ils émergeaient pour visiter ce que nous avions à leur proposer.

J'arrivais à l'agence à 6 heures et demie du matin. À sept heures et demie ou huit heures, tous les locataires potentiels venus à Cambridge régler la question de leur logement de l'année suivante avaient appelé notre agence et pris rendez-vous avec la personne qu'ils trouvaient au bout du fil. J'étais évidemment le seul à me donner le mal d'arriver tôt pour répondre au téléphone. Les adultes « professionnels » qui travaillaient pour cette agence (je n'étais que le jeune stagiaire de l'été) arrivaient à neuf heures et demie. Puis, toute la journée, ils regardaient d'un air hébété le défilé d'étudiants qui entraient dans nos bureaux en demandant monsieur Bloomberg.

Woody Allen a dit un jour que 80 % de la vie consiste uniquement à être là où il faut quand il faut. J'y crois dur comme fer. On n'a jamais la maîtrise complète de son existence. On ne choisit pas les avantages avec lesquels on se lance dans la vie, pas plus, à l'évidence, que le QI dont on hérite génétiquement. En revanche, on maîtrise parfaitement la quantité de travail que l'on est prêt à fournir. Je suis certain qu'il existe quelqu'un, quelque part, d'assez astucieux pour réussir tout en « mettant les choses en perspective », sans se tuer au travail ; je ne dis pas qu'il (ou elle) n'existe pas, simplement, je ne l'ai jamais rencontré(e). Plus on travaille, mieux on réussit. C'est aussi simple que cela. J'ai toujours travaillé plus que mon voisin, et si je ne l'avais pas fait, c'est lui qui serait en train d'écrire ce bouquin, à l'heure qu'il est.

Cela ne m'empêchait pas d'avoir une vie privée. D'après mes souvenirs, je crois n'avoir jamais été motivé ou polarisé au point de ne pas pouvoir sortir le soir et le week-end. J'avais des petites amies, je faisais plus la fête, plus de ski et de jogging que la plupart des gens. Ma règle d'or, c'était de diviser mes journées en deux parts égales : douze heures pour bosser, douze heures pour m'amuser. Tous les jours. Plus on en fait, plus on parvient à en faire, plus on vit.

Même si je prenais ma carrière on ne peut plus au sérieux, je n'ai jamais planifié mon avenir. Contrairement à beaucoup de mes condisciples de Harvard, je ne me suis jamais fixé l'objectif d'être associé ou directeur adjoint à l'âge de trente ans, milliardaire à trente-cinq ans, voire président des États-Unis à quarante ans. Avoir un plan pour tout le reste de ma carrière ? J'avais déjà eu un mal fou à remplir la partie du dossier de candidature universitaire où l'on est censé rédiger un ridicule paragraphe de 1 500 mots pour décrire ce que l'on va faire au cours des dix années suivantes ! Que ce soit dans les affaires ou dans ma vie privée, je n'ai jamais accepté que la prévision bride l'action.

Je me suis aperçu que la vie fonctionne de la façon suivante : il se présente tous les jours beaucoup de petites opportunités surprenantes. Parfois, on en saisit une qui vous permet de décrocher la timbale. La plupart, cependant, toutes valables qu'elles soient, ne vous emmènent pas très loin. Pour réussir, il vaut mieux conjuguer plusieurs petites avancées marginales que compter décrocher le jackpot une fois pour toutes. Statistiquement, la stratégie qui consiste à faire confiance au coup de chance extraordinaire ne marche que pour très peu de personnes. En pratique, ce qu'il faut, c'est enrichir constamment ses compétences, faire des journées de travail aussi longues que possible et élaborer des plans tactiques pour les quelques étapes suivantes. Ensuite, en fonction de ce qui se passe, on regarde ce qui se passe à l'horizon de la décision suivante et l'on adapte son plan. Il faut prendre beaucoup de risques, énormément de décisions individuelles, dans le feu de l'action.

Je déconseille formellement les plans à cinq ans, les grands bonds en avant. La planification centralisée n'a fonctionné ni pour Staline ni pour Mao et ne réussit pas non plus aux entrepreneurs. Les gourous du processus ont beau affirmer qu'il faut s'en tenir aveuglément à une stratégie spécifique que l'on applique étape après étape, que cette méthode-là marche toujours, ce n'est pas vrai dans le monde où je travaille. Il est impossible de prévoir l'avenir. En travaillant d'arrache-pied, on augmente ses chances de réussir. Mais il n'y a aucune garantie, tout dépend des cartes qui ont été distribuées. J'ai toujours cru aux vertus de la pratique qui consiste à jouer autant de mains que possible, aussi intelligemment que possible, et à en tirer le maximum. Toutes les avancées significatives que nous avons faites, moi ou ma compagnie, ont été le fruit d'une évolution et non d'une révolution : nous avons procédé par petits pas, en commençant par nous assurer du terrain sur lequel nous mettions les pieds, évitant délibérément de compter sur les coups de chance.

Je tiens beaucoup, également, à rester « flexible ». Il y a deux ans, longtemps après que Salomon ait brusquement laissé la place à ma propre entreprise, un journaliste m'a demandé s'il y avait des choses qui avaient échoué chez Bloomberg, l'attention générale se portant plutôt sur nos succès. Après avoir réfléchi, je lui ai répondu que nous n'avions rencontré aucun échec, mais qu'en revanche, nos réalisations n'étaient pas toujours conformes à l'idée que nous nous en faisions au début. Il est souvent arrivé que certaines choses, sur lesquelles nous ne comptions pas, marchent, que nos produits trouvent des utilisations que nous n'avions pas prévues ; que des clients, dont nous ne connaissions même pas l'existence, apparaissent – tandis que des clients sûrs disparaissaient comme par enchantement. La planification a certes sa place ; le processus de réflexion conduit parfois à des idées prometteuses. Mais ce qui est possible n'est réalisable que lorsque le moment est venu.

Ensuite, quelle que soit votre idée, il faut en faire plus que tous les autres – la tâche se révèle plus facile si l'on structure les choses de façon à y prendre *plaisir*. En faire plus conduit presque toujours à des résultats supérieurs, et l'on y prend plus de plaisir encore. On veut alors en faire encore plus, à cause des fruits que l'on en tire. Et ainsi de suite. J'ai toujours adoré mon métier, j'y ai toujours consacré beaucoup de temps, ce qui a largement contribué à ma réussite. Je plains de tout mon cœur les gens qui n'aiment pas le leur. Ils ont du mal, ils sont malheureux et tout cela pour un résultat tellement moins satisfaisant qu'ils développent des raisons supplémentaires de ne pas aimer leur travail. Il y a trop de choses passionnantes à faire dans une courte vie pour ne pas être heureux de se lever le matin en semaine.

* * *

Je pensais passer un an ou deux chez Salomon tout en cherchant un poste dans l'industrie. Dans mon idée, l'affaire n'était qu'un petit flirt, pas un mariage ; l'histoire d'amour ne s'est pourtant terminée que lorsqu'on m'a mis dehors au bout de quinze ans. Grâce à Dieu, chaque fois qu'un autre cabinet est venu me faire des propositions, j'ai toujours refusé. J'ai toujours trouvé une raison de rester, une nouvelle perspective qui renouvelait mon attachement à la firme. Je n'avais peut-être pas le courage d'aller tenter ma chance ailleurs. Peut-être étais-je résolu à travailler avec la meilleure équipe, peut-être étais-je inconsciemment certain que c'était ce que j'avais de mieux à faire. Quoi qu'il en soit, rétrospectivement, il s'avère que la décision de rester était toujours la bonne – comme j'ai eu l'occasion de le vérifier en 1981, à la fin de ma carrière chez Salomon, au centre de conférences de Tarrytown.

Les jeunes qui commencent leur carrière aujourd'hui sont trop impatients de gagner leur vie, ils se précipitent souvent dans le monde du travail aux dépens de la poursuite de leurs études, ne se donnent pas vraiment les moyens de réussir leur vie professionnelle. Remettez-vous au travail, les jeunes ! L'argent, vous en aurez plus tard, vous avez le temps ! Je conseille aux débutants d'aller dans la meilleure société possible – et ensuite de se taire et d'apprendre les quelques petites choses qu'ils ne savent peut-être pas encore.

La patience est souvent récompensée, je vais vous en donner le meilleur exemple de ma carrière (n'ayons pas peur des mots, c'est peut-être le meilleur exemple du monde !) : il se trouve que je n'ai pas été nommé associé chez Salomon au moment où je m'y attendais, et que malgré cela, je n'ai pas donné ma démission.

Six ans après mon arrivée dans la maison, tout allait pour le mieux dans le meilleur des mondes. J'étais le golden boy de la transaction de blocs, la superstar du département le plus en vedette de l'une des firmes les plus en vue de Wall Street, le chouchou des deux premiers personnages de la maison. Tous les clients importants qui venaient dans nos bureaux passaient me serrer la main, je me faisais interviewer par tous les journaux qui comptaient, et, ma foi, je menais une vie mondaine fort agréable, jouant à fond le rôle de l'homme influent de Wall Street. Je me considérais déjà comme une légende vivante, voire un peu mieux. D'ailleurs, quand les autres jeunes Turcs discutaient de savoir qui serait le prochain à recevoir l'honneur suprême d'être promu associé, ils me plaçaient en tête de liste.

Ce n'était pas une question d'argent. Il y avait belle lurette que j'avais remboursé mes emprunts et, si je ne vivais pas en grand seigneur, j'avais un train de vie tout à fait respectable. J'allais toujours au bureau en métro. J'assistais à des concerts gratuits à Central Park et, comble du romantisme, le soir, j'emmenais parfois mes petites amies déguster une pizza et une bière sur l'île de Staten Island. Nous prenions le ferry, dont le billet aller et retour me coûtait royalement cinq cents, auxquels s'ajoutait tout de même le prix de nos consommations. J'ai passé dix ans dans le même studio, sans m'encombrer d'une voiture. Je n'ai jamais dépensé beaucoup mais, d'après mes souvenirs, je crois n'avoir manqué de rien. C'était une époque merveilleuse, j'avais des amis fantastiques, un travail génial, un compte en banque bien garni : j'avais tout.

Cela ne m'empêchait pas de rêver du prestigieux titre d'associé qui, pour moi, comptait plus que tout au monde. C'était déclarer *urbi et orbi* que j'étais le meilleur, que j'étais capable d'arriver au sommet dans l'environnement le plus concurrentiel imaginable, que l'ancien de Harvard avait, grâce à ses petites cellules grises, réussi à se hisser en haut de l'échelle. Je l'avais mérité, ce titre d'associé et je voulais désormais que ma valeur soit reconnue publiquement, une fois pour toutes, que la terre entière sache que j'étais un gros poisson dans *le* grand aquarium. Je me faisais peut-être du cinéma, c'était peut-être l'expression d'un secret complexe d'infériorité. Quoi qu'il en soit, la grande affaire, pour moi, était incontestablement de devenir associé chez Salomon Brothers.

Un beau jour, au mois d'août 1972, la liste de nouveaux associés fut enfin publiée – et je n'y étais pas ! Tout le monde y était sauf moi, vraiment *tout le monde !* Des tas de types qui le méritaient moins que moi y figuraient, y compris certains qui, à en croire les bruits de couloir, n'avaient pas une chance. On m'en avait délibérément exclu et, compte tenu du nombre des nouveaux associés, c'était réellement humiliant. Il n'y avait même pas d'autres laissés pour compte avec lesquels échanger mes griefs. J'étais anéanti. Je ne sais toujours pas pourquoi je n'avais pas été sélectionné, personne ne me l'a jamais expliqué.

Les larmes aux yeux, j'ai commencé par nier l'évidence, puis élaboré d'abracadabrants scénarios de vengeance. Encore fallait-il trouver les coupables. « Je n'ai plus qu'à fiche le camp », ai-je commencé à marmonner, puis : « Je les tuerai ! » et enfin : « Je vais me tirer une balle dans la tête ! » Comment pourrais-je encore regarder qui que ce soit droit dans les yeux ? Tout le monde allait se moquer de moi dès que j'aurais le dos tourné. Je savais que j'avais sans doute été trop arrogant. Nom d'un chien, j'étais incorrigible !

Heureusement, le soir, après le bureau, pendant mon jogging habituel le long de l'East River j'ai réussi à me défouler sur le trottoir et non sur la direction. Le lendemain matin, au bureau, j'ai fait l'une des plus grosses transactions de mémoire de Salomon Brothers. Je me suis mis à m'appliquer, à mettre des points sur les i, des barres aux t, à travailler avec plus d'acharnement encore plus que d'habitude. Je me concentrais. Je souriais. Je composais mes numéros de téléphone. Étais-je plus fort que tout le monde ? Personne ne m'approchait. Mais ma stratégie était claire : je serais aussi bon, moi qui n'avais pas réussi à me faire nommer associé, que je l'avais été quand j'essayais de décrocher le titre. Je les aurais !

Trois mois plus tard, une réunion d'associés a été organisée dans le bureau de Billy Salomon sans que personne en ait été prévenu à l'avance. Les participants en sont ressortis silencieux, l'air sérieux. Mon patron, Jay Perry, est venu à mon bureau et s'est installé derrière moi, en tournant le dos aux autres.

« Qu'est-ce qu'ils veulent, ces imbéciles ? » ai-je grondé sans relever la tête.

« Ils vont vous nommer associé, toi et Don Feuerstein », me dit-il.

Perry est notoirement incapable de garder un secret. Au même instant, quelqu'un m'a crié que Margarette Wilson, la secrétaire de Bill Salomon, m'appelait sur la ligne 1.

J'ai décroché. « Oui, Margarette ? » Elle avait toujours eu un petit faible pour moi.

« Monsieur Salomon voudrait vous voir. »

« Il veut voir Feuerstein aussi ? »

« Absolument ! Comment le savez-vous ? »

Billy ne m'a jamais expliqué pourquoi ils m'avaient nommé associé à ce moment-là et pas trois mois plus tôt. Il appartenait à une école de pensée, concernant le management, que j'ai rejointe depuis : « Ne vous excusez jamais, n'expliquez jamais ! » Il eût été malséant de lui poser la question. De toute manière, ç'aurait été peine perdue, il ne m'aurait pas répondu. Aussi, lorsqu'il m'a annoncé la bonne nouvelle, je me suis contenté de le remercier poliment, mais sans effusions inutiles. Même quand j'obtenais ce que je voulais et méritais, j'étais décidé à être plus dur que les autres.

* * *

Quelqu'un a dit un jour qu'il faut être gentil avec les gens quand on est sur la pente ascendante, car on les retrouve sur la pente descendante. Je suis effectivement convaincu que j'ai tout intérêt à bien traiter mes collègues, mais pas pour une raison aussi cynique : j'ai été à plusieurs reprises sur la pente ascendante et descendante et je sais d'expérience que l'on ne rencontre en fait pas les mêmes personnes au cours de ce cycle inévitable.

Du point haut qu'a constitué ma nomination comme associé au point bas, mon renvoi de chez Salomon, en 1981, mon parcours y a beaucoup ressemblé à des montagnes russes. En 1973, ma carrière grimpait en flèche : à peine nommé associé, on me confiait la responsabilité des opérations en actions. Je le dois à une bagarre entre Dick Rosenthal, l'associé qui dirigeait le département d'arbitrage, et Jay Perry, associé lui aussi, qui dirigeait le trading et la vente des actions. On a envoyé Perry au Texas diriger le bureau de Dallas et mis Rosenthal à l'écart de la salle des marchés, pour « négocier des accords ». Quant à moi, j'ai été promu à la direction de l'ensemble du trading, de la commercialisation, de l'arbitrage et des obligations convertibles, le tout combiné.

Techniquement, j'étais jusque-là le subordonné de Perry, mais en fait, lui, Rosenthal et moi nous disputions la première place depuis plusieurs années. Jay Perry et moi avions en effet fait équipe – l'une des meilleures du monde – des années durant mais, surtout au cours des douze derniers mois avant son limogeage, nous étions en fait rivaux. Il souffrait alors de problèmes psychologiques sérieux. À un moment donné, il s'est même carrément coupé du reste du monde, s'enfermant dans son bureau et ne prenant plus un coup de fil professionnel pendant des semaines. Puis, un matin, alors que j'étais en train de prendre le petit déjeuner à l'étage au-dessus avec deux de nos plus gros clients, il a fait irruption dans la salle de trading et, dans une crise de fureur consécutive à quelque affront imaginaire que je lui aurais infligé, a vidé tous les tiroirs de mon bureau sur le sol avant de disparaître à nouveau dans son sanctuaire. La secrétaire du département est venue me prévenir à la porte de la salle à manger : je lui ai demandé de bien vouloir tout ranger avant que je ne redescende. Les clients n'ont donc rien vu de cette scène embarrassante et Jay n'a jamais reparlé de l'incident. Moi non plus. Un mois plus tard, cependant, après la fameuse empoignade entre Perry et Rosenthal, c'était moi le patron.

En 1979, cette ascension fulgurante de ma carrière chez Salomon s'est inversée. Les clients négociaient les taux de commission au plus juste, la concurrence s'était aggravée : total, les transactions de blocs n'étaient plus rentables. En volume de transactions, nous dominions certes le NYSE, cependant mes compétences en matière administrative et de trading ne cessaient d'être remises en question. Il est clair que nous ne gagnions pas d'argent. Un beau jour, à la surprise générale, une note de service a été remise en mains propres à tous les salariés de la maison. Elle annonçait que Richard Rosenthal entrait au conseil exécutif et superviserait désormais l'activité actions. Je suis allé trouver John Gutfreund à son bureau, qui se trouvait littéralement à un mètre du mien. Celui de Billy était trois mètres plus loin. « Il faut que je vous voie tous les deux, tout de suite ! »

Nous sommes allés dans la salle de conférences de Billy. Je brandis la note de service : « Je ne vais pas travailler pour Rosenthal, il ne voudra pas de moi, de toute façon ! »

« Nous le savons très bien », dit Gutfreund. « Vous allez monter prendre la direction du département informatique. »

* * *

C'est ainsi que je me suis mis à la gestion des systèmes informatiques, qui allait être mon dernier poste chez Salomon. Le département était chargé à la fois de tenir la comptabilité du cabinet et de fournir les outils analytiques dont les traders et les commerciaux avaient besoin. Je rapportais directement à Gutfreund, comme à mon poste précédent ; mais, dès le début, le conseil exécutif, surtout l'un de ses membres, Rosenthal, mon ennemi intime, m'a rendu la vie impossible. L'homme passait sa vie à se vanter d'avoir réussi professionnellement malgré son absence de diplôme (il n'avait jamais terminé les études qu'il avait commencées à l'Erasmus School de Brooklyn) ; il était maladivement jaloux de quiconque avait fait des études supérieures, surtout si, cerise sur le gâteau, il s'y ajoutait un MBA de Harvard. Au début, au milieu des années soixante, nous nous entendions bien (j'étais même sorti une fois avec sa belle-sœur). Mais notre amitié s'était brisée en 1968, quand j'avais été affecté à l'équipe de Perry, qui devint mon mentor et son ennemi juré. En 1979, n'ayant rien appris ni rien oublié, il était déterminé à continuer sa petite guerre contre Perry et son acolyte.

Je n'étais plus aux titres, l'informatique n'était pas de son ressort, les escarmouches se succédaient pourtant avec la même virulence. Nous ne nous battions pas à armes égales. Dick Rosenthal n'avait que faire de la vérité. Si les faits le gênaient, il les arrangeait à sa manière. Les deux années suivantes, il devint tout à coup aussi expert de ce qui relevait de mon domaine que du sien – et de celui de tout le monde. Déterminé, armé de ce grand avantage que confère l'absence de connaissances, Rosenthal avait tout pour l'emporter : il était clair que notre rivalité se terminerait par mon départ.

De fait, au début de 1981, il avait déjà réussi à convaincre tout le monde que j'étais incompétent. J'étais convaincu qu'il fallait absolument que le cabinet adopte un système informatique unique pour tous les services, de façon à faciliter la coopération entre les départements et la gestion de risques fondée sur la multiplicité des produits. Il trouvait cela ridicule, et beaucoup lui emboîtaient le pas. Je reconnais que je n'ai pas amélioré mon cas en expliquant de façon tonitruante que nous faisions fausse route en adoptant une comptabilité par centres de profit, à mon avis mal adaptée à une entreprise complexe et totalement intégrée. J'aurais peut-être mieux fait de m'abstenir de critiquer la décision de modifier notre politique de ressources humaines, qui consistait à recruter à l'extérieur des superstars, des « faiseurs de miracles » (qui ne restaient jamais bien longtemps) et à leur confier la direction de départements, abandonnant du même coup la promotion interne. Il eût sans doute aussi été plus adroit de ne pas pousser au développement des micro-ordinateurs que réclamaient désormais les utilisateurs : cela m'obligeait en effet à livrer bataille non seulement à Dick Rosenthal, mais à toute l'équipe commerciale d'IBM. Enfin, il n'était pas très délicat d'affirmer que j'aurais pu gérer la firme mieux que le conseil exécutif, mais je ne me souviens pas avoir jamais dit une chose pareille.

J'avais secoué le cocotier et perdu la bataille : j'en payais le prix. John Gutfreund a eu beau me soutenir pratiquement jusqu'à la fin, il a fini par s'établir un consensus unanime au sein du conseil exécutif. Ils avaient gagné, j'avais perdu. L'heure était venue de partir. Il ne se posait plus qu'une triple question : quand, comment, et avec quoi : je recevrais les trois réponses à un moment où je ne m'y attendais pas, en 1981, au « dernier repas » de Tarrytown,.

* * *

Perry et Rosenthal sont morts depuis. Perry a succombé à une leucémie après avoir quitté Salomon Brothers et connu une réussite assez médiocre ailleurs. Rosenthal est mort plus tard et plus brutalement. Je m'en souviens encore : c'était vendredi saint, en 1987, et il pleuvait. J'écoutais la radio dans la voiture pendant que ma femme et mes filles faisaient des courses. Un pilote de Briarcliff, État de New York, s'était tué en s'écrasant, avec un nouvel avion, un Beech Baron, sur une maison au cours de son approche de l'aéroport de Westchester. J'ai immédiatement pensé que ce devait être lui. (Ce type de bimoteur privé est loin d'être à la portée de toutes les bourses, et le pilote venait de la ville où habitait Dick. Cela faisait beaucoup de coïncidences.) Le nom de la victime n'a été annoncé que le lendemain matin. Étais-je heureux ou triste ? Après toutes ces années de bagarres acharnées, j'ai honte à l'avouer, j'éprouvais un sentiment *ambivalent*.

J'ai passé quinze ans chez Salomon Brothers, dont neuf comme associé. Pendant toute cette période, il ne s'est pas passé un seul jour sans que j'aie plaisir à aller au bureau, même quand je savais d'avance que ce serait dur. J'y ai amassé un pactole. J'ai obtenu (en partie) la visibilité et le prestige que je considérais comme me revenant de droit. En outre, ce que j'y ai appris – sans parler du capital que j'y ai amassé – allait servir de fondement à l'affaire que j'ai créée après mon départ.

# 3

# Vive le lundi !

## Être entrepreneur : une vocation et un bonheur

J'avais consacré les vingt-quatre premières années de ma vie à me préparer à Wall Street. J'y avais passé les quinze suivantes, à l'issue desquelles je m'étais fait renvoyer de chez Salomon. À trente-neuf ans, le rideau allait se lever sur la troisième phase. Je repartais à zéro, mais avec quelques atouts : les valeurs que mes parents m'avaient transmises, dix millions de dollars et une confiance en moi reposant essentiellement sur un ego meurtri.

Un mois après la réunion de Tarrytown de 1981, j'ai compris que Goldman Sachs, qui avait été le premier à m'offrir un job en 1966, ne me proposerait certainement pas aujourd'hui une place d'associé – que j'aurais sans doute acceptée. Il me restait trois possibilités : tirer les sonnettes, décider de ne plus travailler ou me lancer dans une création d'entreprise. La perspective de travailler pour quelqu'un d'autre ne me faisait pas vibrer. Je venais de le faire, cela ne m'apprendrait rien de nouveau. Peut-être, d'ailleurs, que personne ne voudrait de moi. Vivre de mes rentes ? Hors de question : je suis trop remuant, je serais devenu fou à rester sans rien faire. Restait donc la dernière option, le rêve américain, devenir un *self-made man*.

Le problème des ressources ne se posait pas, ma famille ne risquait pas de mourir de faim. J'avais donc la chance de pouvoir prendre mon temps. Grâce à Salomon Brothers, je disposais du capital nécessaire pour financer ma future entreprise. Je pensais avoir la compétence nécessaire et j'avais toujours considéré que, sur mes anciennes cartes de visite professionnelles, le nom de mon employeur n'était pas le seul à compter. Dès lors, si j'en avais envie, rien ne m'obligeait à être salarié : je pouvais être mon propre maître.

Étais-je prêt à prendre le risque d'un échec cuisant et coûteux ? Affirmatif ! Le bonheur, pour moi, a toujours été lié à l'émotion de l'inconnu, j'ai toujours aimé tenter ce que tout le monde considère comme impossible, ressentir au creux de l'estomac le tressaillement du danger. Je ne crois pas que je pourrais me passer de ma dose d'incertitudes. Quand le téléphone sonne sans cesse, que tout le monde me demande quelque chose, que je n'ai pas une seconde à moi, il peut sembler tentant de laisser filer. Mais il suffit que le téléphone se taise, que plus personne ne s'arrête à mon bureau pour que je me ronge les ongles : cela me rend irritable, ce n'est pas ce que je veux. Non, j'ai besoin d'action, de relever sans cesse de nouveaux défis.

Le travail tient et a toujours tenu, une très grande place dans ma vie. J'aime ça. Aujourd'hui encore, après trente ans de labeur acharné, je me réveille le matin enchanté à l'idée d'aller faire mon métier, de créer quelque chose, de lutter contre les meilleurs, d'être entouré de camarades de travail : j'en tire une satisfaction psychologique qui ne s'achète pas. Que ce soit dans les affaires, dans le monde universitaire, dans la politique, les arts, la religion, tout ce que vous voulez, il est mille fois plus excitant d'être participant que spectateur. L'occasion n'en est pas donnée à tout le monde. Mais quelle lourde erreur que de la dédaigner si elle vous est offerte ! (Je crois que l'on a cité quelque part cette phrase que j'ai dû dire un jour à un journaliste : « Le dimanche soir est ma soirée préférée, car je sais que quand je me réveillerai, le lendemain matin, j'aurai cinq jours pleins devant moi pour m'amuser au bureau ».)

Pensez au pourcentage de votre vie que vous passez à travailler et à faire les allers et retours de votre domicile à votre bureau. Si cela ne vous procure aucune satisfaction, vous devez être malheureux comme les pierres ! Changez quelque chose, parlez-en à vos collègues, à votre patron, à vos subordonnés ! Changez-vous les idées, littéralement. Faites ce qu'il faut pour que votre travail soit amusant, intéressant, excitant, vous pousse à donner le meilleur de vous-même. Il faut absolument « s'éclater » dans son travail. D'accord, le premier objectif est d'avoir les moyens de nourrir les gosses ! Mais quand on annonce les licenciements et les promotions, les tristounets, les tire-au-flanc, ceux qui ne donnent jamais un coup de main à leurs collègues sont sûrs de figurer sur la liste des licenciés, jamais sur celle des promotions. Cette part essentielle de votre vie vous affecte vous, personnellement, mais elle affecte aussi votre famille, la société et tout ce que vous touchez d'autre.

Au cours de mon dernier mois chez Salomon, j'ai donc décidé d'être entrepreneur et non salarié. Je venais, quinze ans durant, de rendre de bons et loyaux services en qualité de soldat de l'entreprise, je serais désormais mon propre général. Mais dans quelles grandes manœuvres allais-je me lancer ? Avant d'avoir effectivement cessé de travailler chez Salomon, je n'ai guère eu le temps de prévoir le détail des opérations ultérieures ni même de m'en inquiéter. Jusqu'au dernier jour, j'ai travaillé, comme d'habitude, de sept heures du matin à sept heures du soir et j'ai rarement eu l'occasion de discuter de ma prochaine carrière avec qui que ce soit. Ce n'est que pendant les week-ends que je prospectais les bureaux à louer pour ma future entreprise. Nul ne pourrait dire que je ne m'étais pas consacré entièrement à Salomon, même à la fin.

J'y réfléchissais, tout de même, en faisant mon jogging quotidien (c'est le moment où j'ai les idées les plus créatives). Qu'est-ce que je pouvais faire ? N'ayant pas les moyens financiers de me lancer dans la sidérurgie, j'ai éliminé cette éventualité et même carrément rayé l'industrie de la liste des possibilités. Je n'ai aucun talent en musique, je n'allais pas non plus écrire des chansons – les variétés, il ne fallait pas y songer. Le manque d'intérêt pour la distribution excluait toute tentative de faire concurrence à Wal-Mart ; Sam Walton pouvait dormir sur ses deux oreilles. Tout ce qui touche au gouvernement m'agaçait à tel point que je n'avais aucune envie de me lancer dans la politique : les élus n'avaient pas à trembler dans leurs chaussettes. Devrais-je créer un nouvel établissement de trading et livrer concurrence à mes anciens collègues ? Cela aurait eu un goût de déjà vu. M'établir comme consultant à plein temps, comme tant de cadres supérieurs quand ils se retrouvent sur le pavé ? Non. Je n'ai pas l'étoffe d'un spectateur, sauf quand il s'agit de regarder Emma et Georgina, mes deux filles, faire du cheval. Je préfère agir moi-même plutôt que de conseiller les autres.

Que pouvais-je faire avec les ressources, les compétences, les contacts dont je disposais ? Qu'est-ce qui m'intéressait ? La question me ramenait à Wall Street. Il paraissait évident que l'économie était en train de changer, les services représentant une part croissante du produit intérieur brut. Mes talents, mon expérience, le magot que je venais d'engranger, la santé florissante de l'économie américaine, tout concordait. J'allais créer une entreprise dont la vocation serait de rendre service aux métiers de la finance. Il y avait des courtiers et des experts en informatique meilleurs que moi, mais personne n'excellait dans les deux métiers.

Il suffisait d'imaginer un service créateur de valeur que personne ne proposait encore. J'ai donc conçu une activité centrée sur la collecte des données concernant les valeurs mobilières, donnant aux utilisateurs individuels la possibilité de sélectionner ce qui leur était personnellement le plus utile, grâce à un logiciel qui permettrait aux non mathématiciens d'analyser cette information. Ce type de service manquait cruellement sur le marché. Quelques grands syndicats de prise ferme étaient dotés de systèmes internes qui tentaient de satisfaire ce besoin, mais, loin d'être à la disposition du salarié moyen, ils ne pouvaient être exploités que par des scientifiques de haute volée.

S'agissant de déterminer la valeur relative d'un titre par rapport à un autre, Wall Street, en 1981, en était pratiquement resté au même point que lorsque j'y avais fait mes débuts comme employé dans les années soixante : un certain nombre de types, armés de crayons HB n° 2, notaient les prévisions intuitives de traders qui s'ennuyaient trop souvent. Un outil qui montrerait immédiatement si les bons émis par le gouvernement étaient mieux appréciés que les obligations du secteur privé transformerait en surdoués les investisseurs médiocres et leur conférerait un avantage concurrentiel énorme sur les opérateurs ne disposant pas de cette faculté. À un moment où le budget américain (financé par des milliards de dollars de nouveaux bons du Trésor) semblait au bord de l'explosion, un tel système ne pouvait que séduire tous ceux qui travaillaient sur le marché de valeurs mobilières, dans l'industrie de la finance et de l'investissement – l'ensemble constituant un marché potentiel considérable pour le produit que j'avais en tête.

Les plus grands prestataires de services d'investissement collectaient tous, à grands frais, les données de façon indépendante. Pire encore (pour eux, mais pas pour moi), pour manipuler cette information, ils ne disposaient encore pratiquement tous que du boulier et de la règle à calcul ou de leurs équivalents modernes, les calculatrices. Je pouvais leur procurer un système infiniment plus sophistiqué pour un prix infiniment inférieur. Le fait de répartir les coûts entre de nombreux utilisateurs me conférerait un avantage coût substantiel. Et si une proportion suffisamment importante des firmes du secteur utilisaient mes données et mes analyses, je créerais un standard qui s'appliquerait à l'ensemble de la profession, ce que, pour des raisons de concurrence, aucun de ses propres acteurs ne pouvait faire. Je jouirais d'un autre avantage au moins aussi important, celui de ne pas être moi-même courtier, de ne dépendre de personne, ce qui conférerait à mon produit une indépendance que les autres ne pouvaient en aucun cas revendiquer. Mais le mieux, c'est que personne ne le faisait encore.

* * *

Pour réussir, il faut avoir une vision, à la triple condition qu'elle soit viable financièrement, pratique et qu'elle satisfasse un besoin du client. Si c'est le cas, il faut y aller, sans trop s'inquiéter des détails, sans remettre en cause sa propre créativité, sans se noyer dans l'analyse du potentiel du projet. Et, surtout, sans élaborer trop de stratégies à long terme.

Créateurs d'entreprise : considérez les banques et les spécialistes du capital risque comme vos pires ennemis ! Avec leur manie d'exiger des plans stratégiques détaillés avant de prêter, ils sèment le doute dans votre esprit. Dans un monde où il est déjà difficile de faire des prévisions à six mois, même dans les entreprises stables et matures, ils exigent des projections à cinq ans et des prévisions de chiffre d'affaires, alors que vous ne savez même pas à quoi va ressembler votre nouveau produit, qui en achètera, en quelle quantité. Mais le pire, c'est qu'ils croient pouvoir aider l'initiateur en tentant de lui imposer leur précieuse expérience sur la façon dont il doit gérer son affaire. Résultat, ils tuent souvent ce qui sort de l'ordinaire et regorge de potentiel.

Il y a quelque temps, nous avons reçu la visite d'un spécialiste du capital risque qui siège au conseil de deux établissements. Un de ces individus nés fortunés, n'ayant jamais rien fait de particulièrement remarquable, mais débordant cependant d'une autorité autoproclamée. Il a commencé par nous expliquer que nous faisions tout de travers, que nous étions trop peu structurés pour avoir la moindre chance de survivre, qu'il trouvait lamentable que nous ne soyons pas en mesure de prévoir la croissance future avec la spécificité d'un extralucide, à la suite de quoi il a recommandé à ses associés de se passer de nos services. Pourquoi ? Tout simplement parce que nous n'avions pas montré grand intérêt pour ses conseils de gestion. Sur ce point, je dois dire qu'il avait parfaitement raison.

Quand on élabore ses prévisions, il ne faut pas commettre l'erreur classique de mettre la charrue avant les bœufs. J'en ai été le témoin un jour, en assistant à une présentation organisée par un concurrent potentiel. Le président nous a montré des diapositives du service expéditions. Rien n'y manquait : tapis roulants, machines à empaqueter, matériel de chargement des camions, techniciens en blouse blanche prêts à expédier des milliers d'unités par semaine. Le seul petit problème, c'est qu'ils n'avaient pas encore construit la moindre unité. Ils ne l'ont jamais construite, d'ailleurs.

Chez Bloomberg, nous avons toujours commencé par concevoir le produit. C'est bien plus tard dans le processus que nous pensons comptabilité et expéditions, quand ces fonctions deviennent importantes et que nous avons intérêt à marquer un temps d'arrêt pour nous organiser, faute de quoi nous aurons des ennuis. La commercialisation est le seul processus que nous menions simultanément au développement, dès le début. Ceci nous permet d'avoir les réactions de nos clients à mesure que nous avançons et de les impliquer dans le processus. Ils finissent par croire que notre produit, c'est le leur ! Cette stratégie n'est peut-être pas sans risques, mais j'ai toujours trouvé ridicule de régler tous les détails d'un mariage avant que celui-ci ne soit conclu.

Le modèle classique prôné par les consultants prévoit la mise en place de contrôles dès le début, mais, à mon sens, cette démarche prématurée va à l'encontre du but recherché ; en fait, toute limite est une entrave, il est déjà gênant de se refuser à l'avance à produire quoi que ce soit. On ne sait jamais exactement à l'avance à quoi ressemblera le bébé. Comment voulez-vous prédire dans quel ordre les choses se feront ? Vous ne savez pas précisément qui achètera. Inutile de perdre son temps à consulter la boule de cristal. Si l'on est flexible, on fait les choses quand cela devient nécessaire, pas avant.

En jargon informatique, faire les choses à mesure que cela devient nécessaire, à toute vitesse, ça s'appelle travailler à partir d'un « tas », par opposition à une « pile » ou à une « file d'attente ». Ces deux dernières méthodes correspondent à un système opératoire rigide et bureaucratique, il faut sortir les choses dans un ordre prévu à l'avance (par exemple : dernier entré, premier sorti dans le cas de la pile, premier entré, premier sorti dans celui de la file d'attente). En revanche, avec la méthode du tas, comme ce qui rentre est indépendant de ce qui sort, on peut réfléchir, sélectionner ce dont on a besoin et le moment où l'on en a besoin en se fondant sur des critères extérieurs qui changent sans cesse (par exemple, ce dont on a besoin tout de suite, pour répondre immédiatement à la réclamation d'un client ou pour se procurer un cadeau d'anniversaire pour son épouse, le jour même, parce que l'on a complètement oublié de s'en occuper à l'avance). Regardez votre bureau. Tout est-il en ordre ? Ou disparaît-il, comme le mien, sous des monceaux de papiers ? À vous de choisir.

Ne croyez pas, cependant, que la planification et l'analyse ne contribuent en rien à la réussite, bien au contraire. Utilisez-les, mais ne les laissez pas vous dominer. Planifiez et travaillez par scénarios fondés sur la vraie vie, en choisissant parmi les opportunités qui existent réellement. Mais ne gaspillez pas vos efforts à vous préoccuper du nombre infini de possibilités qui pourraient se présenter par la suite, dont la plupart ne se matérialiseront jamais.

Réfléchissez logiquement et calmement à ce que vous avez envie de faire. Prévoyez toutes les étapes du processus, ce que vous ferez, quand, où, pourquoi et comment. Puis, quand vous serez absolument certain de le connaître comme votre poche, asseyez-vous et écrivez-le. Un vieux dicton affirme que l'on ne sait pas ce que l'on ne sait pas écrire. Essayez. Invariablement, au premier paragraphe, on s'arrête net. Vous allez vous retrouver en train de vous demander pourquoi vous vouliez telle ou telle chose. Où vous aviez cru pouvoir trouver les ressources nécessaires. Ce qui vous a fait penser que les autres – les fournisseurs, les clients, les rivaux potentiels – allaient coopérer. Et ainsi de suite : vous allez vous poser les questions élémentaires, sur lesquelles vous ne vous étiez pas arrêté avant de prendre un crayon et un papier.

À mesure que vous découvrirez que vous ne saviez pas tout, forcez-vous à résoudre les problèmes que vous aviez oubliés, ignorés, sous-estimés ou sur lesquels vous aviez fait l'impasse. Écrivez-les noir sur blanc, comme si vous vouliez convaincre un étranger sceptique, qui ne croit pas nécessairement en l'utilité du projet et qui, contrairement à votre femme, vos parents, vos frères et sœurs ou vos enfants, n'a aucun intérêt à vous faire plaisir. Assurez-vous que votre description écrite colle vraiment au projet, du début à la fin, qu'elle est logique, complète, réalisable.

Ensuite, déchirez votre papier.

Oui, j'ai bien dit, faites-en des confettis. Vous avez fait l'analyse. Vous avez découvert dans votre plan suffisamment de trous béants pour que la Bentley de vos rêves puisse le traverser de part en part. Vous avez élaboré des hypothèses correspondant à des myriades de scénarios « Et si… » Vous avez présenté vos idées à d'autres personnes. Vous avez même établi le tracé des quelques premières étapes.

Mais le monde réel vous renvoie tous les jours autant de balles tordues ou glissantes que de ces balles rapides contre lesquelles vous vous entraînez si régulièrement. Inévitablement, vous serez confronté à des problèmes différents de ceux que vous aviez prévus. De temps en temps, il vous faudra faire « zig » quand votre plan dira « zag ». Il ne faut pas qu'un plan détaillé et inflexible vienne vous empêcher de réagir instantanément. Au point où vous en êtes, ou vous savez ce que vous pouvez savoir, ou vous ne le saurez jamais. Pour le reste, prenez-le comme il vient.

* * *

Ainsi donc, j'ai rédigé mon analyse, puis l'ai déchirée en mille morceaux. J'ai loué un bureau provisoire, d'une pièce, sur Madison Avenue. Il faisait bien dix mètres carrés et donnait sur une étroite ruelle – nous étions loin de mon lieu de travail précédent, l'immense salle des marchés de Salomon, au quarante et unième étage d'un immeuble de plusieurs milliers de mètres carrés, avec vue sur le port de New York. J'ai déposé 300 000 dollars, prélevés sur le trésor de guerre dont Salomon m'avait doté, sur le compte de ma nouvelle société. Quinze ans plus tard, j'étais à la tête d'une affaire d'un milliard de dollars.

Évidemment, nous avons mis un certain temps à franchir la distance qui sépare Madison Avenue de Park Avenue, où sont situés nos bureaux actuels. Je dis « nous », car je n'étais pas tout seul. Fin 1981, j'ai recruté quatre anciens de Salomon, dont trois sont encore des nôtres : Duncan MacMillan, qui a contribué à cerner ce que nos clients souhaitaient réellement ; Chuck Zegar, qui a créé notre infrastructure de logiciels ; Tom Secunda, qui a rédigé un grand nombre de nos premières analyses et dirige aujourd'hui notre équipe de programmeurs, forte de plusieurs centaines de personnes et un quatrième larron. Dans le placard à balais qui nous servait de bureau, nous avons fêté notre premier jour d'activité en sabrant une bouteille de champagne.

À ma grande surprise, le second jour, le quatrième mousquetaire est venu me trouver pour m'expliquer qu'il valait plus que les autres et pensait que sa rémunération devait en tenir compte.

« Ce n'est pas vrai et ce n'est pas ce dont nous avons convenu. »

« D'accord, mais il faut bien que je pense à mes enfants. »

« Cela n'a rien à voir avec vos enfants. C'est vous qui avez un problème. »

« Mike, vous me demandez de prendre un risque disproportionné par rapport à ce que vous me proposez. Si vous voulez que je fasse partie de votre équipe, il faut que vous fassiez un effort. »

Des conversations comme celle-ci, j'en ai eu un certain nombre depuis, à mesure que Bloomberg passait d'une poignée d'individus à plus de trois mille salariés répartis dans plus de soixante-dix villes et divers pays. Elles se terminent toujours de la même manière, avant d'avoir réellement commencé. Soit les gens croient en moi, me font confiance et acceptent de prendre un risque, soit ils ne le font pas. C'est aussi simple que cela. Je refuse le marchandage. Je ne négocie pas.

Des années plus tard, j'ai confié à ma femme que j'avais un peu pitié de ce type, qui aurait mieux fait de mettre son amour-propre dans sa poche, son mouchoir dessus et de se joindre à nous en ces temps héroïques. Entre-temps, il avait fait dans divers établissements une carrière médiocre, n'ayant guère l'occasion de marquer le monde de son empreinte. S'il était entré chez nous, il aurait accompli quelque chose d'important, eu un travail passionnant et amassé une fortune dépassant ses rêves les plus fous.

Elle m'a répondu que je n'avais pas à le plaindre, qu'il n'avait pas de tripes, que les autres, eux, avaient pris le risque et qu'il était donc normal qu'ils en soient récompensés.

Manifestement, elle avait raison. En même temps, c'est vrai que je suis plus compréhensif, maintenant. Ça fait peur, de prendre des risques. Aurais-je moi-même fait le saut si je n'avais pas eu la chance de décrocher le jackpot grâce à l'envolée des cours de Salomon déclenchée par son rachat ? Curieusement, plus je vieillis, moins la vie me paraît simple.

Nous avons loué un second bureau provisoire d'une pièce à côté du premier et fait l'acquisition d'un percolateur et d'un petit réfrigérateur pour y entreposer des rafraîchissements : c'était une question de survie. Mon premier ordre de service a consisté à renvoyer tout le monde à la maison afin de vérifier qu'aucun de nous n'y avait apporté des papiers appartenant à notre employeur précédent. Comme nous venions tous de chez Salomon, je craignais en effet que l'on nous accuse d'avoir volé des logiciels ou des idées. Une telle accusation, même fausse, nous aurait beaucoup compliqué la tâche, qu'il s'agisse d'obtenir du crédit ou de nous créer la réputation de probité collective dont nous avions un besoin absolument vital, puisque ce serait la base même de notre future activité.

Par la suite, pour maintenir à la fois le style et la substance de l'indépendance et de l'honnêteté, quand nous avons commencé à élaborer certains systèmes de base et à mettre en place le socle de notre activité, la base de données d'informations financières, nous avons pris la peine de nous démarquer de tout ce que nous avions fait jusque-là. Nous avons utilisé un ordinateur d'une autre marque. Nous avons écrit nos programmes dans un autre langage. Nous avons pris soin de noter systématiquement où et quand nous avions obtenu telle ou telle information. Nous avons été jusqu'à employer une syntaxe et une terminologie différente à l'usage de l'ensemble de notre système. Après nous être donnés tout ce mal, nous avons pu constater que personne n'avait jamais mis notre honnêteté en doute, mais on ne prend jamais trop de précautions.

Les quatre individus qui se sont lancés dans l'aventure – Bloomberg, MacMillan, Secunda et Zegar – se sont, dès le début, très bien entendus (c'est encore vrai aujourd'hui). Un jour, cependant, je me suis mis en boule parce qu'ils avaient fait quelque chose qui aurait pu dégénérer en un problème très sérieux, tellement sérieux que je ne me souviens plus de quoi il s'agissait. Mais il y avait de quoi être furieux, au point que je suis passé d'une pièce à l'autre en claquant la porte derrière moi. Avec une telle violence que le verrou a lâché : j'étais bel et bien enfermé. Après m'être comporté comme un imbécile, j'ai dû, buvant jusqu'à la dernière goutte la coupe amère de l'humiliation, frapper à la porte pour qu'ils me libèrent. Ils ont trifouillé longuement la poignée avant que la porte ne s'ouvre, mais je n'ai jamais demandé si ces difficultés étaient réelles ou feintes.

En 1982 et 1983, nous avons recruté quelques programmeurs : Tom Neff, brillant gaillard d'un mètre quatre-vingt-dix, un peu gauche, le type même du passionné d'informatique ; Mark Purdy, notre moustachu de service, dont le principal titre de gloire est d'être spécialiste de la musique de synthétiseur ; Bob Ostrow, qui a travaillé sur le téléscope Hubble mais décline toute responsabilité quant à la courbure incorrecte du miroir et enfin Andy Wu, dont le visage de Bouddha a conservé l'expression imperturbable qu'il avait à l'époque. Un peu plus tard, Nick Failla allait nous rejoindre pour prendre la direction d'une « salle des ordinateurs » encore inexistante, Marc Barnes pour devenir notre interface avec la clientèle, assisté de Susette Franklin, qui assumait aussi l'administration – bien que nous n'ayons pas encore de clients et pas grand-chose à administrer. En 1985 nous n'avions pas de produit à vendre, mais nous recrutions nos premiers commerciaux : Stuart Bell, Dana Neuman et Curtis McCool, suivis des programmeurs Lynn Seirup, John Punturieri et Fred Mitchell, pour lesquels nous n'avions ni bureaux ni ordinateurs. Nous avons également embauché des opérateurs, Rodney Brown, Brett McCollough, James Rieger, ainsi que Laurence Seeff, pour diriger notre bureau de Londres, première antenne à l'étranger. Tous nous ont rejoint avant que notre activité ne se développe et nous sont restés fidèles quand les temps étaient durs. Cette loyauté a soudé notre équipe et forgé un respect mutuel qui survit encore aujourd'hui.

* * *

Dans les tout premiers temps, nous avons fait du conseil. Cela nous a rapporté des honoraires, permis de nous faire connaître et contribué à nous assurer une légitimité à Wall Street qui devait, plus tard, nous conduire à travailler avec davantage de clients. En outre, cela nous a permis de décrocher notre premier contrat, avec Merrill Lynch & Co, ni plus ni moins.

Trois membres importants de la division marchés de capitaux de cette firme – Sam Hunter, Jerry Kenney et Gerry Eli – nous avaient demandé d'étudier les relations de Merrill Lynch avec ses clients institutionnels. Après beaucoup de déplacements et de recherches, nous avons abouti à une conclusion à laquelle nous aurions pu parvenir en nous fondant uniquement sur l'expérience acquise chez Salomon Brothers. Ils ont néanmoins semblé satisfaits de notre rapport. Cette mission de six mois nous a valu 100 000 dollars plus les frais. De quoi payer un certain nombre de factures.

Quand Merrill Lynch nous a demandé d'entreprendre cette étude, on nous a dit que si nous mettions un pied dans la maison, nous n'en sortirions plus. Même si cela ne nous a pas ramené au train-train quotidien de Wall Street, il y avait du vrai là-dedans. Les contacts noués et le climat de confiance qui s'est instauré à cette occasion nous ont ouvert notre seconde grande chance : celle de faire la connaissance du patron de la division marchés de capitaux de Merrill Lynch, Ed Moriarty.

C'était à lui qu'il fallait que je vende le produit que nous préparions. J'ai fini par obtenir un rendez-vous. La réunion s'est tenue dans une immense salle de conseil. Ed présidait, à la tête d'une table d'acajou de douze mètres, entouré de comptables, d'avocats, de programmeurs, de commerciaux, de traders, de directeurs – l'ensemble de la maison était représenté. Quant à moi, je suis venu tout seul, comme je le fais toujours pour les grandes négociations. Ed m'a fait asseoir à sa gauche. Hank Alexander, qui dirigeait tout le développement de leurs logiciels, était à sa droite. Et j'ai fait mon boniment, en rassemblant toute l'assurance dont j'étais capable : notre société, qui s'appelait alors Innovative Market Systems, offrait exactement ce dont Merrill Lynch avait besoin, (à quelques perfectionnements minimes près, laissais-je tout de même entendre, il ne restait plus qu'à l'emballer).

« Nous pouvons vous donner une analyse de courbe de rendement mise à jour en fonction des modifications enregistrées en séance… Nous pouvons visualiser sous forme de graphique l'évolution du marché des futures par rapport au comptant… Nous enregistrerons en temps réel toutes les transactions de vos traders ainsi que leur position résiduelle sur le marché… » Non, personne d'autre ne l'avait jamais fait – nous non plus, d'ailleurs, du moins pas encore.

Moriartry s'est tourné vers Hank Alexander. « Eh bien, Hank, qu'en pensez-vous ? »

« Que nous devrions le faire en interne, a répondu Hank, nous pouvons construire le système nous-mêmes. »

« Vous en aurez pour combien de temps ? » a demandé Ed.

C'est alors que Hank a commis une erreur fatale. « Eh bien, si vous ne nous confiez pas d'autre projet nouveau (ce qui n'était manifestement pas un scénario réaliste), nous pourrions démarrer dans six mois. »

La brèche était ouverte, je n'avais plus qu'à m'y engouffrer.

« Je vous livre le système dans six mois et s'il ne vous donne pas toute satisfaction, vous ne nous versez pas un sou ! » J'avais presque crié. « Comme Hank ne pourra même pas s'y mettre avant six mois, vous ne risquez en aucun cas de perdre du temps. Et comme vous ne payez que si le système fonctionne, vous ne prenez aucun risque en termes de coûts non plus. »

Moriarty s'est levé.

« La proposition me semble honnête », a-t-il conclu avant de quitter la salle.

De mémoire de Merrill Lynch, jamais décision n'avait été prise aussi vite. J'en étais surpris moi-même. Mais, du point de vue de Moriarty, l'affaire s'imposait d'elle-même : Merrill Lynch n'avait rien à perdre et tout à gagner. Hank, médusé, incapable de proférer une parole, est resté cloué sur son siège, comme les autres.

Quand je suis revenu annoncer la bonne nouvelle à mes collègues, ils ont été fous de joie – du moins jusqu'à ce qu'ils comprennent ce que cela voulait dire, six mois pour livrer quelque chose qui n'existait que dans nos têtes, et encore... Les développeurs sont peut-être des magiciens, mais pas des faiseurs de miracles. Par bonheur, Merrill Lynch et Bloomberg ont bien mis deux ou trois mois à rédiger le contrat. Et c'est seulement à partir de la date du contrat que le délai courait, c'était toujours cela de gagné.

Mois après mois, pendant que nous travaillions au projet, notre humeur a oscillé de l'enthousiasme le plus vibrant à la sensation que la catastrophe était imminente. La situation était parfois alarmante, il fallait éteindre l'incendie ; parfois aussi pratiquement désespérée : un nouveau bogue nous obligeait à repartir à zéro. Cependant, chaque jour qui passait nous rapprochait un peu de notre objectif : construire la machine promise.

Notre méthode de travail était plus ou moins la même qu'aujourd'hui. Nous avons pris le problème et l'avons fragmenté en petits éléments gérables, digestibles. Ensuite, chacun de nous a pris la responsabilité de celui qui correspondait le mieux à ses compétences. Nous avions décidé de mettre au point notre propre terminal, ce qui nous conférerait un avantage tant du point de vue technologique que du point de vue marketing, nous avons donc embauché un ingénieur, Ron Harris, pour le construire. Il nous fallait aussi un ordinateur central pour stocker les données : Chuck Zegar s'est chargé d'analyser lequel était le meilleur et a écrit une base de données personnalisée correspondant à notre application spécifique. Nous avions besoin de données : Duncan MacMillan les a collectées, nettoyées et saisies. Nous avions besoin de calculs : Tom Secunda s'est assis derrière sa station de travail et a réalisé la programmation. Nous avions besoin de clients : je suis allé vendre. Nous avions besoin de compétences externes : nous avons pris un avocat, Dick DeScherer et un comptable qui ferait office de directeur financier, Marty Geller. Ce n'était pas élégant. C'était ridiculement simpliste, par rapport aux normes actuelles. Mais nous l'avons fait, et cela a marché.

* * *

La plupart des hommes de Wall Street ne comprennent pas le langage des ordinateurs non spécialisés que l'on trouve sur le marché. Ce n'est pas intuitif. L'individu moyen, quand il lit « Tab » sur la touche du clavier d'un PC, ne sait pas trop ce que cela veut dire. D'autres portent les abréviations « Ctrl » (contrôle) ou « Alt » (alterner) : ces mots n'appartiennent au vocabulaire ni d'un vendeur, ni d'un trader. Pour faire mieux, dès le début, nous avons conçu notre clavier en pensant à des utilisateurs normaux. C'est ainsi qu'« Enter » est devenu « Go ». (Comme la case départ du jeu de Monopoly, celle qui permet de toucher deux cents dollars quand on passe dessus !) « Tab », « Alt » et « Ctrl » ont disparu. Nous avons écrit sur les touches fonction à quoi elles servaient et supprimé le jargon technique, les F1, F2, etc. La caractéristique que nous avons voulu donner à notre produit, c'est d'être pratique, « convivial » comme disent les gens du métier.

Merrill souhaitait que ses traders puissent enregistrer leurs transactions et actualisent ainsi automatiquement eux-mêmes les positions de la firme. Apparemment, ça ne devait pas être bien compliqué. Mais les seuls systèmes qu'avait Merrill pour enregistrer les transactions reposaient sur l'utilisation de terminaux énormes, complexes et peu fiables, qui ne tenaient pas sur un bureau de taille normale et encore moins dans le minuscule box où travaillent les traders et les vendeurs. Ces terminaux étaient connectés à un unique gros ordinateur central, il n'y avait pas de système de secours. Ce n'était pas ce dont le marché avait besoin.

Nous avons conçu des stations de travail compactes, peu onéreuses et surtout très fiables car destinées à un seul usage et un seul utilisateur. (Les PC et les gros ordinateurs doivent tout faire, pour tout le monde. Par comparaison, notre matériel et nos logiciels personnalisés permettaient de se concentrer sur une seule tâche tout en assurant une compatibilité parfaite.) Nous avons conçu un petit clavier, facile à utiliser, avec un code couleur, de façon à ce qu'il tienne dans l'espace limité que nos utilisateurs ont devant eux. Nous avons construit un boîtier carré pour y loger les écrans que nous avions choisis, de façon à ce que les utilisateurs puissent les empiler verticalement. Nous avons fait en sorte que le réseau puisse permettre aux écrans et aux claviers d'être installés loin de l'ordinateur lui-même. Celui-ci, contrairement aux PC, peut donc être installé ailleurs que dans l'espace réduit et parfois poussiéreux du bureau de l'utilisateur. En l'installant « au bout du couloir », dans une salle sans poussière à température constante, on en prolonge la durée de vie. Notre expérience de traders a guidé notre démarche : on ne comprend l'importance de l'espace disponible sur un bureau que lorsqu'on n'en a pas.

Nous avons fait des erreurs, bien sûr. Pour la plupart, c'était des omissions, des choses auxquelles nous n'avions pas pensé en écrivant le logiciel. Nous résolvions le problème en nous y reprenant à plusieurs fois, en les réécrivant inlassablement. Nous faisons la même chose aujourd'hui. Pendant que nos rivaux s'échinent à obtenir le design parfait, nous en sommes déjà à la cinquième version de notre prototype. Quand ils en sont aux vis et aux câbles, nous en sommes à la dixième version. Nous revenons ici à la problématique évoquée plus haut : faut-il privilégier la prévision ou l'action ? Nous agissons dès le premier jour ; d'autres planifient leur planification, des mois durant.

Ensuite, comme c'est encore le cas aujourd'hui, nous étions déterminés à suivre notre projet jusqu'au bout. Nous avons construit prototype après prototype, semant parfois la panique chez nos clients. Certaines années nous ont paru interminables. Présentation après présentation, je garantissais que notre produit allait voir le jour. Je disais aux clients et je me disais à moi-même que ce n'était qu'une question de temps. Nos efforts acharnés et le capital que j'avais mis sur la table finiraient bien par nous mener à bon port.

À mi-parcours, je dois reconnaître que je me suis inquiété. Les fonds que j'avais investis étaient loin d'être suffisants pour financer le développement. Et puis, il n'était pas évident que le produit que nous étions en train de mettre au point donnerait satisfaction à nos clients. Dans mon for intérieur, je me demande s'il ne m'est pas arrivé, l'espace d'un instant, de douter : n'était-ce pas une folie pure et simple de risquer ma fortune et ma réputation ? En fait, l'investissement s'est monté à 4 millions de dollars, moins de la moitié des 10 millions que j'avais empochés en quittant Salomon Brothers. Mais il m'incombait désormais de faire vivre presque deux douzaines de salariés et leur famille. Je les avais convaincus de me suivre – si notre entreprise avait échoué, j'aurais trahi leur confiance, celle de leur conjoint, de leurs enfants et celle de nos clients potentiels. Heureusement, même si j'avais voulu abandonner la partie, je n'avais aucun moyen de le faire sans perdre la face (il est parfois utile d'avoir un ego gros comme une maison !) – nous avons donc continué à nous bagarrer.

Depuis le départ, j'avais la conviction que ce que nous faisions, personne d'autre n'était capable de le faire. D'ailleurs, personne n'essayait. Notre produit serait le premier outil dans l'industrie de l'investissement à permettre à des gens normaux, sans aucune formation particulière, d'effleurer la touche d'un clavier et d'obtenir la réponse à des questions financières, dont, dans certains cas, ils ne savaient même pas qu'ils devaient les poser. Il n'a toujours pas de concurrent. Les investisseurs peuvent certes trouver ailleurs certaines de nos données et analyses, mais la plupart des caractéristiques de notre système sont uniques.

Nous donnons à nos clients la possibilité de sélectionner des investissements, de réaliser des analyses de scénarios « Et si... » sur leurs portefeuilles titres et de communiquer avec leurs clients, fournisseurs et partenaires par l'intermédiaire d'un système de courrier électronique privé et sécurisé. Tout se passe rapidement, facilement, avec exactitude, sans avoir à se soumettre aux variables complexes, aux limites et aux contraintes qu'exigent la plupart des systèmes informatiques. Nous leur permettons d'étudier les marchés et les titres en termes absolus et relatifs et de les comparer à d'autres formes d'investissements. Ils peuvent étudier les entreprises, acheter et vendre des actions et des obligations, et même créer de nouveaux instruments financiers.

Nos clients peuvent calculer le coût exact d'un emprunt à partir des taux d'intérêt existants puis l'obtenir d'un broker, en temps réel, tout cela sur le terminal Bloomberg. Simultanément, sur le même écran, ils peuvent regarder nos dernières informations télévisées nationales et mondiales, acheter en ligne des fleurs, des ours en peluche, des bijoux ou des vêtements, sélectionner un vol pour leur prochain voyage à l'étranger ou encore consulter les derniers résultats trimestriels de leur entreprise préférée. Ils peuvent écouter les pronostics concernant les taux d'intérêt du patron d'une banque centrale, même si ce dernier les a exprimés plusieurs jours plus tôt, à l'autre bout du monde et dans une autre langue. Toutes ces caractéristiques utiles, personne d'autre ne les propose.

* * *

Après la réunion avec Moriarty, tenir notre délai était devenu notre obsession. Et une plaisanterie chez Merrill : Bloomberg allait être le premier dans l'histoire de l'informatique à livrer un projet de logiciel à l'heure dite. C'est cela, oui, tenir le délai ! C'était un pari fou : quelle chance avions-nous de réussir quand, en plus d'écrire le programme et de collecter les données, nous devions construire nos terminaux ? (Aucun des matériels disponibles dans le commerce ne permettait une analyse statistique en temps réel – du moins si nous voulions dégager un bénéfice. Au début des années quatre-vingts, nous avons mis au point un PC pour plusieurs utilisateurs, ce que les grands constructeurs essaient encore de faire aujourd'hui.) Quelle chance avions-nous de réussir, alors que personne n'avait encore conçu de système interactif en temps réel suffisamment convivial pour être utilisable par des non spécialistes ? Dans le vaisseau spatial Bloomberg, les journées de travail de quatorze heures devinrent la norme. À un moment donné, aucun des esclaves de l'électronique que nous étions devenus ne se souvenait de ce que cela voulait dire de prendre une pause, j'ai alors emmené tout mon petit monde se détendre au cinéma.

Le grand jour était enfin arrivé. Presque. Le délai de six mois expirant un samedi, nous avons proposé de remettre la livraison au lundi. Et encore, lundi ne voulait pas forcément dire lundi matin, ce pouvait très bien être lundi après-midi. Nous peaufinions inlassablement le logiciel, il fallait le réécrire sans cesse pour parvenir à la cohésion nécessaire pour une analyse fiable en temps réel. Chaque fois qu'un nouveau bogue apparaissait, je poussais des cris : « Nous ne maîtrisons plus la situation ! Si ça continue, il n'y a plus qu'à fermer boutique ! » (Il m'arrive, encore aujourd'hui, de dire des choses de ce genre.)

En fin de journée, ce fatidique lundi de juin 1983, Duncan et moi avons pris un taxi. Je portais le terminal, lui le clavier et l'écran. Mais la situation était désespérée. Pour une raison que nous ne comprenions pas, un nouveau problème s'était glissé dans le logiciel, nous ne parvenions plus à lancer le programme. Tant pis, nous avons quand même emporté le matériel chez Merrill Lynch, pendant que les autres continuaient à essayer de supprimer le bogue du code. Nous avons installé le matériel dans le bureau du patron du trading d'obligations, un type intelligent, exigeant, qui s'appelait Danny Napoli. Tout le monde, ahuri que la machine ait vraiment fait son apparition, faisait cercle autour de nous, personne n'avait réellement cru que nous tiendrions le délai. Allions-nous entrer dans l'histoire de l'informatique ?

Nous avons branché, mis le courant. Pendant que je parlais, jouant les guides touristiques, j'ai remarqué, du coin de l'œil, qu'un message apparaissait sur l'écran : « *loading software* ». J'ai instantanément compris que le bogue qui nous avait résisté tout le week-end avait enfin été supprimé – *pendant le trajet en taxi.* Je me suis senti libéré de la tension qui m'étreignait. Oui, ça allait marcher !

Déjà, une dizaine de traders avaient ouvert une bouteille de champagne. Depuis six mois, je n'avais vu personne d'aussi sympathique que ces types. Tout le monde riait, se donnait de grandes tapes dans le dos. Je crois que nous avons mis une fonction et que l'ordinateur s'est bloqué. Ça n'avait pas d'importance. Ce qui comptait, c'était le principe : nous avions livré à l'heure dite (ou à peu près) un truc qui marchait (il fallait le dire vite) et qui rendrait service (il fallait l'espérer). Ensuite, avec l'équipe Bloomberg au grand complet, nous sommes allés fêter l'événement dans un bon restaurant.

Voir cet écran s'allumer, ce jour-là, dans les bureaux de Merrill Lynch, m'a débarrassé des derniers doutes que j'avais encore sur notre capacité à réussir. Nous avions mis le doigt sur l'instrument de travail que toute la profession attendait. Assez gros pour être utile, assez petit pour être possible. Je crois vraiment qu'il faut commencer modestement, réaliser ses objectifs un par un, en tenant ses délais. Cela s'applique à tout, dans la vie. Quand on apprend à lire, on commence par des mots d'une syllabe. Vouloir lire Kant à l'école primaire ne mène à rien. On ne peut pas sauter directement à l'étape finale, que ce soit en informatique, en politique, en amour ou pour quoi que ce soit d'autre.

* * *

Les données mises en œuvre dans les calculs analytiques que nous fournissons à nos clients sont infiniment supérieures à tout ce que nos concurrents peuvent offrir. La recherche de cette information illustre bien la façon dont nos procédures méthodiques, pas à pas, fonctionnent réellement. Le problème, c'est la complexité des données. La plupart sont aujourd'hui trop sophistiquées pour qu'un simple employé de bureau puisse les rassembler de façon efficace. Il est vrai que, dans une certaine mesure, c'est une tâche mécanique et répétitive. Mais si les personnes qui l'effectuent n'ont pas les compétences nécessaires pour comprendre ce qu'ils ont sous les yeux, les données qu'ils saisissent sont inutilisables. Tous les informaticiens vous le diront : la qualité des résultats est fonction de la qualité des données à l'entrée.

Dans ce domaine, John Aubert a immensément contribué à notre réussite. C'est lui qui a mis en place notre centre de collecte de données à Princeton, dans le New Jersey. Lorsque Mac Barnes me l'a présenté à la cafeteria de Merrill Lynch, en avril 1984, il présidait une entreprise de trois personnes : lui, sa femme et son fils. Tous trois collectaient les données sur les fonds d'amortissement (*sinking funds*), autrement dit l'information sur la façon dont les États et les entreprises remboursent la dette contractée au moment de l'émission d'obligations, puis ils les rassemblaient dans un livre intitulé *Sinkers*. La chance a voulu que le jour où je l'ai rencontré, John, qui venait de se disputer avec son seul client, cherchait un nouveau partenaire. Nous avons bu une tasse de café et la réunion s'est terminée par une poignée de mains. Son entreprise a été absorbée par la nôtre. Il adorait son métier et le faisait mieux que quiconque. C'est toujours le cas : parlez-lui de collecte d'informations, vous verrez une petite étincelle s'allumer dans ses yeux. C'est le genre de collaborateurs que nous recherchons chez Bloomberg, pour nous, avoir le profil, c'est d'abord et avant tout aimer ce que l'on fait.

John a trouvé le moyen d'intégrer au processus une composante analytique. Dès lors, l'aspect saisie devenait mineur. Nous avons donc recruté un personnel beaucoup plus qualifié pour « nettoyer », classer et stocker chaque élément d'informations et le ranger là où il avait véritablement sa place et non là où c'était le plus pratique. Les personnes chargées de ce travail ne sont pas des automates travaillant à la chaîne. Ce sont des analystes traditionnels, qui peuvent apporter une compréhension contextuelle détaillée d'un marché ou d'un secteur d'activité, en se fondant sur l'information actuelle et historique à partir d'une multitude de sources.

Prenez notre collection de comptes de résultats et de bilans de sociétés implantées un peu partout dans le monde. La définition de l'amortissement diffère d'un pays à l'autre. Nous avons fait venir un consultant pour qu'il nous explique tous les systèmes comptables utilisés de par le monde. Nos spécialistes comprennent désormais toutes les normes comptables. Ainsi, contrairement aux autres bases de données, la nôtre tient compte de distinctions importantes. Cela permet de rendre comparables des entreprises dont les présentations comptables sont différentes. Si une entreprise amortit ses actifs d'une façon et une autre d'une façon différente, nous soulignons dès le départ ces divergences. Chez Bloomberg, quand nous rencontrons un problème, nous cherchons une solution. C'est ce qui a fait notre succès.

* * *

Pour notre première livraison, nous avons construit vingt-deux ensembles composés chacun d'un terminal, d'un clavier et d'un écran. Nous avions l'intention d'installer les vingt que Merrill nous avait commandés et d'utiliser nous-mêmes les deux autres, pour le développement et le support technique. Inutile de dire que nous les avons installés tous les vingt-deux dans leur salle de marché. Ils les voulaient tous. Nous n'étions pas en position de discuter : nous avions besoin de ces rentrées financières. Bien sûr, nous n'avions pas de réserves, mais maintenant, nous avions le cash flow nécessaire pour construire d'autres appareils à notre usage personnel, pour Merrill et pour les autres clients qui ne tarderaient pas à entendre dire que Bloomberg faisait des merveilles.

Au début, nous avons connu des problèmes de fiabilité, c'est inévitable. Mais au moins, nous avions quelque chose. Et ce quelque chose était le système de Merrill autant que le nôtre. Quand nous l'avons installé, Merrill a affecté deux traders pour travailler avec nous. Je pensais qu'ils nous mettraient des bâtons dans les roues et qu'ils douteraient de nous à tout bout de champ. Comme je m'étais trompé ! En fin de compte, notre réussite doit autant à ces deux hommes, Jack Delaney et Jack Meyers, qu'aux membres de notre propre équipe. Ils pinaillaient, mais ce n'était pas pour nous ennuyer, ils voulaient que nous réussissions. Quand ils disaient que quelque chose ne marchait pas, ils pouvaient nous le montrer, de sorte que nous savions avec certitude que cela ne marchait effectivement pas et, ce qui était plus important pour y remédier, en quelles circonstances précises cela ne marchait pas. Chaque jour qui passait, le système s'améliorait à mesure que nous résolvions les problèmes sur lesquels ils mettaient le doigt. Je préfère toujours avoir en face de moi un client intelligent, fair play, honnête et exigeant plutôt qu'un imbécile ou un « j'm'en foutiste ».

L'accord passé avec Merrill stipulait que si nous livrions le produit en respectant notre délai et s'ils le trouvaient valable, ils nous feraient un versement global de 600 000 dollars pour couvrir le développement, puis nous paieraient 1000 dollars par mois et par terminal les deux années suivantes. Nous ne toucherions pas un *cent* avant que l'ensemble du système fonctionne de façon fiable. De sorte que si Merrill n'a pas financé notre développement initial, il a apporté à notre démarrage une contribution inestimable. Nous savions que si nous leur apportions un outil utile, il n'était pas question qu'ils abandonnent le projet. Et le fait de donner satisfaction à un client ne pouvait manquer de nous en amener d'autres. Par exemple, la Bank of England, l'une des plus anciennes banques centrales du monde, a signé un contrat avec nous dans les deux ans qui suivirent (je continue à recevoir une carte de vœux tous les ans au mois de décembre). Parmi nos autres clients prestigieux, je citerai le Vatican, pour qui nous travaillons depuis le milieu des années quatre-vingts. (Leurs électriciens n'en finissaient pas d'installer les câbles nécessaires à notre terminal. Une religieuse qui travaillait dans leur service de gestion de fonds m'a alors dit qu'elle allait demander au Pape de bénir notre câblage pour accélérer le processus. Je ne sais pas s'il l'a fait, mais le lendemain, l'installation était terminée.) La Banque Mondiale, la Bank for International Settlements (autrement dit la banque centrale des banques centrales) et toutes les banques fédérales de réserve sont devenues clientes de Bloomberg.

Après la première commande de Merrill Lynch, nous courions encore un risque. Il faudrait attendre longtemps avant que les rentrées n'excèdent les dépenses. Mais après avoir construit les machines pour Merrill Lynch, nous avions de l'argent qui rentrait et un produit à vendre. Je me souviens avoir souvent fait le calcul sur le dos d'une enveloppe : « vingt-deux terminaux chez Merrill à 1 000 dollars par mois, multiplié par douze mois, cela fait 264 000 dollars, plus 600 000 dollars pour la conception. Nous ne gagnerons pas beaucoup d'argent, mais nous couvrirons nos coûts et nous pourrons continuer notre activité. » Aujourd'hui, c'est à peine si cette somme me permettrait de financer les fleurs du hall d'accueil. En commençant petit et en travaillant d'arrache-pied, nous avions atteint le premier but que nous nous étions fixé, Bloomberg était en bonne voie.

Le temps passant, notre chiffre d'affaires a augmenté, nous avons recruté davantage de personnel et nous nous sommes spécialisés. Quinze ans après notre démarrage, nous avons des professionnels des ressources humaines et une équipe de comptables spécialisés. Nous avons un service des contrats, un service de la communication et un département administratif. Aujourd'hui, comme toute grande entreprise, nous employons des contrôleurs de gestion, des avocats, des comptables, des consultants, des conseillers fiscaux, etc.

Aussi étonnant que cela puisse paraître, les quatre premières années, c'est moi qui assumais seul toutes ces fonctions. Simultanément, je travaillais à plein temps à vendre nos services, à négocier les contrats avec nos fournisseurs et avec nos clients et à gérer la société. Je n'ai jamais vécu une période aussi passionnante, ni avant ni après. Et je ne suis pas sûr que nous nous en trouvions plus mal.

Aujourd'hui, Bloomberg emploie les meilleurs professionnels, tant pour l'entretien que pour l'installation du matériel. Mais dans les premiers temps, après avoir bouclé des semaines déjà lourdes, la demi-douzaine d'entre nous appartenant à l'équipe d'origine, passait ses week-ends dans les bureaux de nos clients pour assumer ces fonctions supplémentaires. L'été, dans ces gratte-ciel où l'on ne peut ouvrir aucune fenêtre et où la climatisation était débranchée, la chaleur atteignait parfois jusqu'à 40° sous les bureaux de nos nouveaux clients où, à quatre pattes, nous posions nos câbles. Nous tirions les fils entre les ordinateurs, les claviers et les écrans que nous mettions en place, les enfilions dans des trous que nous percions dans des meubles qui ne nous appartenaient pas, parmi les emballages de hamburgers et les crottes de souris, – le tout sans autorisation, en violant toutes les réglementations anti-incendie, le règlement de copropriété et les règlements syndicaux. Heureusement, nous n'avons jamais mis le feu nulle part, nous ne nous sommes jamais électrocutés. À la fin de la journée, à dix ou onze heures du soir, nous branchions le tout et regardions s'animer ce que nous venions de créer. Quelle satisfaction !

Aujourd'hui, nous avons des services d'expédition un peu partout dans le monde, avec des machines à emballer, des équipements destinés à éliminer les phénomènes d'électricité statique, des déclarations de douane imprimées automatiquement, des ordinateurs dédiés au suivi et aux commandes et même nos propres camions, arborant sur leur carrosserie la marque Bloomberg en lettres géantes. Dans le bon vieux temps, nous transportions notre matériel sur la banquette arrière des taxis jaunes de New York. Les réglementations d'import-export ? Nous avions juste un peu de matériel dans nos bagages. Des laissez-passer pour faire entrer ou sortir des immeubles de bureaux nos ordinateurs, écrans et claviers ? Jamais de la vie ! Mais nous avions un mot de passe destiné aux membres du service sécurité : « Je vais chercher un café. Vous en voulez un ? » Cela marchait à tous les coups. Suivi de stocks rigoureux ? À vrai dire, c'était plutôt du style : « C'est deux, ou trois terminaux, que nous avons installé chez le dernier client ? Nom d'un chien, je n'en ai pas la moindre idée ! »

Aujourd'hui, ce sont nos banquiers et nos comptables qui font la paye de notre personnel ; dans le temps, je faisais tous les chèques moi-même. Je signais tous les contrats. Je payais toutes les factures. C'était moi qui recrutais et licenciais. Moi qui achetais le café, les boissons, les petits gâteaux et les chips que nous grignotions. Il m'arrivait de vider les corbeilles à papier ou de nettoyer les appuis de fenêtre. Je rédigeais les chèques de salaire et les remettais en mains propres à chacun des salariés de notre bureau de New York, ce qui me donnait l'occasion de suivre les projets et le développement de chacun, d'encourager ou de tancer un peu vertement si nécessaire. Aujourd'hui, il y a un spécialiste pour chacune de ces fonctions et je serais incapable de mettre un nom sur le visage des deux tiers de nos salariés, même dans le bureau de Manhattan.

Les premières années sont celles dont je garde le meilleur souvenir. Je participais à la conception des meubles, choisissais l'équipement, démontrais nos capacités à nos prospects, commandais de nouvelles lignes de téléphone, rassemblais des données. Je faisais un usage aussi fréquent du tournevis que du stylo. Quand nous nous sommes développés et que nous avons confié ces fonctions à des spécialistes récemment embauchés, j'ai ressenti la même impression que lorsqu'un enfant devient adolescent. C'est bien pour lui, mais douloureux pour les parents, ils ont un peu l'impression de le perdre.

Au terme d'un processus progressif et pas si agréable que cela, le patron qui met la main à la pâte que j'étais a dû, bon gré mal gré, prendre ses distances. Or par nature, je suis plutôt un opérationnel qu'un stratège en chambre. J'aime faire les choses moi-même, me salir les mains. Si notre croissance l'impose, il faut bien que je délègue. Mais cela ne veut pas dire que cela me fasse plaisir.

Souvent, quand il nous est arrivé de devoir sous-traiter un projet, nous avons constaté qu'il existe une grande différence entre notre culture de pionniers et celle de l'entreprise *lambda*. J'aurais préféré pouvoir tout faire nous-mêmes. Quand un consultant vient chez vous, il termine sa journée à cinq heures du soir. Chez nous, tout le monde bosse jusqu'à sept heures du soir, voire neuf heures, jusqu'à ce que le projet soit terminé. Une fois, nous avons embauché un électricien pour mettre des prises au bout d'un faisceau de

25 câbles, colorés en fonction d'un code. C'est le genre de travail qui doit être fait à la perfection (autrement dit, il faut insérer le câble rouge dans un embout n° 7, le bleu dans un n° 19, le rayé vert et rouge dans un n° 24, etc., en suivant un schéma très détaillé) – la moindre erreur et l'ordinateur tombe en panne. Le délégué du syndicat maison des électriciens nous a assigné un type expérimenté, proche de la retraite, affirmant qu'à son âge, il aurait la patience d'exécuter cette tâche fastidieuse sans commettre d'erreurs. Un mois plus tard, après nous être arraché les cheveux à essayer de comprendre pourquoi plus rien ne marchait, nous avons découvert que malgré toutes ses qualités et son sérieux, l'homme était daltonien. Toutes les connexions, sans exception, étaient fausses. Les programmeurs ont gaspillé énormément de temps à poser le diagnostic. (L'électricien suivant a dû sectionner tous les bouts de câble et recommencer le travail à zéro. Inutile de dire que nous avons, nous, dû payer les deux.) Au mieux, les gens de l'extérieur ne font que ce qu'on leur demande. Les gens de la maison font le nécessaire.

La différence entre « eux » et « nous » persiste encore. Quand je vois un visiteur jeter un Kleenex dans une corbeille à papier, manquer son but et ne pas prendre la peine de se baisser pour le ramasser, j'ai envie de hurler. Je réagis de la même manière quand je vois quelqu'un passer à côté d'un papier qui traîne par terre et faire comme s'il ne le voyait pas. Je suis peut-être maniaque, mais quand cela m'arrive, je m'arrête et je ramasse le bout de papier, même si je le fais à la place de quelqu'un d'autre. Une entreprise, c'est presque une famille, le bureau, c'est sa maison. Ces gens qui nous viennent de l'extérieur vivent-ils dans des porcheries ?

* * *

L'Amérique est vraiment la terre des opportunités, il s'y crée plus d'entreprises que dans n'importe quel autre pays. Les banques, les sociétés de capital-risque et les bourses y apprécient les idées nouvelles et même les recherchent. Les États-Unis ont une culture qui attache du prix à l'innovation, la hiérarchie sociale y repose sur le mérite, les gens qui prennent des risques en sont récompensés. L'absence de barrières douanières, le financement de la recherche par l'État et une législation fiscale favorable encouragent l'esprit d'entreprise. Les résultats parlent d'eux-mêmes : davantage de créations d'emplois, une appréciation boursière plus optimiste, une sélection de produits offerts aux consommateurs de plus en plus diversifiée et en amélioration constante.

Cependant, les entreprises qui se créent ne sont pas toutes appelées à réussir. Des myriades de sociétés, dont beaucoup avaient à la fois des capitaux, de l'enthousiasme et du potentiel, ont vu le jour en même temps que la nôtre. Certaines, comme des ballons de baudruche, ont connu une expansion rapide, puis ont explosé. Je pense pour ma part que celles qui ont tenu le coup s'appuyaient sur une philosophie et des pratiques de management adaptées à leur époque, en adéquation avec leur personnel et leurs clients et appliquées avec constance. Je suis convaincu que pour être capable de résister dans les bonnes comme dans les mauvaises périodes, il faut maintenir l'équipe dans une direction constante et lui imposer un leadership compris et accepté par l'ensemble du personnel. Les gagneurs se caractérisent par ce type de leadership. Nous espérons en faire partie !

La philosophie de Bloomberg paraît peut-être bizarre aux gens de l'extérieur, mais pas à ceux qui comptent – c'est-à-dire ceux qui y travaillent. Je suis peut-être paranoïaque, mais je suis toujours parti du principe qu'à tout moment, un concurrent cherche à nous démolir. Au moment même où vous lisez ces lignes, j'essaie d'imaginer ce que nos rivaux sont en train de concocter pour nous retirer le pain de la bouche. À n'en pas douter, ils doivent tenter de nous battre sur le plan de la qualité, d'apporter une meilleure fonctionnalité, de saper notre réputation et de nous tromper sur l'orientation qu'ils ont adoptée. J'ajoute que si ce n'est pas le cas, ils ont tort.

Pour contrer cette attaque (réelle ou imaginaire) de toutes les manières possibles, nous devons nous améliorer constamment, ne serait-ce que pour ne pas perdre de terrain. Chacun d'entre nous, chez Bloomberg, doit sans cesse enrichir ses compétences. Chaque élément de nos produits doit sans cesse être amélioré. Tous nos coûts doivent sans cesse être passés au crible. Nous devons mettre la pression sur nos fournisseurs pour obtenir des conditions plus favorables, cibler toujours mieux notre marketing, améliorer sans relâche le service à la clientèle. Il nous faut constamment repenser les hypothèses de base sur lesquelles repose notre activité, mais sans le crier sur les toits. Quand nous disons que nous allons faire A, il faut le faire ; mais en interne, cela ne nous empêche pas de nous préparer à faire B ou C, soit qu'un changement de contexte l'impose, soit que nous ayons commis une erreur de jugement. Ce n'est pas parce que nous sommes convaincus que nous n'allons pas mourir que nous ne souscrivons pas une police d'assurance-vie, au cas où.

La différence entre être têtu et avoir le courage de ses opinions ne se concrétise parfois que par les résultats. Depuis les vingt-deux premiers terminaux que nous avons installés chez Merrill Lynch, nous nous sommes transformés en une entreprise d'envergure mondiale, bien établie, offrant toute une gamme de produits et travaillant pour des dizaines de milliers de clients. D'accord, nous sommes inflexibles, si l'on veut dire par là que nous ne réagissons pas chaque fois qu'un article présente le prochain produit d'un concurrent comme notre arrêt de mort. Mais nous changeons. Nous faisons aujourd'hui des choses que nous avions juré nos grands dieux de ne jamais faire il y a quelques années – et il y en a d'autres que nous avons abandonnées totalement, alors que nous les considérions comme essentielles il y a quelque temps. Nos clients, nos ressources, les opportunités que nous saisissons changent constamment. Nous changeons aussi de politique, mais à notre rythme et en choisissant notre moment, pas sous la pression d'un individu extérieur à la maison, qui n'a ni à se préoccuper de problèmes humains, ni à payer les factures, ni à subir les conséquences d'une mauvaise décision prise à la hâte.

Il est clair qu'une entreprise comme la nôtre doit être gérée avec cohérence. Mais cela ne veut pas dire que cette cohérence soit immuable. Ce qui convient à tel ou tel stade de notre développement n'est pas nécessairement adapté à tel ou tel autre. Henry Ford n'avait pas tort lorsqu'il fit sa déclaration fracassante selon laquelle ses clients pouvaient choisir la couleur qu'ils voulaient, du moment qu'ils choisissaient le noir. Cela a admirablement fonctionné, du moins tant qu'il a été le seul grand constructeur automobile. Mais il a fini par passer à une stratégie multicolore lorsque des concurrents ont surgi, proposé des véhicules comparables et modifié le paysage concurrentiel. Il m'appartient de repérer à l'avance ce point d'inflexion et à piloter notre organisation vers les horizons nouveaux qui s'ouvriront alors.

Un autre dogme de la philosophie Bloomberg, c'est que notre actif le plus précieux, ce n'est ni notre technologie, ni nos bases de données, ni notre réseau privé de communications, ni même nos clients. Notre actif le plus précieux, c'est notre personnel. Il est beaucoup moins important d'améliorer le reste que de veiller à la dimension humaine et surtout maintenir notre culture d'entreprise, la protéger du monde extérieur. C'est dans cette perspective que nous concevons nos installations physiques, notre politique de rémunérations et de ressources humaines – promotions, formation, etc.

Nous sommes néanmoins périodiquement confrontés au fait que nos concurrents, eux aussi, ont commencé par être légers et économes. Même s'ils emploient aujourd'hui plus de personnel qu'il n'est nécessaire, ce n'est certainement pas délibérément qu'ils en sont arrivés là. Vous ne me ferez pas croire qu'ils ont recruté sans réfléchir, pour le plaisir. Chaque fois qu'ils ont embauché quelqu'un, ils avaient certainement une bonne raison de le faire. Il en va de même pour nous. Aucun de nos managers n'a jamais demandé un renfort inutile. Mais le monde évolue, les gens changent. Si nous ajoutons sans cesse de nouveaux éléments, sans jamais nous séparer de personne, nous tomberons dans le même piège que les autres. Nous avons forcément commis quelques erreurs.

De temps à autre, il arrive effectivement qu'un de nos salariés soit incapable de faire le travail qui lui est demandé. Les patrons ont rarement le courage d'en tirer les conséquences. Mais diriger une entreprise, c'est cela. Que faisons-nous des dix pour cent du personnel qui ne donnent pas satisfaction ? Nous, les managers, avons-nous un plan pour améliorer leur productivité ? Existe-t-il dans l'entreprise des postes qui leur conviendraient mieux ? Avons-nous pris le temps de discuter avec eux, leur avons-nous demandé d'améliorer leur attitude, leur avons-nous donné des conseils, les avons-nous laissé nous expliquer leurs problèmes personnels, avons-nous tenté de les aider à les résoudre ? Proposé une nouvelle formation ? Si aucune de ces démarches n'a été concluante, si nos affaires marchent bien et que nous pouvons nous permettre d'être généreux, avons-nous exercé notre responsabilité d'améliorer la qualité de notre personnel, même si ce n'est jamais avec plaisir que l'on confronte l'inévitable ? La direction doit assumer ses devoirs par rapport à tous ceux qui travaillent dans l'entreprise. Nous sommes tous solidaires et si l'un d'entre nous est incapable d'assumer sa tâche, tout le monde en souffre. C'est pénible, incontestablement, mais la nature fourmille d'exemples d'espèces qui se sont éteintes faute de s'être adaptées, c'est-à-dire améliorées. Je ne tiens pas à ce que Bloomberg en fasse partie.

La plupart des entreprises ne font l'effort de rehausser le niveau de leur personnel que sous la contrainte. Quand vous lisez dans la presse que la direction de telle ou telle société a pris la grande décision de procéder tout à coup à une vague massive de licenciements, demandez-vous ce qu'elle faisait auparavant. Ce n'est pas du jour au lendemain que les exigences en matière de personnel se transforment. Une direction qui gère bien son affaire arrête de recruter lorsque son plan de charge s'allège, offre de nouvelles formations aux salariés en surnombre pour qu'ils puissent occuper d'autres postes, améliore la productivité de l'ensemble du personnel de façon à éviter les licenciements. Longtemps à l'avance. Gouverner, c'est prévoir.

* * *

Chez Bloomberg, depuis le premier jour, nous avons cherché à faire autrement que les autres. Si le monde va à gauche, nous allons souvent à droite. En football, il est souvent plus payant, pour un ailier, de contourner la défense adverse que de foncer dans le tas. Il en va de même pour nous. Si nos concurrents s'appuient surtout sur la puissance de leur haut de bilan, nous misons sur des stratégies peu gourmandes en capital. S'ils concentrent leurs efforts sur telle ou telle partie du monde, nous nous orientons vers une autre. Laisser les autres définir la règle du jeu est une manière certaine de n'arriver qu'en seconde position. Et dans la vie, le second est avant tout le premier perdant !

Nous survivrons tous si nous parvenons à maîtriser notre destin. Nous avons fait beaucoup de chemin depuis notre premier contrat avec Merrill Lynch, mais le défi qu'il nous faut relever est resté fondamentalement le même. Quel est notre intérêt ? Qu'est-ce qui nous conduira dans la bonne direction ? Et, surtout, offrons-nous un service satisfaisant aux clients qui nous ont permis d'arriver au point où nous en sommes actuellement ?

Bloomberg a toujours traité ses clients existants au moins aussi bien que les nouveaux. Tout le monde ne peut pas en dire autant. La prochaine fois qu'un de vos abonnements à un magazine arrivera à expiration, je vous suggère de tenter une petite expérience. Le premier courrier que vous recevrez vous demandera de payer le prix fort. Ne vous précipitez pas sur votre chéquier. Vous recevrez un second courrier qui vous proposera une réduction. Ne l'acceptez pas. La troisième offre sera plus favorable encore. Laissez passer le délai, vous verrez que c'est tout juste s'ils ne vous paieront pas pour renouveler votre abonnement. Je n'ai jamais compris pourquoi certaines entreprises traitent leurs pires clients mieux que les bons. Dans ces conditions, qu'est-ce qui incite à être bon client ? Quand nous introduisons une amélioration de notre matériel, il est clair que nous ne pouvons pas, du jour au lendemain, en équiper la totalité de nos milliers de clients. Mais nous essayons de le faire aussi vite que possible, pour le coût le plus faible possible. Quand nous diminuons nos tarifs pour les nouveaux clients, nous en faisons autant pour les anciens (quand nous les augmentons, les nouveaux utilisateurs paient immédiatement le prix le plus élevé, les anciens, au renouvellement de leur contrat). Si vous traitez bien vos clients, ils continuent indéfiniment à travailler avec vous.

Notre politique tarifaire, pour tous nos produits, tend à favoriser nos meilleurs clients par rapport aux moins bons ; nous faisons plus d'efforts pour les sociétés qui comptent cinq personnes et cinq terminaux que pour les firmes qui ont des milliers de salariés et cent terminaux. La taille n'est pas tout. Nous ne crachons pas sur les contrats géants, c'est clair, mais nous n'oublions pas que si les grands sont avec nous, c'est parce que nous sommes le champion des petits.

C'est la même chose pour les tarifs. Vous voulez une faveur ? Si nous vous l'accordons, comment pouvez-vous être sûr que nous n'offrons pas encore mieux à votre concurrent ? Publier un tarif, puis négocier en coulisses avec ceux que l'on souhaite favoriser ou avec ceux qui crient le plus fort ne fait qu'encourager la confusion, les désaccords, l'incertitude et créer un climat détestable, sans parler de ce que cela révèle de l'éthique du vendeur. Favorisez un client par rapport à un autre et, le jour où les rôles s'inversent, le client favorisé aura complètement oublié ce que vous avez fait pour lui ; en revanche, celui qui s'est senti floué ne l'oubliera jamais.

Chez Bloomberg, nous avons un tarif public et, d'une manière générale, nous nous y tenons. Si, à l'occasion, nous faisons une exception, c'est en faveur de la petite société en difficultés. De toute manière, je me sens toujours plus proche de la petite boîte qui se bat et qui monte. C'est une situation que nous avons connue et je me souviens encore de ceux qui nous ont aidés et de ceux qui ne l'ont pas fait. D'ailleurs, si une société opte pour le produit d'un concurrent à cause d'une petit différenciel de prix, ce n'est pas un client à long terme que nous perdons.

* * *

On me demande souvent si j'ai préféré travailler pour les autres ou pour mon propre compte. La plupart des gens qui me posent la question considèrent la réponse comme évidente. Je n'en suis pas si sûr. Il est clair que j'ai gagné beaucoup plus d'argent à être entrepreneur, mais, d'après mes souvenirs, je m'amusais autant chez Salomon, je trouvais mon travail aussi stimulant que depuis que je suis mon propre maître. Disons que j'ai de la chance : j'ai fait deux carrières et je les ai adorées toutes les deux.

# 4

# David et Goliath

## Pas besoin d'être Einstein pour faire du journalisme financier

Un après-midi, Matt Winkler, que je ne connaissais pas, est venu nous rendre visite dans notre bureau de New York. Quand il est arrivé, j'étais en train de faire du popcorn – j'adore ça et il m'arrive souvent d'aller en préparer dans notre coin-cuisine pour les clients et le personnel. Les séances de grignotage qui suivent sont une manière facile de prendre le pouls de tout le monde. Reporter au *Wall Street Journal,* grand expert des finesses du marché obligataire, Matt était le premier représentant de la presse à analyser notre entreprise. Il était en particulier curieux de savoir pourquoi nous commencions, de fait, à jouer les challengers par rapport au maître incontesté des informations financières, Dow Jones & Co. L'homme allait jouer un rôle essentiel pour faire de Bloomberg un concurrent majeur dans le monde des médias ; il allait nous aider non seulement à rendre notre terminal informatique en ligne plus utile encore, mais aussi à diffuser nos informations sur d'autres supports médiatiques.

Nous avons tous les deux la même vision du monde : celle du verre à moitié plein, c'est ce qui nous a rapprochés, au début. Quand il est venu me voir, en février 1988, il m'a expliqué qu'il travaillait sur un article que le *Wall Street Journal* allait me consacrer.

« Je suis à votre entière disposition ! », lui ai-je répondu, ravi de me faire interviewer pour un article à paraître dans l'organe principal d'un futur concurrent.

Ce que je ne savais pas, c'est que Winkler était déjà parvenu à la conclusion que Bloomberg représentait une menace considérable pour son Groupe. Je découvrirais plus tard, à ma grande satisfaction, que bon nombre de ses contacts à Wall Street, qui étaient aussi mes amis et clients, partageaient ce point de vue. Matt connaissait tout le monde dans les milieux financiers. En dix ans de carrière, il avait écrit des articles pour tous les organes du Groupe Dow Jones – *Barron's,* le *Wall Street Journal* et le service d'informations Dow Jones.

C'est à Londres, où il avait été envoyé au milieu des années quatre-vingts, qu'il avait pour la première fois entendu parler du terminal Bloomberg – à l'époque, une boîte beige avec un petit écran couleur ambre, sur lequel s'affichaient des scénarios « Et si... » pour le marché obligataire. Il interviewait alors Mark Curtis, trader à Merrill Lynch, qui expliquait mieux que personne quelles obligations américaines, japonaises ou allemandes étaient bon marché ou chères à tel ou tel moment précis.

« Mark, avait-il demandé, d'où sortez-vous tout cela ? Personne ne peut avoir toutes ces informations en tête ! »

« Facile ! avait répondu l'autre. Sur le Bloomberg ! »

À l'époque, notre terminal d'informations financières, qui permettait à ses utilisateurs de déterminer la valeur relative des titres de créance en se fondant sur leur historique de rendement et de cours, était installé dans mille cinq cents bureaux Merrill Lynch de par le monde. Dans les années quatre-vingts, les obligations connaissant un regain de faveur sur les marchés financiers, le marché représentait des milliers de milliards de dollars. La déréglementation du marché hypothécaire et de l'épargne, la suppression généralisée des retenues à la source, le trou de plus en plus béant des déficits budgétaires et les taux d'intérêts élevés mis en place pour juguler l'inflation, tous ces événements avaient contribué à faire du marché des obligations publiques et privées le secteur de croissance le plus dynamique de Wall Street. Les plus grands investisseurs du monde s'étaient, tout à coup, mis à acheter et à vendre des junk bonds et des Eurobonds, à investir dans des obligations crées par titrisation de prêts hypothécaires et de prêts destinés à financer les achats d'automobiles. Il y avait un grand engouement pour les valeurs « restructurées », qui permettaient aux emprunteurs de réinvestir les cash flows résultant de la vente d'obligations en diverses devises. Même s'il jouissait d'une moindre visibilité aux yeux du grand public, le marché obligataire dépassait désormais celui des actions. Dans ces conditions, pour une firme comme Merrill Lynch, qui faisait l'impossible pour étendre ses offres au-delà des services à des investisseurs individuels, le système Bloomberg était indispensable.

En mai 1987, revenu à New York couvrir Wall Street et le marché obligataire pour une nouvelle rubrique destinée aux financiers et aux investisseurs, Winkler avait appris avec horreur que je venais de convaincre le *Wall Street Journal* et Associated Press que Bloomberg serait désormais le seul à leur fournir les cours quotidiens des obligations d'état américaines, supplantant ainsi l'auguste Banque de la Réserve Fédérale de New York. Des décennies durant, la Fed en avait été la source impartiale, faisant autorité sur les obligations du Trésor américain, dont les cours quotidiens servent de référence aux taux des emprunts des entreprises et des particuliers. Tous les traders en actions et obligations du monde ont l'œil rivé dessus. Bloomberg, fondé cinq ans plus tôt, comptant moins de 150 salariés, servirait de référence pour tous les marchés. Inutile de dire que cela me remplissait d'aise.

C'est en devenant le benchmark de l'information sur les rendements que nous avions réussi à battre la Fed à son propre jeu. Elle tardait, depuis des années, à tenir sa promesse d'informatiser la publication des cotations des emprunts d'état. Tous les après-midi, un coursier se présentait à ses bureaux, au sud de Manhattan, et on lui donnait deux ou trois feuilles sur lesquels les cours des obligations étaient imprimés recto et verso. Il bravait alors les embouteillages pour les apporter au bureau d'Associated Press, situés au Rockefeller Center, à mi-hauteur de Manhattan. Aussitôt arrivé, il les remettait à une opératrice télex à bout de nerfs, qui les tapait à toute vitesse, sous une pression intense, afin que les journaux les aient à temps pour leur première édition du lendemain matin.

La méthode n'avait guère changé depuis plus d'un siècle, depuis le service postal à cheval d'antan. La tension nerveuse sous laquelle travaillait la brave opératrice qui se bagarrait pour taper une telle masse de chiffres, avec tant de décimales et avoir terminé à l'heure dite, se traduisait invariablement par des coquilles dans le journal du lendemain. Les lecteurs s'en plaignaient. Or Bloomberg pouvait, lui, fournir avec une exactitude parfaite des cours plus récents (puisque les cotations continuaient après le départ du coursier), en cinq secondes, électroniquement. Nous pouvions même donner le cours des obligations du Trésor à coupon zéro, qui donnaient alors lieu à un nouveau marché florissant – chose que la Banque Fédérale elle-même était incapable de faire.

Matt, qui, à l'époque, ne me connaissait pas encore et était Dow Jones « jusqu'au bout des ongles » (ce qu'il n'a cessé de me rappeler par la suite), était convaincu que personne, dans son entreprise, ne réalisait que le *Wall Street Journal* faisait ainsi une publicité gratuite d'une pleine page quotidienne au concurrent direct de Telerate, terminal électronique d'informations sur le marché obligataire et unique produit d'une entreprise que Dow Jones était en train d'acquérir pour la modique somme d'un *milliard* et demi de dollars. D'un coup d'un seul, cet accord faisait des informations financières transitant par Bloomberg la source quotidienne du marché le plus important du monde. Récemment revenu à New York, il était mal placé pour convaincre qui que ce soit au *Wall Street Journal* que c'était une lourde erreur.

En outre, à ses yeux en tout cas, le fait que les informations fournies par Bloomberg émanent au départ de Merrill Lynch, maison de titres qui vendait des obligations et, de fait, fixait les cotations que nous publiions, posait un grave problème. « Comment pouvons-nous faire une chose pareille ? », demandait-il à ses collègues.

Tout simplement parce que c'était efficace et rapide, parce qu'aucun lecteur ne s'en plaignait jamais, lui répondit-on. Mais, de son point de vue, à partir du moment où Merrill Lynch vendait à ses clients des actions, des matières premières et d'autres produits financiers, cet accord présentait un conflit d'intérêts potentiel, puisque Merrill en fixait lui-même le cours.

* * *

L'alliance entre Bloomberg et Merrill Lynch profitait aux deux partenaires. Merrill, qui n'avait pas de relations très anciennes avec les investisseurs institutionnels, avait besoin d'affirmer sa crédibilité auprès des plus importants d'entre eux, comme les banques centrales et les fonds de pension. Le fait de diffuser ses informations sur le système Bloomberg lui conférait un avantage concurrentiel. Bloomberg, lui, avait besoin de cotations en temps réel pour fournir une analyse à jour. Merrill, qui gérait des centaines de milliards de dollars par jour et vendait des titres à plusieurs centaines de milliers d'investisseurs, disposait des cotations les meilleures et les plus exactes. C'était véritablement une relation symbiotique.

Merrill promouvait également la cause de Bloomberg et la sienne propre en nous aidant à louer autant de terminaux que possible chez ses clients. De cette manière, les utilisateurs de terminaux seraient immédiatement et directement informés de ce que Merrill (par opposition aux autres maisons de titres) et Bloomberg (par opposition aux autres systèmes d'information) avaient à leur offrir.

En 1987, Merrill était sur le point de devenir le premier souscripteur d'actions et d'obligations au monde, chose que Wall Street n'aurait même pas pu imaginer dix ans plus tôt. Nous l'avons aidé à réaliser cet exploit. Et, en nous alimentant en données, Merrill nous a permis de mettre le pied dans le monde de l'information plusieurs années avant que qui que ce soit chez nous n'écrive un seul mot.

Du jour au lendemain, malgré les hurlements d'horreur de Matt Winkler et grâce à la générosité de deux entreprises géantes – le plus grand quotidien américain, le *Wall Street Journal* et Associated Press, dont des centaines d'autres journaux utilisaient les dépêches – Bloomberg et Merrill Lynch acquerraient une importance extraordinaire.

En quelques années, nous avons renforcé Bloomberg au point d'être alimentés en cotations non seulement par Merrill Lynch, mais aussi par des centaines d'autres sources. Dès lors, le problème des conflits d'intérêts ne se posait plus. (Quant à Dow Jones, stimulé par un regain salutaire d'esprit concurrentiel, il a fini par aller chercher ailleurs les cotations des obligations.) À l'époque, cependant, Matt craignait que l'intégrité du *Wall Street Journal* ne soit mise en cause. À mon insu, il se bagarrait vainement avec ses supérieurs pour les faire revenir sur la décision d'utiliser nos services. Il avait également du mal à digérer que le *Journal* ne fasse pas appel à Telerate, produit du Groupe qui aurait pu fournir le cours et le rendement des titres dans les mêmes conditions que nous.

Il changerait de point de vue plus tard. En attendant, en avalant un sandwich à la cafétéria du journal, il avait failli s'étouffer lorsque Michael Miller, un collègue spécialisé sur la technologie, lui avait demandé s'il avait entendu parler de Bloomberg.

Il s'était alors mis en devoir d'expliquer à Miller comment le journal pour lequel ils travaillaient tous deux se procurait les cotations des obligations du Trésor américains, ne lui épargnant ni le coursier, ni les feuilles dactylographiées recto verso, ni Merrill Lynch, ni Telerate, ni l'importance du marché obligataire, ni l'opératrice télex vieillissante qui faisait chaque soir sa crise de nerfs chez Associated Press…

Miller l'avait interrompu. « J'ai l'impression que ce Bloomberg est en train de faire à l'information financière ce que les systèmes de réservations électroniques d'American Airlines et d'United Airlines ont fait dans le secteur du transport aérien : s'assurer la prééminence en s'arrangeant pour que leurs données deviennent indispensables à l'ensemble de la profession. »

Je dois dire que lorsqu'ils m'ont raconté cette conversation, un peu plus tard, je n'ai pas pu m'empêcher de jubiler : enfin, il y avait des gens dans les médias qui réagissaient en entrepreneurs de l'information de la fin du vingtième siècle. Je n'étais plus le seul. Par bonheur, le temps que Winkler, Miller et mes rivaux potentiels comprennent ce que nous étions en train de faire, nous l'avions déjà fait.

* * *

Miller n'était pas très ferré sur le marché obligataire, mais, heureusement pour Bloomberg, Winkler n'a pas tardé à comprendre qu'il avait mis le doigt sur un événement dont personne n'avait encore parlé dans la presse, mais dont l'importance ne cesserait de croître à mesure que les tableaux d'affichage numérique reflétaient l'augmentation astronomique de la dette nationale américaine. Les deux hommes se mirent d'accord pour écrire un article sur un homme et un système dont personne, en dehors du monde des investisseurs, n'avait encore entendu parler.

Quand Matt et Michael ont enfin débarqué dans nos bureaux, je leur ai tenu le même discours qu'aux gens que je voulais convaincre de venir travailler chez nous.

« Notre équipe est constituée des meilleurs spécialistes du monde. Ils sont tous convaincus que nous sommes capables de faire des miracles. Ce sont tous des bêtes de travail. Et aucun ne nous quitte, car ils sont heureux comme des papes. Ils réalisent quelque chose d'important. Ils donnent au petit investisseur l'information dont il a besoin pour se battre. Ils s'amusent. Ils ont toujours un temps d'avance. »

Évidemment, ces journalistes en avaient vu d'autres : ils ne se laissaient pas impressionner par mon éloquence. Sortant de la pièce, je suis revenu chargé d'un listing informatique de cinq centimètres d'épaisseur.

« Voilà ! ai-je dit en le posant sur les genoux de Matt. Vous trouverez là-dedans la liste complète de nos clients avec leurs noms, la raison sociale de leur entreprise et leur numéro de téléphone. Vous n'avez qu'à les appeler vous-même ! »

Robert Smith, qui en 1988 gérait 5,5 milliards de dollars pour le compte de la caisse de retraite de l'État de Floride, fut l'un des premiers à recevoir un coup de fil de Matt. « Je prépare actuellement un article sur la façon dont Wall Street utilise les technologies de l'information. Pourriez-vous m'expliquer pourquoi les gestionnaires de fonds utilisent le système Bloomberg ? Je crois que vous avez vous-même un terminal. Quels avantages y trouvez-vous ? »

Smith lui a dit ce que lui confirmeraient par la suite toutes les autres personnes auxquelles il posa la même question, à savoir que le terminal Bloomberg faisait remarquablement ce qu'aucun autre système ne faisait, puisqu'il lui permettait de juger si telle ou telle obligation était bon marché ou surcotée, sans avoir à s'appuyer sur les calculs et les boniments d'un broker intéressé à vendre celle-ci plutôt que celle-là. Cette indépendance lui permettait de procéder en toute confiance à la douzaine d'opérations sur titres qu'il faisait quotidiennement pour le portefeuille de la caisse de retraite de l'État de Floride. Matt m'a dit plus tard avoir été époustouflé : cette brève explication, donnée par un gestionnaire de fonds peu connu, laissait présager que l'ensemble de la profession serait bientôt bouleversée par une véritable lame de fond. Si le *buy side*, constitué des grands investisseurs institutionnels – fonds de pension, banques centrales, fonds mutuels, compagnies d'assurances – n'était plus obligé de passer par le *sell side* – souscripteurs et maisons de courtage – pour obtenir des informations essentielles sur les marchés financiers et les matières premières, l'équilibre du pouvoir en serait totalement modifié. Les brokers et les grandes banques d'investissement ne domineraient plus la profession. Et si Bloomberg fournissait cette information indispensable, il deviendrait lui-même indispensable aux fiduciaires les plus importants du monde. En effet, une fois que les acheteurs s'appuieraient sur un système donné pour prendre des décisions concernant la valeur relative des titres, les vendeurs devraient utiliser le même, sous peine d'encourir le désavantage potentiel de ne pas en savoir autant que leurs clients.

« Quel système utilisiez-vous avant d'avoir un terminal Bloomberg ? », demanda Matt à Smith.

« Telerate. »

« Qu'est-ce que vous en avez fait ? »

« Je m'en suis débarrassé. »

Matt utilisait un Telerate depuis le début de sa carrière au *Wall Street Journal* et considérait cet instrument, dont les cotations étaient fournies par plus de trente maisons de titres travaillant directement avec la Banque de la Réserve Fédérale de New York, qui est l'agent du Trésor américain, comme le *nec plus ultra* des messageries financières électroniques. À un certain moment, avant que le terminal Bloomberg n'existe, tout le monde utilisait les cours fournis par Telerate. Seulement, les cotations de Telerate n'étaient pas réellement les cotations de Telerate. C'étaient celles d'un broker, Cantor Fitzgerald & Co, qui agissait lui-même comme intermédiaire entre les diverses maisons de titres. Telerate n'était ni plus ni moins qu'un véhicule de convenance pour ce broker et ses clients. En outre, il n'était même pas unique : selon la mode du moment, trois ou quatre autres brokers aussi importants jouaient eux aussi les intermédiaires entre les maisons de titres, diffusant séparément des cotations qui comptaient autant aux yeux du marché.

Plus grave pour Dow Jones, Telerate n'était pas en mesure, comme nous, d'exécuter des calculs de rendement en fonction de diverses hypothèses de réinvestissement – or cette fonction était particulièrement appréciée des gestionnaires de fonds, car elle leur permettait de mieux faire leur métier. Il ne pouvait pas montrer le « *total return* » des obligations, c'est-à-dire leur rentabilité totale, tenant compte à la fois du coupon, du cours et de l'impact de l'évolution des diverses devises ; or c'est ce qui détermine ce que gagnent ou perdent leurs détenteurs, quelle que soit la durée pendant laquelle ils la conservent en portefeuille. Le seul et unique service qu'apportait Telerate, c'était de diffuser sur ses écrans l'image d'une liste de cotations. Le système n'était pas capable de *faire* quoi que ce soit des données diffusées. En outre, le Telerate de Winkler avait une fâcheuse tendance à se « planter ». (Matt m'a raconté un jour qu'il avait fait venir un technicien de Dow Jones pour dépanner son Telerate. L'homme, immigré russe, avait passé des myriades de coups de fil et était chaque fois tombé sur la messagerie vocale des divers spécialistes du service clientèle de Dow Jones. Au dernier, il avait raccroché rageusement en hurlant : « C'est pire qu'en URSS ! »).

L'article que le *Wall Street Journal* a consacré à Bloomberg est paru le 22 septembre 1988, colonne de droite, illustration « au-dessus du pli ». Il était plus flatteur que je n'aurais osé l'être si je l'avais rédigé moi-même. Dow Jones avait beau détenir plus de 60 % du capital de Telerate, la rédaction du *Wall Street Journal*, filiale du même Groupe, avait le courage de reproduire en première page, au bénéfice de deux millions de lecteurs disséminés sur l'ensemble de la planète, les propos d'un Robert Smith qui vantait les mérites du système Bloomberg et coulait le leur avec une anecdote peu flatteuse.

* * *

Même dans son état embryonnaire, le système Bloomberg était déjà une machine à produire de l'information. Si celle-ci n'était encore que sous forme de chiffres, de graphiques et de tableaux, c'était la plus précieuse dont puisse rêver un gestionnaire de fonds : cours, valeurs relatives et tendances. D'autant que ces données n'étaient pas de seconde main, ne provenant ni d'une agence de presse, ni d'un journal, d'un magazine ou d'une messagerie électronique : elles arrivaient quasiment en direct aux utilisateurs. Par contraste, au moment où l'on pouvait repérer dans les journaux les écarts entre les rendements et les cours qui créent des opportunités d'investissement, il était trop tard. Le moment précis où il était intéressant de vendre ou d'acheter était vraisemblablement passé.

J'avais déjà décidé, cependant, que Bloomberg devait devenir davantage qu'un fournisseur d'informations spécialisées destinées à un groupe d'accros de données concernant les produits obligataires. Nos concurrents offraient des informations sur les affaires, des articles en temps réel, avec du vrai texte. En fait, nous diffusions leurs dépêches sur notre terminal. Mais si nous réussissions, le terminal Bloomberg deviendrait un outil analytique de plus en plus indispensable aux gestionnaires de fonds et aux acteurs du marché financier, nous constituerions pour eux une menace concurrentielle qui les pousseraient vraisemblablement à ne plus nous y autoriser. Pire encore, en pratique, il n'existait aux États-Unis qu'un seul organe d'informations en temps réel donnant des informations financières textuelles – Dow Jones. Celui-ci n'avait qu'un seul équivalent en Europe – Reuters. Tous deux rivalisaient avec nous pour convaincre les professionnels de la finance d'utiliser leur propre terminal.

Deux possibilités nous étaient ouvertes : ou bien nous restions un petit spécialiste dans le monde de l'information, toujours vulnérable à la menace que Dow Jones ne cesse de nous fournir ses dépêches, ou bien nous nous posions en challengers des géants. C'est pourquoi, un peu plus d'un an après l'avoir rencontré pour la première fois en 1988, j'ai téléphoné à Matt Winkler, ce journaliste qui travaillait pour nos concurrents et qui m'avait impressionné par sa compréhension de notre métier et la maîtrise qu'il avait du sien.

« Bonjour, Bloomberg à l'appareil. Je vous appelle pour vous demander un conseil. »

« Vous ? », me demanda-t-il au bout de plusieurs secondes, me connaissant assez bien pour être étonné que je demande conseil à qui que ce soit, surtout à un journaliste du *Wall Street Journal*.

« Je veux rendre nos terminaux aussi indispensables aux traders d'actions qu'aux spécialistes du marché obligataire. Pensez-vous que nous aurions intérêt à nous lancer dans le monde des informations rédigées ? » Différente de celle que j'attendais, la réponse m'encouragea quand même à poursuivre la conversation.

« Mike, vous et votre équipe avez créé un terminal qui explique mieux que ne pourraient le faire les meilleurs journalistes financiers pourquoi les cours des obligations fluctuent de minute en minute, de jour en jour, de semaine en semaine. Vous fournissez déjà des tableaux et des graphiques qui influencent les grandes décisions d'arbitrage sur le marché obligataire dans le monde entier. Si vous ajoutez du texte à cette information, vous aurez quelque chose qui n'existe nulle part ailleurs. Personne, que ce soit sur le marché obligataire ou sur le marché boursier, ne pourra s'en passer. »

Ce jour-là, Matt était libre à l'heure du déjeuner, nous nous sommes donc retrouvés dans un restaurant japonais en face de nos bureaux. N'ayant pas obtenu de réponse directe à la question que je lui avais posée au téléphone, je l'ai répétée en la précisant un peu, pendant qu'il contemplait avec intérêt son bol de soupe au *miso* : « Qu'est-ce qu'il faut mettre sur la table pour percer dans le monde des agences de presse ? »

Il commença par me répondre par une question rhétorique qui me prit au dépourvu, mais manifestement cruciale pour le journaliste qu'il était. En fonction de ma réponse, il saurait si oui ou non je voulais sérieusement devenir un homme de presse.

« Très bien, dit-il. Vous venez de publier un article qui raconte que le PDG, je dis bien le PDG, de votre plus gros client a pris 5 millions de dollars dans le tiroir caisse de son entreprise. Il est parti avec sa secrétaire sur les plages de Rio de Janeiro et l'ex de cette dernière vous téléphone pour vous en informer. Vous faites vérifier indépendamment l'exactitude du tuyau. Le téléphone sonne. C'est le directeur des relations publiques de votre client. Il est on ne peut plus clair : "Étouffez cette affaire ou nous vous renvoyons tous les terminaux que vous nous louons actuellement." Qu'est-ce que vous faites ? »

« Je continue. Nos avocats vont se frotter les mains ! »

« Bien », dit Matt, agréablement surpris que je réagisse en journaliste plutôt qu'en businessman.

« Vous ne m'avez pas répondu. Qu'est-ce qu'il faut compter comme ticket d'entrée ? »

« Cinq journalistes à Tokyo, autant à Londres et autant à New York », dit-il, se refusant toujours à me donner un budget précis. (Aujourd'hui, cinq cents journalistes travaillent pour Bloomberg dans soixante-dix bureaux disséminés un peu partout dans le monde. Légère erreur d'appréciation, Matt !)

C'est tout ce que nous dirons ce jour-là concernant l'argent et les opérations. Matt orienta en effet la conversation sur les difficultés d'ordre éthique auxquelles nous risquions de nous heurter. J'avoue que je n'y avais pas encore songé. Il y en avait surtout une : nous avions accepté que Merrill Lynch (la plus grande société de courtage du monde) prenne une participation passive de 30 % de notre capital. (Elle est aujourd'hui de 20 %.) En fait, notre première conversation a porté presque exclusivement sur ce sujet et non sur l'art et la manière de se lancer dans la presse financière. Si nos informations n'étaient pas impartiales, affranchies de toute influence extérieure, sans aucun lien avec les visées secrètes de qui que ce soit, nous pourrions dépenser tout l'argent que nous voudrions, avoir les journalistes les plus talentueux du monde, nous ne réussirions pas dans ce nouveau métier. Je comprenais parfaitement ce point de vue. Nos clients nous étaient fidèles parce qu'ils considéraient nos informations comme objectives. Si nous nous mettions à écrire, nos lecteurs n'en attendraient pas moins de nous.

L'histoire montre que tout entrepreneur musclé peut entrer quand il veut dans la presse écrite, orale ou télévisuelle. Les exemples célèbres ne manquent pas : Joseph Pulitzer, William Randolph Hearst, Henry Luce, B.C. Forbes, Ted Turner. Bloomberg étant ce qu'il était, nous avions des avantages dont ne disposaient pas nos illustres prédécesseurs. Quand nous nous sommes lancés, nombre de journalistes compétents cherchaient du travail. Voyant se profiler à l'horizon la récession de 1990-1991, la profession comprimait en effet les effectifs au moment même où nous cherchions à étoffer les nôtres. Bloomberg avait bonne réputation – nous étions connus comme novateurs, les gens pensaient qu'il devait être intéressant de travailler chez nous. Le terminal était un canal de distribution tout trouvé. Mais surtout, le chiffre d'affaires généré par la location des terminaux nous mettait à l'abri du souci lancinant d'équilibrer les comptes de notre nouvelle entreprise – c'était un avantage considérable.

Nous avons toujours eu une mentalité de bâtisseur, plutôt que d'acquéreur – il ne m'est donc jamais venu à l'idée d'acheter un organe de presse. C'est toujours plus intéressant et nettement moins risqué de créer à partir de zéro. Et si Matt, dont je savais, surtout depuis notre discussion éthique, que nous étions sur la même longueur d'ondes, se lançait dans l'aventure, ce serait l'homme de la situation, j'en avais la certitude.

« D'accord, on y va, lui dis-je pendant qu'il avalait son dernier *sushi*. Mais je tiens à ce que ce soit vous qui dirigiez les opérations. Quand pouvez-vous vous libérer ? »

Quand il comprit que j'étais sérieux, il me dit qu'il m'appellerait le lendemain pour me donner sa réponse. Vingt-quatre heures plus tard, je l'avais effectivement : « OK, je suis partant. »

Il n'aura donc pas fallu plus qu'une poignée de mains entre Mike Bloomberg et Matt Winkler pour que nous nous lancions dans le journalisme. La plupart des entreprises ont beaucoup de mal à prendre des décisions de cette importance de cette manière à la fois informelle et informée. Nous verrions plus tard comment elle s'articulerait au niveau tactique. Mais stratégiquement, j'étais certain d'avoir raison. Contrairement à ceux qui ont le réflexe, acquis en business school ou hérité d'une longue tradition comptable, de tout quantifier et de tout prévoir avant même de commencer, nous n'étions pas paralysés. Je ne dis pas qu'il ne faut ni compter, ni comparer divers scénarios. Je dis simplement que les projections, quand elles s'appliquent à de nouvelles activités que l'on n'a pas encore expérimentées, n'ont en général pas de sens. Il existe un bruit tellement important dans les hypothèses que vous avez faites, votre connaissance de ces territoires encore étrangers est tellement limitée, que les analyses détaillées tombent en général à côté de la plaque. Nous avions décelé un besoin. Nous avons décidé de le satisfaire. Si nous avions essayé d'élaborer un plan d'affaires détaillé, nous y serions encore.

Une entreprise cotée en Bourse aurait eu encore plus de mal que nous. Toute entreprise cotée doit en effet avoir des objectifs spécifiques et déclarer exactement où elle va, sinon les analystes boursiers s'en donnent à cœur joie et les investisseurs ont des crises cardiaques. Pas question de changer de direction à mi-parcours, sinon tout le monde panique. En revanche, dans une entreprise privée comme Bloomberg, les analystes n'ont de questions à poser à personne. D'accord, nous ne savions pas exactement où nous allions. Et alors ? Christophe Colomb non plus, que je sache. La vérité, c'est que nous allions de l'avant.

* * *

Le terminal Bloomberg, notre première et plus grande force, fournissait des informations que les autres ne fournissaient pas – et cela avant même que Bloomberg News Service ne produise un mot de texte. Depuis notre premier jour d'activité, Bloomberg produisait de l'information, en chiffres.

Même si ces colonnes de chiffres prennent plus de place dans les journaux que tout autre rubrique, certains journalistes semblaient n'avoir que mépris à leur égard. Comme je n'allais pas tarder à m'en rendre compte, la plupart d'entre eux se montrent à la fois ignorants et condescendants à l'endroit des informations financières : à leurs yeux, les affaires et la finance n'ont jamais été des sujets nobles. Aucune école de journalisme n'enseignait à l'époque l'art et la manière de couvrir le monde des affaires. Pendant longtemps, aucun des journalistes et éditorialistes connus du grand public n'avait jamais couvert les marchés financiers. Aucun présentateur vedette ne s'était fait une réputation en consacrant des articles à la Bourse. Aucun rédacteur en chef du *New York Times*, du *Washington Post* et du *Los Angeles Times* n'avait jamais ouvert quotidiennement ses colonnes à des articles sur les marchés financiers ; ils préféraient manifestement couvrir les guerres, les révolutions ou les scènes de violence. Même au *Wall Street Journal*, il était rare de voir les grandes signatures prendre la peine de consacrer des articles quotidiens aux actions et aux obligations.

Quand Matt Winkler a informé son rédacteur en chef et ses collègues qu'il quittait le *Wall Street Journal* pour venir travailler chez nous, la plupart ont haussé les épaules : ils ne savaient pas grand-chose de Bloomberg et s'en fichaient éperdument. Dans le milieu du journalisme, Bloomberg ne figurait sur l'écran radar de personne. Un mois après l'arrivée de Matt chez nous, Alan Murray, le patron du bureau du *Wall Street Journal* à Washington, lui a même demandé : « Alors, ça fait quel effet d'être passé chez… Comment ils s'appellent, déjà ? » Cette attitude générale, nous allions la transformer en opportunité.

Le moment était bien choisi. Quand le mur de Berlin s'est effondré, en 1989, la question de savoir qui avait gagné la Guerre froide ne se posait même pas. C'était le triomphe du capitalisme. La bataille que se livraient les superpuissances depuis quarante-quatre ans était terminée ; avec elle s'envolait la matière première du journalisme. L'argent, en revanche, était en train d'émerger comme la grande affaire dont il fallait parler en cette fin de siècle : où il y en avait, où il allait, qui en gagnait et qui n'en gagnait pas. La demande d'information à ce sujet explosait partout. À la fin des années quatre-vingts, Bloomberg comptait déjà environ trois cents salariés à New York, Princeton, Londres et Tokyo, dont beaucoup avaient travaillé à Wall Street. Pour créer un organe d'informations, il ne nous manquait que les journalistes qui pourraient traduire intelligemment ce savoir et le communiquer en une prose convaincante et concise.

Heureusement pour nous, la fin des années quatre-vingts n'a guère été plus facile pour les journaux et les agences de presse que pour le communisme. En 1990, United Press International, qui avait eu l'honneur de publier des dépêches signées William Shirer et Neil Sjeehan, allait de cessation de paiements en cessation de paiements. Nombre de villes, habituées à avoir deux journaux, n'en avaient plus qu'un seul. McGraw-Hill, après avoir consacré trois ans et environ trente millions de dollars à mettre en place une agence d'informations financières, l'avait tuée dans l'œuf précisément au moment où elle allait décrocher son premier gros contrat. Il semblait évident que concurrencer Dow Jones et Reuters, les deux organes les plus solidement établis, relevait de la mission impossible : les malheureux qui s'y essayaient ne pouvaient qu'y laisser leur chemise.

Jusqu'aux années quatre-vingts, peu de journaux avaient une chronique financière ; les journalistes sportifs étaient systématiquement plus nombreux que les pauvres diables qui avaient le malheur de se spécialiser sur le monde des affaires. Fait d'autant plus remarquable que, si tout le monde ne se passionne pas pour l'athlétisme, tout le monde ou presque dépend de la bonne marche de l'économie et du commerce. La façon dont les gens gagnent de l'argent, en épargnent ou en dépensent contribue à déterminer la prospérité, les crises économiques, les guerres et les élections. Les lecteurs ne s'en rendaient peut-être pas compte, mais il y avait là un trou béant. Je savais que Bloomberg pouvait le combler.

* * *

Dès le début, nous avons essayé de nous démarquer de nos concurrents. Nous avons mis au point un produit unique, en combinant textes et analyses avec des visites guidées par ordinateur permettant automatiquement à nos lecteurs de voir les calculs et les graphiques dont nous parlions dans le corps du texte. L'illustration complétait ce que nous disions avec des mots, d'autres mots venaient ensuite commenter plus avant ce que l'illustration avait montré. Notre politique ne ressemblait à celle d'aucun autre groupe de presse ou d'information. Nous faisions en sorte de publier les résultats des sociétés à mesure qu'ils nous parvenaient, au lieu, comme le font habituellement la plupart des services d'informations financières, de donner la préséance à ceux des grandes entreprises, laissant pour compte les actionnaires des petites sociétés au moment de la sortie des publications financières. Nous avions donc des informations à publier largement avant nos concurrents. À la fin de chaque article, le journaliste donnait son nom et son numéro de téléphone : contrairement à tout le monde, au lieu de protéger notre équipe des clients, nous favorisions les contacts. Nous avons utilisé des normes personnalisées, bannissant par exemple l'expression « prise de profit » lorsque nous parlions de marchés en déclin. (Comment voulez-vous que tout le monde gagne de l'argent si le marché perd de la valeur ?) Nous avons pris l'habitude de faire confirmer les nouveaux faits importants par une seconde source indépendante. À la lecture, nos articles se révélaient à la fois plus exacts et mieux écrits que ceux de nos concurrents. Tout cela n'était que des détails, mais nous pensions que chacun d'entre eux était de nature à nous différencier.

D'autres pratiques distinguent Bloomberg des services d'informations financières plus traditionnels. Pour certains sujets, nous ne faisons appel ni à des journalistes, ni à des rédacteurs humains. Quand nous décrivons la valeur d'un marché à un moment donné (et non les raisons qui l'ont amené à cette situation), les deux seules choses qui comptent sont la vitesse et la précision – or ce ne sont pas les qualités essentielles de la plupart des gens. Qu'est-ce qui me faisait vivre depuis que j'avais quitté Salomon Brothers ? Qu'est-ce qui fait instantanément et exactement ce que vous lui demandez chaque fois que vous le lui demandez ?

Nous avons donc programmé nos ordinateurs pour qu'ils « écrivent » périodiquement une série d'articles informant nos lecteurs de l'état actuel du marché. Par exemple, la machine prend le début de phrase « L'indice industriel Dow Jones est » et y ajoute « en hausse » ou « en baisse », en fonction du résultat de calculs portant sur les mouvements de 30 valeurs entre la veille et la micro seconde où le texte s'écrit. Elle y ajoute ensuite le chiffre adéquat, par exemple de 1 point, 2 points, 3 points, etc. Puis elle imprime : « les titres les plus actifs sont » et, à partir du suivi en continu du volume des échanges, elle traduit automatiquement les symboles des téléscripteurs en noms d'entreprises (Procter & Gamble, General Electric, Walt Disney, etc.) et les ajoute à la phrase. Voici un échantillon de cette écriture automatique : « L'indice industriel Dow Jones a baissé de 1.09 à 15 heures, heure de New York, il a perdu 62,14 points et s'est établi à 5650,24. Les valeurs qui ont le plus pesé sur l'indice sont Procter & Gamble, qui a fait baisser le Dow Jones de 5,55 points, General Electric, qui lui en a fait perdre 5,18 et Walt Disney, qui lui en a fait perdre 4,07. » L'article est conçu et « écrit » en quelques fractions de secondes – et nous en sortons beaucoup, de la même manière, toutes les heures.

Aucun groupe humain ne pourrait rédiger ces articles sur les marchés financiers du monde aussi vite et avec une telle précision, et cela vingt-quatre heures sur vingt-quatre. (Les investisseurs suivent des milliers d'indices et des centaines d'entre eux sont suffisamment actifs pour mériter une description textuelle.) De toute manière, dès le début, nos journalistes ont été trop précieux pour se voir confier des tâches mécaniques. C'est en comprenant comment les informations devaient être produites et en le réinventant, au lieu de nous en tenir au « comme d'habitude », que nous avons réussi à battre la concurrence. Ces nouvelles stratégies sont plus efficaces aussi en interne, elles permettent en effet une meilleure affectation des ressources dans la perspective de satisfaire les besoins de nos clients.

Nos premières informations étaient-elles d'une qualité, d'une exactitude et d'une rapidité comparables à celles que nous publions aujourd'hui ? Non. Pouvons-nous faire mieux encore ? Je l'espère bien. Nous nous sommes lancés dans ce nouveau domaine avec la ferme intention de faire de notre mieux, sans nous laisser ligoter par des attentes ou des idées reçues inhibantes.

* * *

Quand il s'est présenté à huit heures du matin, le 5 février 1990, premier jour de sa carrière chez Bloomberg, Matt Winkler était déjà en retard. Ses collègues étaient tous à leur bureau depuis une demi-heure. C'est en effet à sept heures et demie du matin que la plupart de nos clients arrivent au leur. (L'autre jour, j'ai été accosté à un congrès par le patron d'une *petite* entreprise de logiciels, qui trouvait exagéré de commencer si tôt. Le pauvre ! S'il trouve étonnant que l'on fasse l'effort de se mettre au travail en même temps que ses clients, il sera toujours *petit*.)

« Mieux vaut tard que jamais ! », ai-je dit à Matt en l'accueillant. « Dans le monde de la presse écrite, huit heures du matin, c'est tôt », m'a-t-il répondu en manière d'excuse. En le conduisant à son nouveau bureau, au milieu d'une pièce pleine de monde, je lui ai précisé qu'il travaillait désormais dans un nouveau secteur. Il arrive maintenant à six heures et demie du matin. Ce n'est qu'à la fin du mois qu'il a vu si le jeu en valait la chandelle : nous n'avions pas encore discuté de son salaire.

Je lui ai tendu une liste de trois pages, décrivant le futur Bloomberg Business News (titre dont nous étions convenus, qui serait raccourci plus tard pour devenir Bloomberg News). Nous voulions non seulement collecter et relayer les informations, mais aussi présenter objectivement, dans chaque article, les avantages des capacités d'analyse et de calcul du terminal Bloomberg en en montrant les aptitudes. Ceux-ci seraient ainsi meilleurs et, en même temps, cela nous permettrait de louer davantage de terminaux (nous en étions alors à 8000 de par le monde). En intégrant les fonctions du terminal, chaque article serait plus riche d'informations que ceux de la concurrence, davantage de personnes voudraient donc y avoir accès. Nous louerions davantage de terminaux, ce qui se traduirait par un chiffre d'affaires accru, nous pourrions donc engager davantage de journalistes, avoir davantage d'informations, etc.

Un impératif présentait un caractère d'urgence particulier : il fallait en effet éviter que des clients Bloomberg ne résilient leur abonnement à leur terminal si Dow Jones cessait de diffuser ses dépêches sur notre système. Cette éventualité n'était guère vraisemblable dans l'immédiat, car nous étions un gros client pour eux. D'une part, nos clients payaient un abonnement à Dow Jones pour en recevoir les dépêches sur leur terminal, d'autre part Bloomberg lui-même versait chaque année des millions de dollars à une filiale de Dow Jones avec laquelle nous avions un contrat pour l'installation et l'entretien de nos terminaux sur l'ensemble du territoire américain.

Nous ne nous faisions pas d'illusions : cet accord ne tiendrait pas indéfiniment si Bloomberg, équipé des dépêches Dow Jones, continuait à mettre sur la touche les équipements Telerate qui les diffusaient eux aussi. Heureusement, même après l'arrivée de Matt, personne chez Dow Jones (pas plus que dans aucun autre organe d'informations), n'a jamais pensé que nous avions la moindre chance de faire de l'ombre à la vénérable et séculaire agence d'informations financières. Bénie soit l'ignorance !

Quoi qu'il en soit, j'irais droit au mur si j'oubliais que la perception de notre compagnie pouvait changer en moins de temps qu'il n'en fallait pour le dire. Il n'était peut-être pas dans nos habitudes d'adopter un profil bas, mais, pour le moment, c'était la meilleure tactique. Nous sommes donc convenus d'entretenir avec Dow Jones des relations aussi amicales que possible, décidant en particulier de ne plus embaucher de personnel qui vienne de chez eux. Notre formule apporterait autant d'informations, aussi rapidement que possible, sur tout ce qui était susceptible d'affecter le cours d'une action, obligation, devise ou matière première, mais sans faire de vagues. Je n'entreprendrais aucune opération de relations publiques risquant de froisser les susceptibilités de l'establishment. Avec un peu de chance, nous parviendrions à mettre en place un service d'informations crédible avant la confrontation inévitable avec les géants, sans leur laisser le temps de riposter avec succès.

En août 1990, deux mois après que le premier article du Bloomberg Business News soit parvenu à nos terminaux, Dow Jones a déclaré son intention de ne plus installer ni entretenir nos terminaux et de cesser d'y diffuser ses dépêches quand ses contrats avec nos clients viendraient à expiration, douze mois plus tard. Nous ne pouvions donc plus éviter l'épreuve de force. Mais Dow Jones nous faisait l'honneur de déclarer la guerre avec éclat, dans ses dépêches et dans le *Wall Street Journal*. Comme la plupart de ses lecteurs n'avaient encore jamais entendu parler de nous, un article dans le plus grand journal des États-Unis expliquant que Dow Jones considérait le service Bloomberg comme un rival et une menace était une publicité gratuite inespérée. J'étais enchanté que la bataille s'engage de cette manière.

D'un autre côté, nous avions moins d'un an pour convaincre nos clients que nos informations étaient suffisamment valables pour contrebalancer la perte des dépêches Dow Jones. Quand on est menacé d'extinction, on trouve toutes sortes de manières d'être motivé et créatif. C'est ce qui s'est passé pour notre toute jeune division de l'information, forte d'à peine plus d'une vingtaine de journalistes et de rédacteurs à la fin de 1990. La situation se présentait de façon similaire pour notre service d'installation et d'entretien. Lorsque Dow Jones a mis fin au contrat d'entretien qui le liait à nous, il n'a fait de tort qu'à lui seul. Il nous a contraints à une conversion très coûteuse, puisqu'il nous faudrait désormais faire nous-mêmes ce qu'il faisait jusqu'à présent pour nous, mais à long terme, l'opération s'est révélée fructueuse. Nous avons en effet installé du matériel neuf en transportant leurs sites de communications, dans toutes les villes, de leurs bureaux aux nôtres, améliorant du même coup notre produit par rapport au leur. Nous en sortions renforcés, tandis qu'ils perdaient une source de revenus et tout contact avec nos clients.

Rares étaient les analystes qui nous donnaient la moindre chance de réussir indépendamment, avec nos propres informations : nous avons donc créé la surprise lorsqu'il est devenu clair que nous ne perdrions pas de clients si Dow Jones n'alimentait plus le système Bloomberg. Le verdict de certains de nos clients a été plus encourageant encore : en mars 1991, Ross Perot & Co nous a fait parvenir une copie d'une lettre adressée à Dow Jones, expliquant qu'ils se passaient fort bien de Dow Jones sur le Bloomberg car « nous avons tout ce que nous voulons sur Bloomberg News, sans aucun frais supplémentaire. » Les informations que nous y diffusions étaient un exemple de la façon dont Bloomberg pouvait créer de la valeur, permettre à ses clients d'économiser de l'argent et les attacher davantage à son système.

Mais la vraie surprise s'est produite un mois plus tard. Si les dépêches Dow Jones disparaissaient des écrans Bloomberg, les clients Merrill Lynch de Bloomberg risquaient d'avoir à chercher ailleurs leurs informations financières, c'est d'ailleurs exactement ce qu'espérait Dow Jones. Dans ce cas de figure, l'intérêt du terminal Bloomberg serait limité. Sans nous en parler, Merrill a alors décidé de comparer point par point les informations Bloomberg à celles de Dow Jones en se fondant sur un certain nombre de critères. Quatre jours sur sept, pendant une période de trois semaines, les deux services d'informations ont été notés pour l'exactitude et la rapidité avec laquelle ils couvraient les marchés financiers.

À l'issue de cet examen comparatif, on nous a dit que nous nous placions suffisamment bien pour que Merrill n'ait plus la moindre arrière-pensée. Le Bloomberg était aussi valable sans les dépêches Dow Jones qu'avec !

Bien entendu, quand il est devenu évident que nous ne perdrions pas nos clients, Dow Jones a changé d'avis et décidé de renouveler nos contrats. Aujourd'hui encore, en Amérique du Nord on peut donc s'abonner à ses dépêches sur le terminal Bloomberg. (Si cela vous paraît étrange et contraire à l'idée simple que se font les Américains d'une concurrence saine, souvenez-vous que les grandes entreprises sont constituées de nombreux départements différents. C'est donc souvent avec eux que vous êtes en concurrence. Vous achetez aux uns, vous vendez aux autres, le cas échéant sans même vous rendre compte qu'il en existe encore d'autres. Ce type de conflits, le fait qu'ils soient tolérés, reflètent tout simplement la façon dont marchent les affaires.)

* * *

Mais pourquoi Bloomberg s'est-il si vite posé en challenger pour des géants comme Dow Jones et le britannique Reuters ? Aucune grande entreprise ne pense jamais sérieusement qu'une petite start-up deviendra jamais un concurrent majeur. Invariablement, quand le gros découvre qu'il se fait talonner, il est trop tard. En outre, se lancer dans une course poursuite n'est jamais facile. En l'occurrence, l'autosatisfaction si naturelle aux grandes entreprises était encore aggravée du fait que ces deux agences étaient en période de croissance lorsque Bloomberg a discrètement fait sa percée ; à l'époque, c'est à peine si nous avons distrait l'un ou l'autre de ces mastodontes. De plus, ces deux entreprises établies de longue date possédaient une lourde infrastructure favorable au statu quo et ayant donc tout intérêt à convaincre la direction qu'elle faisait un boulot remarquable, n'avait aucun problème et que tout allait pour le mieux dans le meilleur des mondes. En interne, la direction n'entendait donc que des discours lénifiants, on se gardait bien de lui communiquer les faits. Je m'inquiète toujours quand on me dit que tout va bien, que nous sommes les meilleurs. « Roi » de Bloomberg, j'ai besoin que quelqu'un puisse me prévenir que j'ai mis ma culotte à l'envers.

Bloomberg a trouvé des niches que Dow Jones et Reuters n'avaient pas identifiées. Dès le départ, il nous était plus facile d'ajouter ce qu'ils fournissaient à notre produit de base qu'il ne leur était facile d'ajouter au leur ce que nous étions en train de mettre en place.

S'ils étaient bien incapables de copier nos analyses – réponses statistiques à toutes sortes de scénarios « Et si... » sur les marchés financiers et des matières premières, nous commencions, nous, à leur donner la réplique article pour article, interview pour interview, scoop pour scoop (et parfois, hélas, erreur pour erreur). Ils avaient commis la lourde faute de ne pas se méfier de nous... Quand notre croissance se confirmera, il nous faudra veiller à ne pas en faire autant.

Nous aurions eu beaucoup plus de mal si nous nous étions attaqués à un secteur d'activité constitué d'un grand nombre de petits concurrents. De fait, nous luttions contre des géants, qui s'avèrent en général faciles à battre. Souvenez-vous des constructeurs automobiles allemands, puis japonais, et de leurs prouesses contre les « trois grands » de Detroit. Si la concurrence joue sur l'importance des capitaux investis, c'est toujours le géant qui gagne. Mais si elle porte sur la matière grise, la flexibilité, le désir de donner plus pour moins, les petites entreprises comme Bloomberg se trouvent manifestement avantagées. Le monde change à toute allure, si on l'oublie, c'est à ses propres périls. Ted Levitt, de la Harvard Business School, l'a admirablement expliqué dans un célèbre article intitulé *Marketing Myopia* : selon lui, les compagnies de chemin de fer ont rencontré de graves difficultés parce qu'elles auraient dû comprendre plus tôt que leur métier était le transport et non pas uniquement de faire circuler des trains sur des rails. Si elles l'avaient compris, elles seraient désormais au coude à coude avec General Motors, Boeing et American Airlines. Je ne suis pas sûr qu'il ait raison, mais je crois dur comme fer que les entreprises qui repèrent de nouveaux besoins avant les autres et réagissent plus vite sont toujours gagnantes.

* * *

En ma qualité d'entrepreneur, j'ai appris à savoir ce que je ne sais pas, à me mettre en rapport avec ceux qui le savent et à me montrer bon élève. Au départ, quand nous avons lancé Bloomberg News, j'ai donc confié notre politique éditoriale et la gestion de notre équipe de presse à des journalistes professionnels.

Je craignais toujours que, pris dans le feu de l'action, nous ne confondions faits et opinions. Les faits ne sont pas toujours ce qu'ils semblent, ni ce qu'on voudrait qu'ils soient. Il suffit de les présenter incomplètement et sans s'astreindre à une rigueur absolue pour changer le non en oui et vice versa. Or les erreurs peuvent détruire une réputation, ruiner une entreprise et son personnel, voire causer des morts ou des guerres. Accomplir correctement le métier de journaliste demande du temps et de la rigueur. Je considère comme un devoir sacré de veiller à éviter les erreurs, même si cela veut parfois dire que nous n'arriverons qu'en seconde place à la course aux grands titres. Nous devons sans cesse nous battre pour maintenir l'équilibre entre la vitesse, l'exactitude et l'agressivité commerciale, empêcher notre ambition d'être les premiers de l'emporter sur notre souci d'exactitude. Maintenant que j'ai quelques années d'expérience derrière moi, je sais jusqu'où l'on peut aller, quelles erreurs risquent toujours de se glisser dans nos informations.

En règle générale, les journalistes font de mauvais gestionnaires, tout comme les avocats, les comptables et les consultants savent mieux conseiller que faire. Dans chacun de ces métiers, rassembler une masse invraisemblable d'informations diverses, puis les interpréter au bénéfice du client suppose une compétence remarquable. Mais cette aptitude n'a rien à voir avec celle qui consiste à motiver le personnel, le pousser à donner le meilleur de lui-même, comprendre les nuances infinitésimales dont sont faits les êtres humains. Je dirais même que les talents nécessaires pour produire, jour après jour, une pièce en prose analytique reposant sur une recherche sérieuse sont sans doute diamétralement opposés à ceux dont on a besoin pour travailler au sein d'un groupe.

Heureusement, nos journalistes ne sont pas tout seuls, pas plus que les gens qui collectent les données pour Bloomberg, pas plus que nos programmeurs. Nous travaillons tous ensemble, dans la même pièce. Nous avons créé un environnement tel que personne ne fait rien indépendamment des autres. Cela nous a, je crois, beaucoup aidés. Nos journalistes justifient régulièrement la façon dont ils ont couvert telle ou telle information devant les membres de notre force de vente, qui savent comment les lecteurs réagissent. Nos clients ont-ils besoin ou envie de lire leurs articles ? Veulent-ils des titres, des détails, des opinions, ou des analyses ? Faut-il privilégier une couverture en profondeur ou une diffusion rapide ? Ces réunions sont aussi l'occasion, pour nos journalistes, d'insister auprès des commerciaux pour qu'ils leur ouvrent davantage de portes, leur amènent davantage d'hommes d'affaires, d'hommes politiques, de sportifs et de personnalités du spectacle afin qu'ils puissent les interviewer et, s'arrangent que leurs papiers, mieux distribués, bénéficient d'une plus grande crédibilité.

La plupart des entreprises de presse ne mettent jamais en contact leurs journalistes et leurs commerciaux. Chez Bloomberg, nous faisons l'impossible pour qu'ils travaillent en symbiose – nous érigeons cette pratique en système. Des deux côtés de la table, chacun apporte sa contribution. Un journaliste qui prêcherait que le capitalisme ne l'affecte pas n'a aucune chance de survivre à l'époque que nous vivons. Ici, nul ne doit craindre d'exprimer le fond de sa pensée, nos seules limites sont que nous séparons nettement informations et commentaires, de même que nous veillons à ce que nos informations soient à l'abri des pressions que nos clients pourraient tenter d'exercer. Mais les conditions économiques nous interdisent de payer des journalistes à écrire ce que personne n'a envie de lire. Je suis fier de l'équilibre que nous maintenons entre le signe dollar et le mot écrit. C'est cela, les informations Bloomberg.

# 5

# Non ? Ce n'est pas une réponse !

## L'establishment : ignorance et arrogance

Pas une seconde nous n'avions imaginé que l'on puisse refuser aux journalistes financiers de Bloomberg News Service l'accès à des réunions que couvraient tous leurs confrères, comme les conférences de presse au cours desquelles sont divulgués et commentés les indices et les chiffres clés de l'économie. Nous avions tort. Le journalisme n'est pas différent de toutes les autres professions, en particulier, il n'est pas exempt des enseignements qui se dégagent de *La Ferme des animaux*, de George Orwell : certains sont plus égaux que les autres. De fait, nous allions devoir nous battre pour ouvrir certaines portes et bénéficier d'un accès équitable à l'information.

Nous n'avions pas l'intention de couvrir les événements politiques, du moins au début. Nous voulions consacrer nos ressources aux marchés financiers, où résidaient à la fois nos besoins et notre force. Bien entendu, toute statistique économique, toute rumeur d'une décision politique imminente peuvent mettre les marchés en émoi. Nous avons donc assez vite décidé de couvrir non seulement les chiffres, mais aussi ceux qui les produisent et les décisions politiques qui les sous-tendent. Nous pouvions payer quelqu'un pour le faire à notre place ou le faire nous-mêmes. Naturellement, nous avons opté pour la seconde solution. Et nous avons rencontré plus de résistance pour nous faire accréditer que l'équipe jamaïcaine de bobsleigh pour s'inscrire aux jeux olympiques d'hiver.

* * *

Un après-midi, dans les tous premiers temps, Winkler a mentionné à Mary McCue, fonctionnaire de la Securities and Exchange Commission (l'équivalent de la COB), que Bloomberg avait l'intention de couvrir également Washington DC. Mais elle l'a interrompu :

« Je ne suis pas sûre que je peux te parler. »

« Qu'est-ce que tu veux dire ? »

« Je ne suis pas sûre que ni moi ni aucun fonctionnaire puisse te parler dans le cadre de ses activités officielles. »

Matt en était comme deux ronds de flan. « Mary, nous nous connaissons depuis douze ans et tu viens me dire que tu ne peux pas me parler ? »

« Tu n'es pas accrédité. Nous ne pouvons parler qu'aux représentants d'organismes de presse accrédités. »

« Mais qu'est-ce que c'est que cette histoire ? Je ne suis pas accrédité ? Et les centaines d'articles que j'ai écrits depuis dix ans pour les plus grands journaux américains, ça ne suffit pas ? » Incapable de se contenir, il s'était mis à crier.

« Écoute, Matt, nous ne pouvons parler à des journalistes que si la commission permanente des correspondants de presse de la Chambre des représentants et du Sénat les considère effectivement comme journalistes. Si tu n'as pas l'accréditation de la commission permanente, ni moi ni personne ne pouvons te communiquer les chiffres économiques dont tu parlais à l'instant, je ne suis même pas censée t'adresser la parole. Ne le prends pas mal, je n'ai rien contre toi personnellement. D'ailleurs, tu as de la chance, le président de la commission, c'est Jeff Birnbaum, du *Wall Street Journal*. Il doit te connaître. »

« Merci, Mary. »

Effectivement, c'était son ancien patron, et elle le savait très bien. Même si c'était pour faire de l'humour qu'elle lui avait dit qu'il avait de la chance, Matt n'imaginait pas un seul instant qu'un ancien du *Wall Street Journal* cherche des crosses à un collègue, même un ancien collègue, pour une question aussi mesquine que l'obtention d'une autorisation administrative. Comme chacun sait, le journalisme, c'est un club, dont les membres se tiennent les coudes. Évidemment, une fois de plus, nous nous trompions.

La commission permanente des correspondants de presse de la chambre est constituée d'un groupe de cinq journalistes élus, venant des journaux ou des agences de presse. Il leur appartient de décider qui est journaliste et qui ne l'est pas. Leur mission consiste à éviter que les allées du pouvoir ne soient encombrées de lobbyistes, de représentants des banques d'investissement, d'économistes, de brokers et autres « marchands d'influence » cherchant à se faire passer pour des journalistes. Les élus, préférant de ne pas se mêler des affaires du « quatrième pouvoir », ont décidé il y a belle lurette de laisser aux journalistes eux-mêmes le soin de décider qui mérite, ou non, d'appartenir à leur profession. La commission permanente se réunit et donne audience dans des locaux officiels. Ses décisions ont force de loi pour les fonctionnaires de Washington.

* * *

Matt reconnaît aujourd'hui avoir fait preuve d'une naïveté ridicule à l'égard de ses collègues des groupes de presse concurrents. Il était convaincu que l'affaire de l'accréditation de Bloomberg News à Washington n'était qu'une formalité, qui se résoudrait, entre gens civilisés, au cours d'un déjeuner à l'American Café, en face du Capitole. Flanqué de deux collègues, il est allé voir Birnbaum, qui avait fait ses débuts chez Dow Jones & Co une dizaine d'années plus tôt, à peu près en même temps que lui. Il a expliqué que Bloomberg était en train de mettre en place un service d'informations pour couvrir les marchés financiers, et que ses deux correspondants à Washington avaient besoin de suivre les indices économiques. Il y a certains chiffres, comme le Gross Domestic Product (GDP), c'est-à-dire le produit intérieur brut, le Consumer Price Index (CPI), c'est-à-dire l'indice des prix à la consommation, et le Product Price Index (PPI), c'est-à-dire l'indice des prix à la production que l'administration publie en commençant par mettre les journalistes en quarantaine de façon à ce que personne ne puisse se targuer de les avoir avant les autres. Tous les journalistes économiques sérieux doivent avoir leur carte de presse dûment accréditée pour pénétrer dans le saint des saints, où on les enferme à double tour pour leur donner ces chiffres avant de les communiquer au grand public. C'est dans cette salle fermée qu'ils rédigent leurs papiers avant l'heure de la publication officielle ; quant aux radios, elles diffusent toutes au même instant le flash d'informations annonçant la nouvelle. Si nous n'y étions pas admis avec les autres, cela voudrait dire que nous publierions les chiffres trop tard dans la journée pour que les traders puissent réagir, et surtout que nos dépêches ne seraient pas concurrentielles.

Après les présentations et politesses rituelles, Matt est allé droit au fait : « Jeff, tu sais que nous lançons une agence de presse financière, comment fait-on pour avoir les badges qui nous permettront d'assister aux conférences de presse officielles où sont divulgués les grands indices économiques ? »

« Vous faites quoi, exactement ? » demanda Birnbaum, qui n'avait pas l'air de penser que la demande soit de pure routine.

« Nous faisons un journal électronique », répondit Matt.

Le scepticisme de Jeff persistait. « Qui vous lit ? »

Matt, tout fier, répondit : « Toutes les banques centrales d'Europe, ce qui fait trente, la plupart des grandes banques commerciales du monde, les investisseurs institutionnels, les fonds de pension et les maisons de titres. »

Birnbaum ne se laissait pas impressionner si facilement. « Où êtes-vous publié ? »

« Dans le monde entier, sur le bureau de nos clients, par l'intermédiaire d'un terminal dédié », dit Matt, dont la réponse paraîtrait peut-être lumineuse à tous les journalistes du monde cinq ans plus tard, mais n'était compréhensible que des initiés au printemps 1990.

« Quels journaux vous publient ? »

« Des centaines, par l'intermédiaire d'Associated Press, qui imprime chaque jour notre liste complète des cours et des rendements des obligations d'état », répondit Matt, pensant aux données que nous fournissions, électroniquement et non plus par coursier comme dans l'ancien temps, au *Wall Street Journal* et à l'Associated Press, ainsi qu'aux centaines de membres de cette agence de presse.

« Et vos dépêches, où sont-elles publiées ? », demanda cette fois Birnbaum.

« Sur les bureaux de nos utilisateurs, dans le monde entier », ne put que répéter Matt.

« Mais quels journaux les publient, ces dépêches ? » Birnbaum en arrivait à ce qui constituait à ses yeux le cœur du problème. Quoi que fût Bloomberg News, il fallait, pour lui, que cela ressemble à un produit du bon vieux Gutenberg et non à un descendant du « calculateur numérique », l'ancêtre du PC moderne.

Pas de problème, pensa Matt. « Si vous nous donnez des badges pour que nous puissions couvrir les indices, nous trouverons bien un journal qui nous publiera. »

« Désolé, Matt. Vous ne correspondez à aucun de nos critères. »

Matt était abasourdi. C'était ça, la réponse ? Vous ne correspondez à aucun de nos critères ?

« Attends, Jeff, je voudrais tirer cela au clair. Tu es en train de me dire que parce que Bloomberg News est né en 1990 et pas en 1900, parce que nous diffusons nos dépêches en ligne au lieu de passer par une rotative, nous n'avons pas le droit de couvrir le produit intérieur brut, l'indice des prix à la consommation ni l'indice des prix à la production ?

« Navré, Matt, c'est comme ça. Ce n'est pas moi qui fait les règlements. Vous ne correspondez pas à nos critères, c'est tout. »

« Ça pue la merde à un point que j'ai rarement vu ! » conclut Matt en se levant pour aller payer l'addition.

Dès qu'il se fut éloigné, Birnbaum s'est tourné vers les deux collègues de Matt : « Je ne sais pas ce que vous ferez, mais il n'a pas intérêt à se présenter devant la commission permanente. » Il y a des gens qui aiment bien agiter le chiffon rouge sous le nez du taureau.

* * *

La réaction de Birnbaum n'était qu'un signe avant-coureur de la langue de bois dont nous allions être abreuvés. Dans le mois qui suivit, une nouvelle brochette de journalistes avait été élue à la commission, qui avait désormais un nouveau président, Elliot Brenner, le correspondant à la défense d'United Press International. Lui non plus, nous n'avions pas réussi à le convaincre. « Nous ne pouvons pas vous accréditer, car Bloomberg appartient à Merrill Lynch », nous désinforma-t-il.

Notre correspondant de Washington essaya patiemment de lui expliquer la réalité des choses : « Merrill est un actionnaire passif minoritaire, il ne possède que 30 % du capital de Bloomberg L.P., dont Mike Bloomberg détient pratiquement 70 %. »

« D'accord, répondit Brenner. Et si Merrill demandait à Bloomberg de rembourser ses emprunts ? »

« Merrill est un actionnaire passif. »

« Oui, mais s'il exigeait le remboursement de ses prêts ? »

« Mais il n'y a pas de prêts. Ce sont des *actions* que possède Merrill, et c'est un investisseur passif. »

« O.K. Et les prêts, qu'est-ce que vous en faites ? »

Nous avions devant nous la meilleure justification qui soit à l'existence de Bloomberg News. Le président de la commission chargée de décider qui peut, ou non, couvrir les petits et les grands événements de la première place financière du monde ne voyait pas la différence entre un emprunt et une participation, et c'est lui qui décidait qui devait couvrir le marché des actions et des obligations. Ignorance et arrogance sont une combinaison mortelle. Elles foisonnent dans la profession du journalisme, et ce type les exhibait toutes les deux.

Nous avons appris plus tard que toutes sortes de gens étaient accrédités pour se voir communiquer les chiffres clés de l'économie américaine, entre autres l'agence Tass et l'agence de presse irakienne, dont les dépêches présentaient Saddam Hussein comme ayant une vocation humanitaire exceptionnelle. Des journalistes du Haitian News Service, organe d'une dictature brutale ayant sévi une bonne partie du siècle, pouvaient couvrir les communications qu'Alan Greenspan, président de la Réserve fédérale, faisait deux fois par an devant le Congrès, mais Bloomberg News n'en avait pas le droit.

Frustrés, nous avons décidé de contourner l'obstacle. Non seulement nous fournissions gratuitement, depuis plusieurs années, les cours des obligations à Associated Press – service que l'agence, elle, facturait aux journaux à qui elle les diffusait, mais nous lui versions des millions de dollars par an pour diffuser ses dépêches sur nos terminaux. Nous avons pensé que lorsqu'on est confronté à des tyrans, on a intérêt à avoir quelqu'un de fort dans son camp, et AP, en toute logique, était ce quelqu'un.

Nous avons demandé à Associated Press qui, avec trois mille journalistes et rédacteurs, est la plus grande entreprise de collecte d'informations des États-Unis, d'interroger la commission permanente pour savoir quels inconvénients elle voyait à accréditer Bloomberg News. Associated Press, grand organe de presse d'une intégrité irréprochable, ne voyait pour sa part aucun obstacle à ce que Bloomberg commente le PIB. Lorsque Brenner, le président de la commission, reçut un coup de fil d'un correspondant de l'Associated Press curieux de savoir pourquoi la commission mettait tant de bâtons dans les roues à Bloomberg, il lui répondit qu'il y avait eu un malentendu, que Bloomberg n'avait qu'à rester cool, il l'aurait, son accréditation, et même un peu avant que l'Enfer ne soit pris par les glaces.

Ainsi, même après l'investigation conduite par Associated Press, nous continuions à nous heurter à de la résistance. Un journaliste siégeant à la commission nous déclara carrément : « Vous, à Wall Street, on sait bien que vous êtes tous corrompus, de toute façon. » Nous avons subi deux heures de dépositions devant une chambre du Sénat, face à cet homme et à quatre autres journalistes, aussi incapables les uns que les autres de donner une définition d'un emprunt hypothécaire garanti (alors qu'ils n'auraient sans doute pas obtenu leur propre crédit immobilier si cela n'existait pas). Tous exigeaient de savoir pourquoi nous pensions être qualifiés pour écrire des articles sur les achats de logements. Bruce Harmon, chef du bureau de Washington de Knight-Ridder Financial News, alla jusqu'à écrire à la commission, sur du papier à lettres à en-tête Knight-Ridder, que permettre à Bloomberg News Service de pénétrer au sein du ministère du travail pour couvrir les statistiques de l'emploi, c'était ouvrir la voie aux délits d'initiés. De toute évidence, la chose est physiquement impossible, puisque l'information est divulguée simultanément à tous les journalistes, enfermés à double tour dans la même salle. D'ailleurs, si nous avions pu, nous, avoir les chiffres avant les autres, son propre groupe de presse aurait pu en faire autant.

* * *

Tout problème recouvre une opportunité, dit-on dans le monde des affaires. Au moment même où nous étions empêtrés dans nos démêlés avec les commissaires, d'anciens collègues de Matt, qui travaillaient désormais au *New York Times*, lui demandaient s'ils pourraient bénéficier d'un terminal Bloomberg gratuit. Ils souhaitaient en effet disposer de la même information instantanée sur les entreprises, les actions et les obligations que celle dont disposaient désormais les gestionnaires de fonds. « Nous n'avons pas les moyens de louer vos terminaux. Notre budget ne couvre pas toutes nos dépenses », expliqua, en plaisantant à moitié, Diana Henriques, journaliste au *New York Times*. Convaincu qu'aucun client n'est plus égal que les autres, l'idée de faire cadeau de nos terminaux ne me séduisait pas. Nous pouvions, cependant, fournir notre produit en échange d'un apport d'une valeur équivalente. On se livre souvent à des pratiques de troc dans la presse, nous n'inventerions donc pas, en l'occurrence, une nouvelle forme de rémunération. Nous avons donc dit au *New York Times* que si nous lui fournissions des éléments d'information et qu'il décidait de les publier, exactement comme il le faisait des autres informations émanant d'autres agences de presse, nous pourrions envisager de lui fournir un terminal.

S'il publiait des dépêches Bloomberg, le *New York Times* nous conférerait une crédibilité plus précieuse, à l'époque, que n'importe quel paiement cash. Cela apporterait une contradiction directe à ceux qui montraient tant de réticence à reconnaître Bloomberg en se fondant sur l'argument que nous n'étions pas « publiés » à l'ancienne. L'accord serait suffisamment simple pour éviter tout conflit d'intérêts : le *New York Times* déciderait ce qu'il voulait insérer dans ses colonnes, comme il l'avait toujours fait. Mais quand il reprendrait une information émanant de chez nous, il indiquerait sa source et le problème de la commission permanente serait réglé.

En 1991, lorsque Max Frankel, rédacteur en chef du *New York Times*, accepta notre suggestion, il était le premier à apporter à Bloomberg la clientèle d'un journal. L'année n'était pas écoulée que tous les grands journaux du pays demandaient à passer un accord comparable. En 1995, les dépêches de Bloomberg News étaient publiées dans plus de journaux américains que celles de toute autre agence de presse, à l'exception d'Associated Press. Nous mettons à la disposition des journaux des compétences, dont, en général, ils manquent : celles d'une armée de journalistes et de rédacteurs se consacrant exclusivement au monde de la finance, des marchés, des entreprises, aux secteurs d'activité et à l'économie en général. En échange, ils nous apportent ce dont nous avons besoin : l'accès, la distribution, la crédibilité et la visibilité, pour nous et pour nos produits. Vendre nos informations contre espèces sonnantes et trébuchantes ? Nous le ferions un jour, mais aux utilisateurs finaux, pas aux intermédiaires.

Je suis très fier que nous nous soyons battus si vaillamment, de ce que nous avons produit, de la vitesse à laquelle nous nous sommes développés, de la façon dont nous sommes devenus incontournables dans le domaine de la presse. Mais nous n'aurions peut-être jamais considéré les journaux comme des clients potentiels si un quarteron de journalistes de Washington n'avait créé de toutes pièces une situation qui nous obligeait à inclure les médias imprimés dans notre distribution. En 1995, l'agence de presse du *New York Times*, dont 700 journaux, un peu partout dans le monde, reçoivent les dépêches, demandait à y inclure les données de Bloomberg News. Nous le devons, d'un certain point de vue, à celui qui nous a dit un jour : « Vous ne correspondez pas à nos critères. » J'oubliais : en fin de compte, plus d'un an après notre première demande, nous les avons eus, nos badges !

* * *

Au Japon, nous avons eu plus de mal encore à faire obtenir à nos journalistes les laissez-passer et les accréditations dont ils avaient besoin. Une fois de plus, ce n'était pas l'administration qui y faisait obstacle, mais un groupe de journalistes qui s'étaient cooptés pour défendre leur pré carré. Nous reprochant essentiellement de ne pas être des journalistes japonais travaillant avec une agence de presse japonaise, la presse locale avait trouvé la façon la plus efficace qui soit de nous empêcher de couvrir l'économie et les résultats des entreprises : il suffisait de nous interdire l'accès aux clubs *kisha*, c'est-à-dire aux clubs de journalistes où sont distribuées toutes les annonces officielles émanant du gouvernement et des entreprises. De sorte que nous ne pouvions obtenir l'information au moment où elle était rendue publique. Autrement dit, nous ne pouvions pas faire notre métier dans des conditions satisfaisantes. Il fallait bien protéger notre franchise, même si cela nous amenait à faire quelque chose qu'aucun organe de presse étranger n'avait fait avant nous : confronter directement nos opposants de la presse locale, exiger, au nom de nos clients, dont un nombre croissant étaient japonais, un accès égal à l'information.

En 1991, Bloomberg News, se détachant du peloton timide et trop poli des représentants des médias internationaux, exigea que les organes de la presse étrangère soient traités à égalité avec leurs homologues japonais. En laissant entendre que nous ne nous tairions pas avant d'obtenir satisfaction. Notre menace fut rejetée avec un mélange de demi courbettes et de petits rires condescendants. Prudents, nos concurrents étrangers déclinèrent notre invitation de secouer le cocotier et de s'aligner publiquement sur notre position.

Les journalistes membres des clubs *kisha* appartiennent aux journaux les plus prestigieux du pays. Ces clubs contrôlent les salles de presse de toutes les agences gouvernementales, décident qui s'y voit attribuer un bureau, qui pose des questions lors des conférences de presse, qui reçoit les communiqués avant la date officielle de leur publication. Les principaux hommes politiques du Japon leur réservent également la faveur de les convoquer pour des communications informelles.

Il régnait au pays du soleil levant, depuis la fin de la Seconde Guerre mondiale, un tel préjugé contre les journalistes *gaijin* (étrangers) qu'aucune agence de presse non japonaise n'avait jamais réussi à bénéficier d'un bureau dans une salle de presse du gouvernement japonais. Lorsque les tout puissants clubs *kisha* accordaient aux étrangers la faveur insigne d'assister à des conférences de presse, c'était à la condition expresse de ne pas poser de questions.

La campagne que nous avons menée à grands cris pour mettre fin à ce système a fait de nous le groupe de presse le plus haï de Tokyo. Il ne se passait pas de semaine sans que nous essuyions une nouvelle rebuffade. Un jour, nous avons reçu un coup de fil de Clay Jones, correspondant du *Christian Science Monitor* et président du club des correspondants de presse étrangers du Japon. Il avait une mauvaise nouvelle à nous communiquer : Bloomberg n'était pas invité au prochain dîner offert par la Publishers and Editors Association, qui regroupe les responsables de la presse. Celle-ci souhaitait évoquer la question de l'accès aux clubs *kisha* avec des journalistes étrangers. Notre présence n'était cependant pas souhaitée. C'était la seconde fois que l'association organisait un dîner à ce sujet et que nous en étions exclus malgré notre implication intense sur cette question précise et bien que Jones ait plaidé en notre faveur.

L'enjeu était notre aptitude à couvrir les développements économiques et financiers avec une perspective globale : le Japon est en effet la seconde puissance économique du monde. Par ailleurs, en nous refusant l'égalité d'accès aux chiffres mesurant la performance des entreprises et de l'économie japonaises, les organes de presse japonais privaient du même coup les actionnaires et les porteurs d'obligations (nos clients au Japon et dans les autres pays) d'informations qu'ils étaient en droit de connaître. C'était une décision explicite par un groupe de journalistes d'en priver un autre de l'information dont ils avaient tous deux besoin.

Au début, nous avons essayé la voie normale, c'est-à-dire que nous avons posé notre candidature pour devenir membres d'un club. Notre demande a été rejetée. La raison officielle : nous ne satisfaisions pas ses critères – ces derniers n'ayant jamais été définis. En réalité, on ne voulait pas de nous parce que nous n'étions pas japonais. En février 1992, Matt Winkler et David Butts, notre chef de bureau à Tokyo, ont rencontré Osamu Asano, secrétaire général de la Publishers and Editors Association pour faire avancer le dossier. On les a fait entrer dans une salle de conférences lambrissée, puis on leur a demandé de s'asseoir tous les deux du même côté d'une table de six mètres. Sous le regard des anciens secrétaires généraux de l'association, dont les portraits ornaient les murs, la négociation s'est engagée. Nous avons expliqué que nombre de nos abonnés étaient actionnaires et collaborateurs de grandes entreprises japonaises, telles que Nissan, Matsushita, Honda et Toyota. Nous demandions un accès égal aux informations dont ils avaient besoin. En même temps, nous avons indiqué que nous estimions scandaleux que des journalistes japonais – qui, membres du quatrième pouvoir, partagent ostensiblement nos vues sur la liberté d'expression – maintiennent un système ouvertement discriminatoire contre les journalistes non japonais.

Dave Butts, Texan pur sucre, s'exprimait en notre nom. « Nous souhaitons entrer dans un club », dit-il.

« Impossible, il faut parler japonais pour être membre », répondit Asano.

Quand Butts lui a rappelé (en japonais, qu'il parle couramment), que tous nos correspondants à Tokyo parlaient japonais, Asano a marqué une pause. « C'est possible, mais les clubs n'ont pas assez de bureaux pour les étrangers. »

Butts a alors rétorqué : « La plupart des clubs ont plus d'une centaine de bureaux, dont beaucoup sont inoccupés, et il n'y a que quatre ou cinq organes de presse étrangers qui postulent pour en occuper un chacun. »

Ce à quoi Asano a répondu en souriant : « Exact. Mais en réalité, la décision ne nous appartient pas. Ce sont les clubs eux-mêmes, et non cette association, qui choisissent leurs membres. »

Butts s'est obstiné : « Nous avons posé notre candidature auprès des clubs, et ils nous ont expliqué qu'ils ne pouvaient nous admettre que si nous étions membres de votre association. »

Asano a fait un signe tête négatif. « C'est vrai ? Eh bien, nous n'acceptons pas de nouveaux membres pour la seule raison qu'ils désirent le devenir. »

Réponse typique de l'ensemble de la conversation.

* * *

Un an plus tard, en mars 1993, l'association a pris l'audacieuse initiative de mettre en place une sous-commission chargée d'étudier le dossier. C'est Matt et Dave, une fois de plus, qui en ont rencontré le responsable, Yoshio Murakami, rédacteur en chef du journal *Asahi*. Cette fois-ci, la conversation a eu lieu en anglais.

Murakami, qui avait été dix ans en poste aux États-Unis, parlait probablement mieux anglais que Matt.

Nous étions trop habitués à être déçus pour retenir nos coups. Aucun journaliste qui se respecte n'aime se faire rouler dans la farine. Si nous parvenions à faire passer le message qu'il est scandaleux que des journalistes empêchent des confrères de faire leur métier, nous pourrions peut-être, en fin de compte, faire sauter le vernis de politesse qui ne nous menait nulle part. Matt a donc expliqué qu'en restreignant l'accès de la presse étrangère aux agences du gouvernement, les journalistes japonais étaient devenus les fantoches des hommes politiques et des bureaucrates. Au cours des quinze minutes suivantes, Matt a répété une douzaines de fois l'expression « fantoches de certains groupes d'intérêts ». Le rédacteur en chef d'*Asahi*, que ses familiers considèrent comme un homme d'un sang-froid remarquable, a fini par craquer.

« Allez vous faire voir ! » dit-il en se levant si brusquement qu'il en renversa son thé vert.

Après avoir essuyé tant de rebuffades polies, ce genre d'éclat était précisément la réaction que nous souhaitions. « Maintenant, vous savez ce que nous pensons », dit Butts.

« Irez-vous jusqu'à vous imposer par la violence ? » demanda le rédacteur en chef d'*Asahi* dans la franchise du moment.

Ce à quoi Butts a répondu qu'il *espérait* que l'on n'en arriverait pas là.

Deux mois plus tard, nous nous attaquions à nouveau à ce mur impénétrable en demandant au club *kisha* de la Bourse de Tokyo de nous autoriser à avoir communication des informations publiées par les entreprises en même temps que les membres du club. Celui-ci nous a fait savoir qu'il n'en était pas question. Nous avons donc décidé de tenter un peu de désobéissance civile.

Les journalistes de notre bureau de Tokyo se sont postés à l'extérieur du club, à côté des boîtes à lettres, et ont demandé aux équipes de relations publiques des entreprises, qui passent régulièrement au club distribuer leurs communiqués, de nous en remettre un exemplaire. Nos hommes s'étaient fait accompagner de nos avocats, dûment munis de leur documentation juridique ouverte à la page où est définie la notion de viol de propriété privée ; nous avions même invité les chaînes de télévision à venir filmer la scène. Les membres du club se sont mis en devoir de défendre leur territoire, faisant bloc autour de nous pour empêcher les représentants des entreprises de nous approcher, puis ils nous ont « demandé » de quitter les lieux. La confrontation a fait la une des informations du soir : les journalistes se faisaient la guerre ! La commotion et la publicité furent plus que le club n'en pouvait supporter. Sous la menace de visites répétées de nos équipes, pensant par ailleurs que refuser aux journalistes étrangers l'accès aux informations risquait, comme les importations massives de véhicules japonais sur le marché automobile américain, de créer un accroc majeur au principe du « libre-échange », le club promit de mettre en place un système équitable de distribution des communiqués de presse.

La Publishers and Editors Association finit, en juin 1993, par faire une déclaration officielle : « Les clubs *kisha* doivent, par principe, permettre aux correspondants étrangers qui le souhaitent d'en devenir membres à part entière. » Cette déclaration devrait mettre fin aux critiques étrangères, déclara Yoshio Murakami qui présidait un dîner de l'association auquel, une fois de plus, nous n'avions pas été conviés. En revanche, il offrit de nous aider : son journal parrainerait notre entrée au club des journalistes de bourse.

Était-ce enfin la victoire, après tous ces efforts acharnés ? Pas encore. Ce club *kisha* organisa un vote, au cours duquel il accepta Reuters, un de nos concurrents, mais pas nous. Réponse officieuse donnée à des amis ayant demandé la raison de cette décision : si Bloomberg montrait davantage de déférence, il pouvait espérer entrer au club en octobre 1993. Nous n'avions donc plus qu'à nous tenir tranquilles, et surtout éviter tout ce qui pouvait être interprété comme une critique du club. Nous nous sommes tout de même permis de demander au chef du bureau japonais de Reuters d'attendre, pour accepter d'y entrer, que le club ouvre ses portes à toute la presse étrangère. Il nous a opposé une fin de non recevoir : « Nous avons réussi à nous y infiltrer par des voies détournées, grâce à une diplomatie discrète », dit-il.

« Ne nous racontez pas de conneries ! » J'étais fou de rage.

Nous nous étions battus tout seuls, Reuters n'avait rien fait, son bureau de Tokyo n'avait jamais essayé de se frayer un chemin dans un club *kisha*. Il ne prenait même pas la peine de diffuser les résultats des entreprises dès qu'ils étaient communiqués officiellement, et encore moins, évidemment, d'essayer de les avoir plus vite. Il publiait les résultats des entreprises et d'autres informations presque périmées quand bon lui semblait, sans trop se soucier du client. Être traité en parent pauvre par les journalistes japonais convenait donc parfaitement à sa nonchalance.

Le quatrième pouvoir s'enorgueillit d'une longue tradition consistant à ne jamais laisser des intérêts commerciaux concurrents prendre le pas sur son intégrité. Quand il s'agit de défendre la liberté de la presse, les journalistes sont toujours solidaires. Ajoutons qu'un véritable journaliste ne s'abaisse jamais à passer par des voies détournées s'il a quelque chose à dire à un confrère. Autrement, ce n'est pas un journaliste. Aucune agence de presse honorable ne le permettrait, de même qu'aucun journaliste de qualité ne voudrait être associé à ce genre de comportement. Nous vivions donc un triste épisode dans l'histoire d'une grande agence de presse, dont les critères d'honnêteté intellectuelle avaient été légendaires. Soit ils étaient plus attachés à leur chiffre d'affaires qu'à leur éthique, soit, interprétation plus charitable, la direction, qui se trouvait sur une autre île distante de près de 10 000 kilomètres, n'avait pas la moindre idée de ce qui se passait au Japon.

Après vingt-quatre mois de lutte, en octobre 1994, le club *kisha* finit par nous admettre. Par un vote unanime. Un an plus tard, le journaliste qui nous y représentait en était élu président.

* * *

Six ans après l'inauguration de notre agence de presse, le problème de l'accréditation n'était plus qu'un souvenir. L'un de nos rédacteurs, Monroe Karmin (Bud), lauréat du prix Pulitzer, se faisait élire président du National Press Club de Washington. Aujourd'hui, le centre de formation de ce dernier compte le nom de Bloomberg parmi ses principaux sponsors. Knight-Ridder Financial News, dont le directeur du bureau de Washington avait fait de son mieux pour nous faire du tort quand nous débutions dans le métier, a été vendu – il ne rapportait pas assez à sa société mère. Au Japon, de nombreux journaux sont abonnés à Bloomberg News et diffusent les articles de nos journalistes. Nos dépêches en langue japonaise sont utilisées par des hommes d'affaires japonais dans le monde entier.

La Bourse de New York a maintenant trois agences de presse « officielles » : Bloomberg, Dow Jones (fondée il y a 114 ans) et Reuters (fondée il y a 147 ans). Chacune d'entre elles a été désignée parce qu'elle offrait une distribution suffisante pour que les sociétés cotées puissent informer leurs actionnaires dans des conditions satisfaisantes. Aucun autre groupe de journalistes ne peut en dire autant, et beaucoup ont essayé.

* * *

Cela valait-il la peine de se donner tant de mal ? Après tout, dans les années soixante, Marshall McLuhan a écrit dans *Message et massage* et dans *Pour comprendre les média* qu'à l'avenir, on ne lirait plus. Livres, magazines, journaux et autres médias « chauds » perdraient leur influence. L'avenir appartenait aux médias « cool », comme la télévision, qui étaient des « extensions de nos sens ». Dans la culture populaire de l'ère de l'information, la distribution l'emporterait sur le contenu.

Les années quatre-vingt-dix ont, elles aussi, leurs « tout le monde sait que… » Tout, nous dit-on, sera désormais « sur le Net ».

L'ordinateur éliminera, paraît-il, la corvée de penser. La recherche, automatisée, consistera à appuyer sur un bouton pour obtenir toutes les informations glanées par un navigateur. Les logiciels contextuels, successeurs de l'intelligence artificielle, (je ne connais guère de contradiction dans les termes plus flagrante !), remplaceront l'analyse. L'œil de l'esprit est mort. La simulation moderne montrera tout : l'imagination est un concept dépassé. Les animateurs de Disney, la magie de Spielberg, le révisionnisme de Stone – tout cela fera en sorte que la pseudoscience et une histoire lissée, commercialisée, politiquement correcte, remplacent les inconvénients et les désagréments de la réalité et de la vérité. Nous ne serons plus torturés par les contradictions. Il n'y aura plus besoin de penser.

McLuhan a dit que le média *est* le message parce que l'outil de transmission semble fasciner davantage le public que les idées qu'il véhicule. Pour la télévision et le PC, qui se rapprochent rapidement l'un de l'autre, c'est manifeste, surtout concernant les jeux vidéos destinés aux enfants et les émissions de variétés. Mais remplacent-ils totalement la chose écrite ? Représentent-ils l'unique paradigme éducatif de l'avenir ? Permettront-ils, à eux seuls, à la société d'échapper à la pauvreté, à l'illettrisme, à la faim, à la maladie, et à tous ses autres maux ? Nous ne le pensons pas.

Pour nous, la présentation est importante, la substance essentielle. Il est peut-être plus difficile de se faire une clientèle quand on ne l'attire pas par des flonflons et des paillettes, mais si on lui offre un produit meilleur que les autres, on a toutes les chances de survivre et de prospérer. Beaucoup adoptent la stratégie qui consiste à substituer le « comment » au « quoi », mais ce n'est pas la nôtre. Bien sûr, nous voulons utiliser toutes les formes de médias, mais ce n'est pas un but en soi. Pour nous, c'est un moyen et non une fin. Nous sommes convaincus que l'on aura longtemps besoin d'informations pertinentes, exactes, bien écrites, fruit d'une recherche consciencieuse. La technologie continuera à révolutionner constamment la distribution. Mais notre produit, c'est le contenu. Il reste cohérent.

* * *

La distribution des médias change constamment et des groupes comme la commission permanente de la chambre des représentants et du Sénat ou les membres de la Publishers and Editors Association japonaise ne peuvent pas toujours anticiper ces transformations. Le « journal » de demain sera vraisemblablement imprimé sur une « toile » virtuelle plutôt que sur du papier. L'encre sera produite par des transistors électroniques cachés dans le fil de la toile et alimentés en texte et en images par les ondes, exactement comme les radiotéléphones ou les téléphones cellulaires reçoivent l'information. Mais ce sera toujours un journal, muni d'un système de sélection tel que vous pourrez aller droit à l'article que vous voulez, en sautant tout ce qui ne vous concerne pas. On peut fort bien imaginer qu'il vous montre simultanément divers autres articles de façon à vous alerter de ce que vous avez réellement besoin de savoir, indépendamment et en sus de ce que vous aviez demandé. Ce sera encore un journal, avec des mots imprimés, que l'on assimile beaucoup plus rapidement qu'un texte écouté ; vous pourrez relire paragraphe par paragraphe quand vous n'aurez pas compris à la première lecture. Ce sera encore un journal, avec des journalistes qui enquêteront, interpréteront et expliqueront, avec des rédacteurs en chef qui sélectionneront, hiérarchiseront les informations et les commenteront ; avec des photographes dont les clichés en diront autant que mille mots ; enfin avec des publicitaires qui vous apporteront le vaste choix des produits et services du capitalisme.

Nous allons cesser d'abattre les forêts pour faire des journaux. Les chauffeurs de camions et les livreurs à bicyclette trouveront d'autres activités à l'heure où la plupart d'entre nous ne sont pas encore réveillés. La distribution électronique, pratique et fiable, éliminera les coûts traditionnels du papier et du transport (en général plus importants que le prix du journal chez le marchand de journaux).

Quand l'encre ne sera plus appliquée au medium proposé au lecteur comme c'était le cas depuis Gutenberg, nos lectures ne se limiteront plus aux journaux imprimés localement. Le choix sera vaste. Tous les journaux, dans toutes les langues, vous seront transmis automatiquement et apparaîtront sur la même « page ». Vous vous abonnerez à vos préférés et ils vous attendront sur la « toile », où vous les lirez quand vous voudrez. Mieux encore, les « papiers » des journalistes seront transmis aussitôt écrits, et non pas plusieurs heures plus tard, quand les rotatives et les livreurs ont fait leur travail.

Plus les journaux apporteront de la valeur, plus ils seront lus. J'en déduis qu'ils seront de plus en plus nombreux à souhaiter s'appuyer sur des dépêches Bloomberg.

* * *

Les journaux changeront, les autres médias que nous connaissons aujourd'hui aussi. La radio de demain sera une dérivation du téléphone cellulaire ou sans fil d'aujourd'hui. Il n'y a aucune raison pour que l'on vous impose d'écouter la même chose que les autres, comme le font les radios traditionnelles. Votre téléphone est déjà un outil électronique audio privé, indépendant, interactif. À l'avenir, il vous permettra d'écouter vos chansons préférées, de suivre les exploits de l'équipe de foot de la ville où vous avez grandi, le cours en bourse des titres de votre portefeuille, les prévisions météo pour toutes les destinations que vous voudrez – et tout cela précisément à l'heure que vous voulez et non à celle qu'un speaker ou un *disc jokey* juge convenable. À mesure que s'effondre le prix des téléphones portables, la viabilité économique du son stocké sur ordinateur s'accroît de façon fantastique. Tout ce qu'il reste à ajouter, c'est la transmission numérique, afin d'obtenir une fidélité parfaite, et un amplificateur permettant l'installation de grands baffles. Ensuite, en couplant votre téléphone à un récepteur de satellite, vous pourrez personnaliser totalement ce que vous avez envie d'entendre. Vous entendrez donc des programmes que vous aurez choisis pour satisfaire spécifiquement vos demandes et vos goûts – ils s'adapteront automatiquement à l'endroit où vous vous trouverez à tel ou tel moment, de façon à vous fournir les informations locales, les conditions de la circulation et la météo. Les annonceurs salivent déjà à la pensée qu'ils pourront, eux aussi, personnaliser les publicités qu'ils vous adresseront de cette manière.

C'est vrai de tous les produits : plus ils sont utiles, faciles d'emploi, bon marché – plus ils sont utilisés. Cinq cents reporters Bloomberg sillonnent le monde armés de magnétophones afin que vous puissiez avoir du « son ». La technologie commence à permettre à chacun d'entre nous d'écouter ce qu'il a envie d'entendre, où et quand il le souhaite. Plus les auditeurs seront nombreux à pouvoir sélectionner spécifiquement ce qu'ils écoutent, plus il y aura de demande pour notre offre diversifiée de courtes dépêches, plus nous tirerons de valeur de nos lointains journalistes qui génèrent chaque jour plusieurs reportages. Une meilleure radio, cela veut dire davantage de Bloomberg.

Et la télévision ? La seule différence entre la radio et la télévision, c'est la quantité de largeur de bande nécessaire pour la transmission. Si nous pouvons ajuster la radio pour que son contenu vous convienne parfaitement, la télévision suivra de près. Elle a déjà un nom : Video on Demand, ou VOD. Pour un coût raisonnable, il faudra attendre encore quelques années, mais cela va très rapidement devenir une réalité. C'est la célèbre « application killer » d'Internet : ce que vous voulez, quand et où vous voulez, de façon pratique et indépendamment des demandes des autres.

Les « données » que désirent la plupart des gens, ce sont les variétés – ce sont les seules pour lesquelles ils soient prêts à payer. Que ce soit par l'intermédiaire des opérateurs de téléphone ou par celui des spécialistes du câble, que ce soit par les ondes, à partir d'un émetteur télévision classique, par satellite ou par micro-ondes, la façon dont l'audio/vidéo vous est transmise n'a d'importance que pour les salariés et les actionnaires des entreprises qui se chargent de la transmission. Le consommateur s'en fiche éperdument et ne saura sans doute pas quel medium de distribution est utilisé. Le public s'attend simplement à pouvoir cliquer sur un menu de titres et d'acteurs et obtenir instantanément l'émission, l'équipe de sports, le programme comique, le bulletins d'informations de son choix, etc. Dès lors, il ne faut pas s'étonner que les reporters Bloomberg soient désormais équipés non plus de simples magnétophones, mais d'appareils intégrant une caméra télévision et un magnétoscope.

* * *

Quel que soit le médium, la plupart des firmes qui vendent de l'information ont du mal à générer des profits. Du côté des dépenses, créer du contenu coûte cher et demande beaucoup de travail. Du côté des recettes, l'accès aux « données à la demande » (qu'il s'agisse d'analyse mathématique avancée ou de variétés sans prétention) se traduit par une plus grande fragmentation du public, auquel sera offert un choix incomparablement plus vaste de « programmes ». Rares sont les entreprises qui vendent leurs produits ou services sur Internet en dégageant un profit. Dans le domaine de la radio et de la télévision, l'augmentation de la capacité (c'est-à-dire la multiplication des chaînes et les méthodes alternatives de distribution) commence à produire les mêmes effets (autrement dit, cela réduit le nombre d'auditeurs ou de téléspectateurs et le chiffre d'affaires généré par chaque émission).

Que faut-il pour réussir dans ces métiers ? Pourquoi certaines sociétés, comme Bloomberg, qui font payer plus de 1 100 dollars par mois l'information diffusée électroniquement, continuent-elles à croître, alors que d'autres tentent de vendre des données par Internet et se révèlent incapables de retenir leurs clients, même quand elles ne leur font payer que des sommes minimes. Pourquoi, dans le domaine de la télévision par câble, les abonnés se montrent-ils si sensibles au prix ? C'est tout simplement l'application de la *loi de l'offre et de la demande*. Si vous n'apportez pas quelque chose d'unique, vous n'êtes pas en situation de faire payer. La majeure partie de ce qui est disponible sur le Web l'est simultanément sur plusieurs sites. La plupart des programmes de télévision ne sont que des copies de réussites antérieures. Rien d'unique, *une offre surabondante*. D'autant qu'il y a aussi la question de l'utilité. Qu'il s'agisse d'un *sitcom* ou de comédies en ligne, la plupart des programmes de variétés ou de loisir ne sont que marginalement plus désirables que d'autres programmes ou pas de programme du tout. (C'est la définition même des variétés : c'est un passe-temps agréable, mais ce n'est qu'un passe-temps, ce n'est pas nécessaire). S'il n'y a guère de valeur ajoutée, le public est assez intelligent pour trouver des alternatives comme lire un livre, regarder autre chose ou aller se coucher. Le besoin n'est pas grand : *la demande est faible.* Offre surabondante plus demande faible égale prix laminés.

En revanche, si vous vendez quelque chose que personne d'autre ne peut proposer – par exemple un scoop ou le match de boxe entre poids lourds dont toute la ville parle – les acheteurs n'ont guère de choix. Ceux qui ne peuvent pas gagner leur vie sans disposer de telle ou telle information, de même que ceux qui se sentiraient déshonorés de ne pas regarder le match que tous les autres supporters regarderont, sont prêts à payer le prix qu'on leur demande. Le combat Tyson contre Holyfield, diffusé en télévision « *pay per view* », a permis à son producteur d'engranger une fortune. Bloomberg ne perd jamais un client au bénéfice d'un concurrent dont les prix sont inférieurs aux siens. *Offre restreinte* plus *demande importante* égale prix élevés. Le vénérable économiste Adam Smith savait de quoi il parlait.

* * *

Comme nous en avons été si souvent les témoins, la distribution change rapidement, mais le contenu évolue lentement, en même temps que les cultures. Les créatifs ont d'autant plus de valeur que leur création peut atteindre des endroits difficiles. Plus le lecteur/auditeur/téléspectateur aura le choix, plus il y aura de demande pour le produit Bloomberg – un journalisme indépendant, de qualité – et plus il est important de se battre pour se faire accréditer partout où l'on refuse l'accès au seul véritable représentant du peuple, la presse d'investigation libre, intelligente, non filtrée. Pour moi, le contenu l'emporte sur le médium, tel est mon message.

6

# Les finances, vedette de l'audio-visuel

## Le parfait multimédia

Chaque décennie a ses personnalités. Dans les années quatre-vingts, les golden boys de Wall Street ont fait leur apparition dans les pages consacrées à la jet society. Les fortunes qui s'édifiaient grâce aux excellentes performances de la Bourse et à la déréglementation transformaient en vedettes les acteurs et les spécialistes des rendements et des PER. Louis Rukeyser animait une émission télévisée très regardée, diffusée le vendredi soir, au cours de laquelle il donnait des conseils de bourse. Quand les OPA hostiles et les junk bonds sont devenus la grande folie du moment, les traders ont fait figure de « maîtres de l'univers ». John Gutfreund, mon ancien associé, a été consacré roi d'un Wall Street qui, jusque-là, n'avait même pas de prince. De son côté, Michael Milken faisait la couverture des magazines parce que, de son perchoir dans le quartier chic de Beverley Hills, il semait la zizanie dans les conseils d'administration. T. Boone Pickens, Carl Icahn et Ron Perelman passaient de la page 41 à la page 1. Les échottières Liz, Suzy et Cindy se jetaient sur de nouvelles proies : les magnats de la finance et leurs épouses qui, parées de bijoux et habillées chez les grands couturiers, se propulsaient de la classe bourgeoise à l'aristocratie à une vitesse que seuls beaucoup d'argent très frais et une bonne agence de relations publiques pouvaient procurer. Même Ivan Boesky atteignait la célébrité en déclarant qu'une certaine dose de cupidité était une bonne chose – juste avant de se faire jeter en prison.

* * *

Je ne faisais pas encore partie de ce cirque. Je n'étais pas dans les journaux. Il était loin, le temps où, encore chez Salomon Brothers, on parlait de moi comme de l'expert incontesté du marché des actions. Dans les années quatre-vingts, où l'économie tournait à plein régime, les entrepreneurs foisonnaient. Ma société, qui s'appelait encore Innovative Market Systems (facile à retenir, non ?), était petite et virtuellement anonyme. Notre produit, le terminal de données sur le marché que nous appelions Market Master et vendions à Merrill Lynch, n'était, au premier coup d'œil, guère plus impressionnant qu'un grille pain ou un four à micro-ondes. Personne ne nous connaissait. Personne ne s'intéressait particulièrement à moi.

Mais, en 1984, les choses allaient changer. À l'époque, Ronald Reagan était en train de prouver la toute puissance du charisme, faisant passer les pilules les plus amères grâce à ses talents de communicateur. Pour séduire les masses, il fallait un porte-parole. Les consommateurs et les médias identifiaient les produits avec les patrons qui les exprimaient. Le grand retour de Chrysler s'était articulé autour de la personnalité de Lee Iacocca. Nike ne se contentait pas de fabriquer des chaussures de sport, il les vendait en se fondant sur une mystique qui ne pouvait venir que de Michael Jordan. Il ne suffisait pas de proposer au consommateur le meilleur produit ou le meilleur service, il fallait lui offrir une tête pour en assurer la promotion.

Si nous voulions nous développer, il nous fallait, nous aussi, une personnalité. Qui ? Moi, évidemment. Les fondateurs de nos concurrents, messieurs Dow, Jones, Reuter, Knight et Ridder, étaient tous morts et enterrés. Tandis que moi, j'étais bien vivant, je sillonnais le monde, parlant beaucoup, jouant le super VRP et transformant au passage mon nom et mon œuvre en une arme contre laquelle nos concurrents n'avaient pas de riposte. J'avais passé tant d'heures à faire la démonstration de notre produit que l'on commençait à m'assimiler mentalement à notre terminal. Les traders et les vendeurs n'allaient pas tarder à dire « le Bloomberg » pour parler de la boîte noire qui trônait sur leur bureau. Un trader dirait facilement à son patron : « Je voudrais un de ces trucs, comment ça s'appelle, vous savez, le machin que vend Michael Bloomberg, un Bloomberg ! »

Quand l'occasion s'est présentée de changer le nom de notre entreprise, en raison d'un conflit de marque sur le nom de Market Master, j'ai entériné une décision que le marché avait déjà prise. Désormais, le produit et la société elle-même s'appelleraient « Bloomberg ». Comme le dit alors mon ami Harvey Eisner, « C'est un nom qui ne cache pas ses origines. Il est d'autant plus facile à retenir. »

Ainsi, de même que mon ancien associé Billy Salomon avait dirigé Salomon Brothers, qu'il considérait comme sa société, *son* nom et *sa* réputation étant en première ligne, maintenant ce serait moi, ce serait mon nom qui assumerait les risques que nous prenions. Je deviendrais le colonel Sanders (fondateur de Kentucky Fried Chicken) des services d'information financière, la cible des plaisanteries des chroniqueurs acerbes, mais chaque fois qu'il serait prononcé, mon nom assurerait la publicité de ma société et de mon produit. Ayant délégué la gestion quotidienne à des lieutenants à qui je faisais toute confiance, j'étais libre de voyager. Grâce aux plusieurs années d'expérience acquise chez Salomon Brothers, je parlais mieux que personne de nos produits et services – je savais représenter une entreprise. En qualité de propriétaire, par définition, je parlais avec autorité. Et, pour couronner le tout, je donnais à la presse une personnalité haute en couleurs. J'étais Bloomberg, Bloomberg, c'était de l'argent – de l'argent qui parlait. C'était parfait !

Bien sûr, on m'a aidé. Raconter sa vie ne suffit pas forcément à ce que la presse vous fasse de bons « papiers ». Nos concurrents nous ont donné un fier coup de main. Reuters, par exemple, a fait savoir qu'il développait un nouveau système que ses dirigeants surnommaient non sans arrogance le « *Bloomberg Killer* ». Les journalistes, qui adorent ce genre de situations, s'en sont donnés à cœur joie. (Il y a certes des avantages à diriger une société éponyme, mais cela peut entraîner des effets secondaires involontaires sur la famille. Georgina, ma fille cadette, a fondu en larmes lorsqu'elle est tombée sur un article intitulé « *Bloomberg Killer* ». Elle était convaincue que son papa avait des tueurs à ses trousses. « Non, ma chérie, ce n'est pas moi, c'est juste la société. ») Henry Becher, un vice-président de Dow Jones, a dit un jour à un journaliste de *Forbes* : « Dites à ce type [Bloomberg] que j'aurai sa peau. » Merci pour la publicité gratuite. Un peu plus tard, un groupe de six grandes banques et de brokers a formé un consortium ayant vocation à rassembler et diffuser les données du marché. Cela s'appelait Electronic Joint Venture, EJV, et ils le positionnaient (moi aussi, dès que j'en avais l'occasion) comme notre rival. Encore un *Bloomberg Killer* ! Pitié ! La légende continue.

Les journalistes sont des gens comme vous et moi. Enfin, plus ou moins. S'ils parviennent à rentrer chez eux, après leur journée de travail, suffisamment tôt pour embrasser leurs enfants, ils sont contents. Si vous les aidez à remplir leurs colonnes ou à tenir leur temps d'antenne, ils vous aident à leur tour, à tous les coups. Quel scénario plus palpitant nos concurrents auraient-ils pu imaginer ? C'était David contre Goliath ! Le meurtre rôdait parmi les informaticiens ! Tout le monde se liguait contre le petit challenger ! J'ai du mal à ne pas avoir pitié des géants vieillissants. Le public est toujours en faveur du challenger.

* * *

L'étape suivante, dans notre marche vers la notoriété, a été notre expansion vers la radio et la télévision. Rien n'était plus éloigné de mes préoccupations, en 1991, lorsque j'ai eu un coup de fil de Jon Fram, vague sosie de Groucho Marx, qui parle à toute vitesse. Jon travaillait à Financial News Network (FNN), chaîne de télévision spécialisée dont la société mère venait de déposer son bilan. Il m'appelait pour me conseiller d'en acheter la totalité du capital. « Mike, vous devriez vraiment faire de la télévision. Cela créera des synergies avec toutes vos autres activités. »

Je l'avais interrompu. Non, je n'y croyais pas. Mon principe opérationnel avait toujours été de construire et non d'acheter. D'ailleurs, qu'avions-nous en commun avec la télévision ?

« Écoutez : tout ce que je vous demande, c'est de me donner cinq minutes de votre temps, dans votre bureau. Cela ne vous coûtera rien et je crois pouvoir vous démontrer que c'est une opportunité fantastique. »

J'ai toujours éprouvé beaucoup de sympathie pour les gens qui tiennent à leurs idées et ne se laissent pas démonter par un premier refus. Il est donc venu prendre le café. Il perdait son temps. Il avait beau dire, il n'était pas question de dépenser 200 millions de dollars pour faire de la télévision. Dow Jones et General Electric pouvaient se disputer ce privilège. Après l'avoir écouté par pure politesse, j'ai dit à Fram que nous n'avions plus rien à nous dire, lui faisant comprendre on ne peut plus clairement que l'entretien était terminé.

Il a rappelé le lendemain, comme si nous nous connaissions de longue date. Il avait réfléchi qu'au lieu d'acheter une chaîne existante, nous pourrions développer des programmes vidéo et audio en interne. À son avis, nous avions besoin de trois personnes : lui-même, Bob Leverone, un des meilleurs présentateurs de FNN, et une jeune productrice, Janet Weinberg. Une fois de plus, je lui ai dit que la radio et la télévision n'apporteraient rien à Bloomberg et j'ai raccroché.

Quelques jours plus tard, Jon est revenu à la charge. Cette fois, il m'a énuméré au téléphone toute une série de raisons selon lesquelles Bloomberg Financial Markets était fait pour la télévision. En écoutant la version longue de l'argument commercial qu'il m'avait déjà développé quelques jours plus tôt, une pensée s'est imposée à moi : « L'un de nous deux est un imbécile, et ce n'est pas lui ! » Je les ai donc embauchés tous les trois ce jour-là, et nous avons fait nos premiers pas au royaume du son et de l'image.

Nous avons commencé par acheter WNEW, 1130 Kh, une station de radio de la ville de New York. Depuis des dizaines d'années, c'était resté la radio de papa. Je suppose que c'est en partie pour cela qu'elle était à vendre. Au grand regret de ses fidèles auditeurs, hélas de moins en moins nombreux, nous n'avions pas la moindre intention de continuer, au cours du prochain millénaire, à diffuser les chansons de Bing Crosby et de Frank Sinatra. Les 13,5 millions de dollars que nous avons déboursés (ce qui ne représenterait douze mois plus tard, plus qu'un tiers de sa valeur sur le marché) nous donnaient droit à la licence de diffuser et à un transmetteur de 50 000 Watts, mais pas à leurs studios, ni à leur discothèque, ni à leur personnel, pas même au sigle WNEW. Notre programmation s'inscrirait donc dans le prolongement de Bloomberg News : nous donnerions des informations sur la vie politique, la diplomatie, les styles de vie, la science, les affaires, les marchés, l'économie, la guerre et la paix. Nous ne tomberions pas dans le sensationnalisme. Notre règle de conduite serait simple : nous ne diffuserions pas ce que nous n'avions pas envie que nos enfants entendent. Les amateurs de crime à sensation n'avaient qu'à régler leur présélecteur sur une autre station.

Dès le premier jour, nous avons donc tourné résolument le dos à tous les fondements de la radio conventionnelle : pas de meurtres, pas de violence, pas de vedettes. Fini les reporters essoufflés débitant les banalités habituelles sur le lieu du drame, fini les producteurs imbus de leur propre importance, fini les présentateurs de talent n'ayant que celui de lire des papiers rédigés par d'autres.

Nous avons placé nos orientations technologiques sous le double signe de l'efficacité et de la créativité. Le calibre de nos collaborateurs et les ressources dont ils disposaient les mettaient cent coudées au-dessus de la concurrence. Dès le premier jour, au lieu d'utiliser les traditionnelles bandes magnétiques, nous avons tout numérisé, de sorte que tout reposait sur nos ordinateurs. Nos journalistes enregistraient leur voix sur un PC, un peu comme on écrit un texte. Puis l'ordinateur alimentait le transmetteur au moment précis où nous souhaitions diffuser. En outre, le même morceau préenregistré pouvait s'intégrer dans plusieurs programmes différents. Les stations de radio indépendantes qui se sont affiliées avec nous, un peu partout dans le monde, pouvaient insérer des brèves Bloomberg dans leur propre bulletin d'informations ou reprendre celui que nous diffusions à New York, dans un ordre différent. Ils n'avaient qu'à indiquer à l'ordinateur quel sujet ils voulaient, quand et où ils le voulaient, et le tour était joué. Le fait de sauvegarder sur ordinateur de courts sujets permettait aussi aux journalistes d'écrire, de lire, d'éditer, de produire, et d'introduire des pièces de leur cru. Ils pouvaient même, plusieurs fois par jour, passer de la radio à la télévision et réciproquement en utilisant pratiquement le même script.

Bloomberg ne tenait aucune règle pour sacrée : il les repensait toutes. Pour les professionnels de la radio, nous étions plus qu'un peu bizarres. Nous étions dingues. J'aimais cela.

* * *

Notre premier projet, dans le domaine de la télévision, fut de produire une émission quotidienne de trente minutes, intitulée *Bloomberg Business News*, pour Maryland Public Television. Reprise sur l'ensemble du territoire, elle rencontra, dès le début, beaucoup de succès. Nous ne gagnons pas d'argent en diffusant nos programmes sur les chaînes et sur les radios publiques, mais cela nous confère de la notoriété et les auditeurs et téléspectateurs, entre autres nos clients, apprécient.

Bloomberg produit ses émissions de télévision de la même façon que ses émissions de radio : des éléments individuels sont créés séparément et « assemblés » par l'ordinateur dans l'ordre désiré. Cette émission est en réalité une série de « brèves » consécutives ; elle est recréée toutes les demi-heures, avec à chaque fois un reportage financier différent. Certaines stations de la côte est diffusent *Bloomberg Business News* à 6 heures du matin, heure locale, six heures entières avant leurs homologues de la côte ouest, qui le reprennent à 9 heures du matin Pacific Standard Time. Notre technologie nous permet, à peu de frais et sans intervention humaine, de tenir l'émission constamment à jour en modifiant constamment les marchés des actions et des obligations – quelle que soit l'heure à laquelle le téléspectateur la regarde. Si ce n'était pas fait automatiquement, nous n'aurions pas les moyens de le faire.

Nous produisons également des versions de cette même émission pour les télévisions commerciales. L'ordinateur les monte en y intégrant les publicités. Pour les versions destinées à l'étranger, la durée de l'émission est ajustée automatiquement à la plage horaire que les chaînes étrangères nous affectent, et les sujets n'intéressant que le marché américain sont automatiquement remplacés par d'autres, plus internationaux. Les ordinateurs sont des instruments extraordinaires, si on s'en sert correctement. Nous produisons deux autres émissions pour la télévision publique (PBS) : *The Charlie Rose Show* et *Adam Smith's Moneyworld*. Une fois encore, elles sont ciblées sur nos clients, et il y a deux cerises sur le gâteau : nous donnons un coup de pouce à PBS et nous y gagnons de la respectabilité.

Le produit de télévision que nous avons sorti ensuite est devenu notre production phare. Intitulé *Bloomberg Information Television (BIT)*, c'est un format vingt-quatre heures sur vingt-quatre, sept jours sur sept, sur un écran divisé en plusieurs petites parties, uniquement consacré à l'information. Nous en faisons une version à New York, destinée aux États-Unis et au Canada ; une version, complètement séparée, à Sao Paulo, au Brésil, pour l'Amérique latine ; une troisième à Londres, pour l'Europe et le Moyen Orient, et enfin une quatrième, destinée à l'Asie et réalisée à Tokyo. Tous ces programmes sont en anglais. Chaque version se concentre sur sa propre région et comporte des reportages et des sujets appropriés transmis par les autres bureaux Bloomberg de la même zone géographique. Par exemple, *Asia English Language BIT* reçoit beaucoup de reportages quotidiens de Wellington, Sydney, Singapour et Hong Kong, qui viennent compléter le travail de l'équipe de Tokyo. *European English Language BIT* en reçoit de Paris, Francfort, Milan, Madrid, etc.

Notre public est principalement composé de cadres supérieurs et dirigeants. Notre créneau : les informations mondiales envisagées d'un point de vue local. Ces téléspectateurs n'ont pas besoin qu'on leur donne un contenu américain ou que l'on recycle à leur intention les opinions et les commentaires *made in USA*. Ils veulent leur propre programme, adapté à la partie du monde où ils habitent et produit par des gens comme eux. C'est pourquoi, en plus des quatre versions « pancontinentales » en anglais destinées aux expatriés et aux touristes, nous avons créé des *Bloomberg Information Television* en français, en japonais, en espagnol, en portugais, en italien, en hollandais et en allemand, destinés à la population générale des grands pays du monde. Chaque version non anglaise a un contenu régional alimenté par les bureaux Bloomberg à l'étranger ainsi que par l'agence de presse de référence du pays où sont diffusés les programmes (Agence France Presse en France, ANSA en Italie, Asahi au Japon, etc.) Cette production conjointe permet au téléspectateur de bénéficier des meilleures informations locales et internationales, signées des meilleurs spécialistes de chaque domaine. Ce ne sont pas des informations américaines en anglais, ni des informations internationales traduites, mais des informations locales dans la langue locale, présentées par des journalistes locaux pour des téléspectateurs locaux.

Partout dans le monde, *Bloomberg Information Television*, sépare l'écran en plusieurs zones où apparaissent simultanément et en continu les informations météo, sportives, les grands titres des informations générales, et les données financières, de même qu'un bulletin d'informations classique. C'est exactement comme Windows sur votre PC : aucun téléspectateur ne regarde simultanément toutes les sections, mais chacune est là quand il en a besoin – c'est parfait pour le téléspectateur toujours pressé qui veut de l'information, pas de la distraction. En outre, grâce à sa vision périphérique, il assimile constamment ce dont il a besoin, même si ce n'est pas ce sur quoi il concentre son attention : il remarque forcément un flash annonçant une nouvelle de dernière minute sur l'une des zones de l'écran, tout en regardant les résultats sportifs sur une autre.

Bien sûr, les publicitaires adorent ce format, car le téléspectateur continue souvent à regarder une pub sur un coin de l'écran pendant que la programmation intéressante continue sur les autres. Le contraire se produit souvent sur les présentations traditionnelles de plein écran, où il n'y a qu'une seule chose à voir à la fois : les téléspectateurs profitent souvent du temps consacré aux publicités télévisées pour aller chercher une bière dans le réfrigérateur.

Ayant maîtrisé la diffusion continue des informations vingt-quatre heures sur vingt-quatre, en radio et en télévision, nous avons lancé deux émissions télévisées hebdomadaires, *Bloomberg Small Business* et *Bloomberg Personal Finance*. Une fois encore, la technologie nous permettait de rassembler des éléments distincts. Grâce à cette stratégie, des sujets produits à l'intention d'une émission peuvent être réutilisés dans plusieurs autres. Ainsi, nous reprenons souvent des sujets d'intérêt général produits à l'origine pour notre émission PBS dans le cadre de nos quatre *Bloomberg Information Television* en langue anglaise, diffusés sur cinq continents, et nous les doublons pour beaucoup de versions diffusées dans d'autres langues. L'économie réalisées grâce à ces multiples utilisations permet à Bloomberg de faire pour quelques milliers de dollars ce qui en coûte des millions à la concurrence.

On nous demande souvent pourquoi nous sommes lancés dans l'audiovisuel. Y a-t-il un mobile caché, comme, par exemple, quand le patron d'une entreprise réimplante tous les bureaux à côté du golf où il a ses habitudes, puis déclare : « Le personnel sera beaucoup mieux ici. » ; ou encore quand un grand industriel achète un studio de cinéma pour « sa valeur de communication », alors que son désir secret est de s'associer avec des stars ?

D'autres entreprises gagnent de l'argent – beaucoup d'argent – dans l'audio-visuel. Pourquoi nous en priverions-nous ? Nous disposons de la matière première, l'information, et nous avons le savoir-faire technique nécessaire. Ce n'est donc que le prolongement de ce nous faisons ailleurs. La radio et la télévision nous apportent une visibilité instantanée. Les médias n'aiment rien tant que de parler d'eux-mêmes. Plus Bloomberg est au contact de la presse, plus ses représentants assureront sa promotion auprès du grand public. De plus, la radio et la télévision sont les seuls moyens pratiques d'atteindre les clients potentiels qui ne sont pas encore abonnés à nos produits imprimés et de leur faire passer le message. Par ailleurs, les gens qui nous louent des terminaux font partie de la grande masse des auditeurs et des téléspectateurs. Ils ont besoin d'informations même quand ils ne sont pas au bureau, par exemple pendant leur jogging, sous la douche, au volant de leur voiture, ou tout simplement chez eux, nous devons leur fournir ce dont ils ont besoin. Enfin, nos concurrents font de la radio et de la télévision. Cela ne nous oblige pas à en faire autant, mais cela ne devrait surprendre personne que nous le fassions.

Depuis quelque temps déjà, nous offrions aux professionnels de la finance et de l'investissement, sur les écrans de nos terminaux, des chiffres et des mots, du son et des images ; nous vendions nos dépêches à des journaux du monde entier, et nous publiions un magazine. La radio et la télévision nous permettent simplement de diffuser le même contenu sur d'autres supports. Les hommes politiques, les athlètes, les personnes célèbres et les patrons des grandes entreprises qui sont interviewés pour un média Bloomberg bénéficient du fait que l'entretien accordé est diffusé par tous nos autres supports. Plus ils atteignent un vaste public, plus ils sont heureux de répondre à nos questions, plus ils se mettent facilement à notre disposition, plus nous avons de matière première pour toutes nos autres activités, plus nous pouvons vendre. La radio et la télévision mettent nos terminaux et nos publications en valeur, et vice versa.

Nous travaillons sur deux modes : tantôt, nous diffusons « large », nous adressant à de nombreux consommateurs qui reçoivent simultanément les mêmes informations, tantôt de façon restreinte, au bénéfice de petits groupes. La plupart de nos clients utilisent quotidiennement à la fois la diffusion large et la diffusion restreinte. Beaucoup regardent un *sitcom* populaire ou un nouveau film la première fois qu'il passe à la télévision et regardent (ou écoutent) l'événement sportif du jour en direct. Très souvent au même moment : il y a un vaste intérêt du consommateur, comme pour la télévision ou la radio traditionnelle. Certains regardent ces programmes à un autre moment que la majorité des téléspectateurs ou préfèrent des programmes moins populaires : ils constituent une demande étroite, puisqu'ils sont très peu nombreux à recevoir une émission donnée à un moment donné. Les communications électroniques interactives sont une autre forme de média à diffusion restreinte, n'impliquant qu'une seule personne (vous, par l'intermédiaire de votre ordinateur, communiquez avec une base de données, dans les deux sens) ou deux individus, (vous, en communication téléphonique avec un ami). Tout en restant attaché au caractère sérieux de nos informations, nous devons offrir les deux formes de diffusion, faute de quoi nous risquerions de ne pas donner satisfaction à nos clients.

Chez Bloomberg, le produit à diffusion restreinte le plus personnalisé est notre service par téléphone, *Help Desk*. Des milliers de clients nous appellent quotidiennement pour nous demander une aide technique. Après avoir subi la série habituelle et ennuyeuse de messages préenregistrés destinés à les aiguiller, ils finissent tous par entrer en interaction (le terme technique pour décrire ce que font deux personnes en train de se parler) avec un être humain. Suivant l'heure et le jour de la semaine, l'accent de leur interlocuteur peut varier, mais le service reste le même. Faites notre numéro de New York, quand vous voulez. Aux heures ouvrées, heure locale, on vous répond de New York. Mais si vous appelez tard dans la soirée, ce sera peut-être un opérateur de Singapour ou de Sydney qui prendra votre appel, comme s'il était dans l'immeuble d'en face. Vous ne vous rendrez pas compte de la différence. Si vous appelez Hong Kong en pleine nuit, à l'heure locale, Francfort ou Sao Paulo auront peut-être l'honneur de vous apporter leur assistance. C'est cela, l'internationalisation. C'est cela, le service. C'est le miracle de la technologie utilisée à bon escient.

Vous voulez entendre une nouvelle que notre station de radio a diffusée plusieurs heures plus tôt ? Un simple coup de téléphone gratuit vous permet d'obtenir, vingt-quatre heures sur vingt-quatre, les dernières mises à jour des marchés financiers, préenregistrées – le « serveur » de notre ordinateur vous passera le message, voilà une autre offre à diffusion restreinte. Sinon, cliquez sur notre site Internet. Le programme audio disponible par l'intermédiaire de votre téléphone classique l'est ici aussi, transitant sur la même ligne téléphonique et arrivant directement sur votre ordinateur, cette fois accompagné d'images. L'audio à la demande et l'audiovidéo interactif, deux nouvelles formes de médias transmettant de l'information, ont converti en transmissions à diffusion restreinte à la demande et à accès aléatoire les anciens médias audiovisuels, auxquels on accédait « séquentiellement », c'est-à-dire que l'on ne voyait ou n'entendait telle ou telle émission que dans l'ordre où leur producteur les diffusait. Notre stratégie, qui consiste à produire un grand nombre de petites émissions courtes, peu coûteuses, assemblées en temps réel par un ordinateur répondant à la demande individuelle, correspond admirablement au nouveau monde où nous vivons.

La diffusion restreinte n'est pas nécessairement aussi restreinte qu'une communication téléphonique. Notre premier magazine (bien entendu intitulé *Bloomberg Magazine*) est un mensuel tiré à

140 000 exemplaires. Cela fait beaucoup de lecteurs, mais il reste ciblé sur des centres d'intérêt bien précis. Sa base de clientèle est constituée des clients qui louent, pour 1 100 dollars par mois, nos terminaux analytiques. Quand on paie un service ce prix-là, tout ce qui peut contribuer à en optimiser l'exploitation est bien accueilli. Chaque numéro de ce magazine didactique est lu plusieurs fois, de A à Z, par les investisseurs professionnels. De ce fait, et aussi parce que les revenus moyens de notre lectorat sont vraisemblablement plus élevés que celui de n'importe quel autre magazine de ce type, c'est un espace publicitaire remarquable pour les produits de luxe ou liés à l'activité professionnelle de nos lecteurs.

*Bloomberg Magazine* est parti d'une idée encore plus étroite. Un certain nombre de nos collaborateurs proposaient que nous adressions à nos clients une lettre d'informations hebdomadaire destinée à les former à l'utilisation de nos produits. J'ai combattu ce concept en argumentant que notre terminal interactif était un moyen beaucoup mieux adapté à cette tâche. Nous avons fini par décider d'avoir recours à des didacticiels ou à des conseils en ligne pour l'instruction fonctionnelle spécifique et d'organiser parallèlement des séminaires régionaux pour répondre aux questions conceptuelles plus complexes. Pourtant, nous n'atteignions toujours pas tous nos objectifs. Un beau jour, surmontant mon entêtement, je me suis rendu compte que les défenseurs de la lettre d'informations n'avaient peut-être pas tort. Mais au lieu de nous en tenir à une publication à vocation étroite, pourquoi ne pas créer un magazine mensuel élaboré, couvrant toute une gamme de sujets ?

Les articles s'inscriraient dans une perspective plus ouverte que les questions de formation relevant pratiquement du mode d'emploi – nous nous attacherions à montrer quand et comment telle ou telle fonction du terminal pouvait rendre service à l'utilisateur. Mais les sujets traités concernaient toujours les investissements : en termes de marketing, nous étions donc étroitement ciblés.

De nombreux parents (dont moi) se sont penchés sur le berceau du magazine, comme sur la plupart des idées qui ont germé chez nous. Le jour où j'ai décidé de donner le feu vert, j'ai demandé à Bill Inman, l'un des responsables de notre agence de presse, ce que lui inspirait la publication d'un mensuel *Bloomberg*. Je lui ai tracé à grands traits le but du magazine, ce que serait son contenu, sa taille, sa forme, son aspect et même son toucher. J'ai discuté des politiques de distribution et de publicité, de l'équipe qui y travaillerait, de la façon dont nous l'intégrerions à nos autres produits, du budget dont nous pouvions disposer. Quand je suis arrivé à mon bureau le lendemain matin à 7 heures, Bill m'y attendait. Il tenait à la main une maquette de 100 pages du *Bloomberg Magazine*. Lui et sa femme avaient passé la nuit entière à découper et à coller des publicités, des images et des articles qu'ils avaient tapés eux-mêmes. Je lui ai donc confié la direction du nouveau projet. C'était un beau poste, mais il l'avait bien mérité.

La plupart du temps, c'est comme cela que nous choisissons nos managers. En bon capitaliste, j'ai toujours pensé que les marchés (et non une planification centralisée) opéraient des sélections efficaces. En l'occurrence, Inman s'est jeté sur l'opportunité. Quand nous lançons une nouvelle activité, un processus similaire se produit pratiquement toujours. Nous ne nommons pas un chef de projet au début. Nous nous contentons de jeter toutes les personnes intéressées dans le grand bain, et nous regardons ce qui se passe. On voit vite qui nage mieux que les autres. Nous regardons qui les gens vont voir quand ils ont besoin d'aide ou de conseils. Plus tard, quand nous nommons officiellement un chef de projet, personne n'est jamais surpris.

* * *

Aujourd'hui, Inman dirige aussi notre maison d'éditions, Bloomberg Press. C'est encore une diffusion ciblée. Spécialisés sur le business et la finance, nos titres ne rivaliseront jamais avec les tirages de célèbres auteurs comme Danielle Steel ou Mary Jane Salk. Je ne suis pas très ferré en édition et je ne suis pour rien ni dans l'initiative, ni dans son succès – sauf dans la mesure où j'ai institué le système selon lequel les idées nouvelles doivent être confiées aux meilleurs collaborateurs. En l'occurrence, mon expert en marketing, Elisabeth DeMarse, et le groupe d'Inman ont conçu et développé l'ensemble du projet, du début à la fin. (Consulté avant le démarrage, j'ai tout de même trouvé le nom, tout à fait incidemment, grâce à ma mère.)

Nous avons pour principe d'employer des individus créatifs et de les laisser faire ce qu'ils veulent, et cela décuple notre propre créativité. Physiquement, l'agencement ouvert des locaux favorise l'innovation ; tandis que notre structure hiérarchique plate garantit une méritocratie qui fonctionne bien. Heureusement pour nous, tout le monde ne travaille pas ainsi. En général, le respect de la hiérarchie empêche les gens de penser librement et décourage la prise de risques. Dans la plupart des entreprises, le contrôle exercé par la comptabilité ne permet pas de prendre en un an autant d'initiatives créatives et diverses que nous en prenons en un mois. Tant mieux. La concurrence est bien assez dure comme ça.

Évidemment, toutes les expériences tentées ne marchent pas. Par exemple, un projet dirigé par Inman (que, pour dire toute la vérité, je le lui avais collé sur le dos) n'a duré qu'un an et demi. Il s'agissait de publier un encart financier, une fois par mois, dans un journal du dimanche. Cela s'appelait *Bloomberg Personal*. Le concept initial était venu de notre force de vente, qui pensait intéresser ainsi de grands annonceurs proposant des produits haut de gamme. Après avoir assisté à la présentation, j'avais donné immédiatement mon accord. Je trouvais l'idée géniale.

Pas si géniale que ça, hélas ! Nous avions pensé placer notre encart dans les journaux du dimanche les plus prestigieux, mais n'avons pas réussi à en convaincre beaucoup. (Ils estimaient que, loin de leur apporter un supplément de valeur, nous leur prendrions des annonceurs.) Dès lors, nous toucherions nettement moins de lecteurs que prévu, c'est pourquoi nous n'avons jamais réussi à vendre plus du cinquième de l'espace publicitaire prévu à notre budget. Les coûts d'impression ayant presque doublé, nous nous sommes trouvés confrontés à de grosses pertes tous les mois. À l'évidence, nous avions un problème.

Inman avait réuni une équipe extraordinaire de rédacteurs, de dessinateurs et de journalistes. Numéro après numéro, ils ont essayé d'améliorer ceci ou cela, mais il est difficile d'améliorer ce qui est excellent dès le début. Les commerciaux ont fait l'impossible. Tout le monde avait beau se donner un mal fou, nous ne parvenions pas à équilibrer nos comptes.

Au bout de six mois de pronostics de ventes d'espace exagérément optimistes et d'hémorragie chronique des coûts, j'ai débranché le malade. Cela n'a pris que cinq minutes. Au cours d'une conférence, impromptue, à côté de l'ascenseur, Inman et moi avons décidé que le numéro qui venait d'être imprimé serait le dernier et nous avons converti le concept en produit par abonnement. Ce serait notre second magazine. Nous avions déjà un format maison. Nous avons conservé le titre, *Bloomberg Personal*, ainsi que les créatifs et la force de vente qui avaient travaillé à l'encart pour les journaux du dimanche. Il s'agissait simplement de donner au contenu une nouvelle forme de diffusion. Le nouveau magazine restait complémentaire de notre site internet *Bloomberg Personal* (votre numéro d'abonnement, qui figure sur l'étiquette de votre magazine, est votre mot de passe. Voir http ://www.bloomberg.com pour les dernières informations mises à jour instantanément) et de notre programme télévisé du même nom (les sujets télévisés sont réalisés en liaison avec les articles du magazine qui découlent eux-mêmes des données de notre ordinateur). Il continuait à capitaliser sur notre politique de marques croisées, autrement dit de tout appeler Bloomberg, la notoriété d'un produit faisant tache d'huile pour les autres. Il continuait à intégrer les contributions de l'ensemble de nos collaborateurs et par conséquent à bénéficier des meilleures idées. Il faisait appel à une technologie déjà mise en place, ce qui nous donnait des avantages de coût spectaculaires. Un grand cru, question synergie. Un grand cru Bloomberg.

Le nouveau magazine a connu un succès immédiat. Nous avons vendu plus d'espace publicitaire pour les 100 000 premiers exemplaires vendus par abonnements que nous n'en avions vendu pour les 700 000 encarts dans les journaux du dimanche, que les lecteurs ne nous payaient pas. Nous sommes donc passés d'une situation où nous devions rémunérer nos partenaires pour distribuer notre publication à une nouvelle situation où les recettes apportées par les abonnements couvraient nos frais d'impression et d'expédition. En l'occurrence, un simple changement de format avait sauvé le projet. En général, cependant, il faut être prêt à dépenser beaucoup d'argent et avoir l'estomac bien accroché pour se lancer sur des terrains inexplorés. Rares sont les innovations qui sont acceptées immédiatement. Il faut faire preuve de ténacité, introduire les changements lentement, les améliorer au fil du temps, se construire un public à force de persistance et de répétition. Mais quand on constate que quelque chose ne marche pas bien alors qu'on lui a donné un temps raisonnable pour faire ses preuves, il faut respirer un grand coup et trancher à vif pour arrêter le carnage. On ne peut pas laisser la hantise de l'échec tuer la société.

Le jour où nous avons débranché le respirateur artificiel de l'encart, Bill Inman et moi avons veillé à ce que tout le monde fasse des heures supplémentaires pour que le nouveau magazine par abonnements démarre sur les chapeaux de roue. La priorité des priorités était désormais que personne n'ait le sentiment qu'il risquait de perdre son emploi ou ne se sente pénalisé d'avoir travaillé sur un « flop ». Chez Bloomberg, tout ce que nous demandons, c'est que nos collaborateurs aient autant d'idées qu'il peut en germer dans leur cerveau (même des idées « folles ») et qu'ils se donnent à fond pour les projets que nous leur confions. Si un concept présente des défauts, c'est à moi d'en assumer la responsabilité et de payer les pots cassés. Quand ça tourne bien, en revanche, c'est grâce à eux.

* * *

Au moment où nous avions acheté la station de radio, nous avions recruté une dizaine de journalistes ayant chacun au moins quelques années d'expérience de ce média et nous leur avions confié de nouveaux outils dont personne n'avait jamais vu l'équivalent. Les premiers mois, ils ont eu du mal à s'habituer à la technologie avancée dont nous avions l'exclusivité et qui, je dois le dire, ne fonctionnait pas très bien. Comme d'habitude chez nous, le développement débordait sur l'installation. Nos pauvres journalistes étaient convaincus que cela ne marcherait jamais. « Ce n'est pas comme ça qu'on fait de la radio ! », « Ce n'est pas possible ! »,

« Vous ne comprenez rien à la radio ! », tels étaient les remarques dont ils nous bombardaient. Un journaliste voulait même apporter de chez lui sa vieille machine à écrire manuelle. Aujourd'hui, plus personne ne remet en cause notre recours à ces techniques. Sont-elles acceptées ? Les membres de notre équipe se comportent comme s'ils n'avaient fait que cela toute leur vie. Ils produisent plus d'excellentes minutes de radio par tête qu'aucun autre groupe. Et, pour couronner le tout, ils sont mieux payés. Ils le méritent.

Grâce à ce que nous avons développé, nous faisons couramment des choses que personne d'autre n'essayerait même pour une simple démonstration, et cela des informations financières à la météo. Une fois pour toutes, nous avons enregistré séparément toutes les températures, toutes les allures que peut prendre le ciel, toutes les formes de précipitations, toutes les évolutions possibles et imaginables du marché, tous les scores possibles, pour tous les sports : la base de ce que vous avez besoin de savoir en vingt secondes. Ensuite, toute la journée, entre les reportages, un ordinateur vérifie automatiquement ce qu'annonce le service national de la météorologie, ainsi que notre terminal Bloomberg, et combine les éléments préenregistrés : « à 15 heures 12, il fait 20°, le ciel est nuageux et il pleut légèrement ; le Dow a monté de 3 points, et en base-ball, les Yankees mènent les Orioles 6 à 5 dans la troisième manche. » Toute cette information vitale mais de routine est présentée sans la moindre intervention humaine.

Vous imaginez ce que ce serait s'il fallait que quelqu'un reste cloué à son micro vingt-quatre heures sur vingt-quatre, sept jours sur sept, dans les nombreuses villes d'où diffuse Bloomberg, faisant un travail purement répétitif ? Ce ne serait pas valorisant pour eux et très cher pour nous. Le contexte économique dans lequel travaillent désormais les médias condamne au dépôt de bilan ceux qui produisent tous leurs programmes manuellement. À notre époque, il n'est plus justifié d'imposer au personnel des tâches ennuyeuses, il y a cinquante ans qu'on l'a compris dans les autres secteurs d'activité. Nous obtenons plus de chaque personne en réduisant les corvées et en augmentant l'aspect créatif du travail. De sorte que nous recrutons davantage, puisque chacun apporte davantage. Le travail ne s'ajuste pas automatiquement aux capacités – l'opportunité, si !

Certaines technologies nous permettent de faire des choses qui ne sont tout bonnement pas réalisables manuellement. Par exemple, transmettre des reportages des quatre coins du monde, même quand les communications sont mauvaises. La transmission numérique est parfaitement fidèle d'où que soit diffusé le reportage. Ceux qui nous proviennent de Wellington, de Pékin, de Johannesburg ou de Prague sont aussi clairs que ceux qui nous arrivent de New York, de Washington ou de Los Angeles. Il arrive souvent que la personne interviewée se trouve sur un continent et le journaliste qui recueille ses propos sur un autre, le présentateur ou la présentatrice sur un troisième et le public sur un quatrième. (Un journaliste de New York interroge, par exemple, un homme d'affaires venu passer quelques instants dans notre bureau de Sydney. Un réalisateur télévision de Tokyo incorpore, à l'occasion, l'interview ainsi obtenue dans un sujet qui comporte aussi une couverture en temps réel de l'indice Nikkei. Il en résulte une émission composite, diffusée vingt-quatre heures sur vingt-quatre sur notre réseau européen. Bizarre ? Cela arrive pourtant tous les jours.)

Nous essayons de délivrer l'information aussi efficacement que possible. Nous préparons nos émissions, transformons nos voix en données, sauvegardons nos données exactement comme on archive des imprimés, puis laissons à l'ordinateur le soin de diffuser les programmes à partir de son disque dur pendant que nous passons au suivant. Au lieu de répéter plusieurs fois nos infos sur un cycle de deux heures (répétition indispensable pour donner satisfaction aux auditeurs ou aux téléspectateurs itinérants), cela se fait automatiquement. C'est l'ordinateur, et non nos précieuses « ressources humaines », qui s'adonne aux répétitions. Si le journaliste achoppe sur un mot, il peut reprendre l'enregistrement. Ce que ne peuvent faire ni ceux qui travaillent à l'ancienne, enregistrant « en direct sur la bande » ou « en direct sur les ondes ». Comme Matt Winkler se plaît à le répéter, nous en faisons « plus, mieux et plus vite ».

Lorsque nous avons adopté cette méthode de travail, certains ont douté qu'un ordinateur puisse rivaliser avec un individu « en direct ». En fait, les bulletins d'information traditionnels des chaînes de télévision ne sont plus en direct. Sur la majeure partie du territoire américain, même si Tom Brokaw, Peter Jennings et Dan Rather parlent effectivement devant un micro sous les yeux des téléspectateurs, les sujets qu'ils présentent ou sur lesquels ils « brodent » sont enregistrés à l'avance.

Aujourd'hui, de grandes chaînes se mettent à adopter nos méthodes de travail et les praticiens des méthodes traditionnelles se sentent menacés. « Il y a forcément quelque chose qui ne va pas », me disent-ils. Pourquoi ? « Je ne sais pas, on n'a jamais travaillé comme ça ! » La technologie change notre façon de travailler, mais en la rendant plus productive et plus intéressante. Elle nous libère pour que nous puissions faire un travail plus créatif. Elle permet d'employer de plus en plus de gens, et non de moins en moins.

Les hommes politiques et les responsables syndicaux exploitent parfois la peur de l'inconnu : la technologie (telle que la représentent actuellement les PC et l'Internet) créerait une sous-classe ; elle

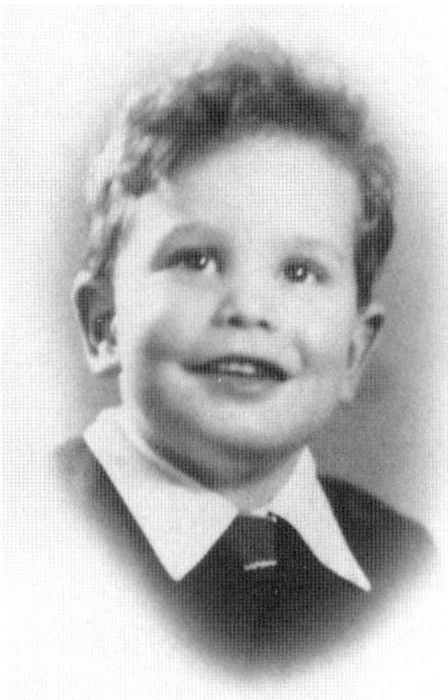

Michael Bloomberg à l'âge de trois ans. Le jeune entrepreneur arbore déjà son célèbre sourire.

En camp scout, en 1955. Toujours actif, toujours prêt.

En grand uniforme, il reçoit le prix des Eagle Scouts. Sa mère, au second plan, rayonne de fierté.

Chez Salomon, Mike était le grand maître des transactions de blocs de titres, représentant chacune plusieurs millions de dollars. Qualités requises : nerfs d'acier, esprit de décision, raisonnement rapide.

En grande conversation avec les co-fondateurs de sa jeune entreprise. Leur amitié dure encore. De gauche à droite : Michael Bloomberg, Chuck Zegar, Tom Secunda et Duncan MacMillan. (copyrigh @ Fred R. Conrad, NYT Pictures.)

Le vaisseau amiral Bloomberg : des quatre fondateurs aux milliers de salariés de par le monde, l'équipe Bloomberg se rassemble devant le campus de Princeton.

La zone de réception du siège Bloomberg, à Manhattan, est toujours bruissante d'une activité. Les aquariums géants, pleins de poissons rares et exotiques, mettent une note de sérénité. (Photo : George Diebold.)

Les bureaux Bloomberg, paradis de l'informatique : consoles, écrans, pendules et claviers. (Photo : George Diebold.)

Le terminal Bloomberg : on y trouve les cotations actualisées de minute en minute et une couverture détaillée et en profondeur de l'actualité économique et financière dans le monde entier. Les utilisateurs peuvent aussi y consulter les dernières enchères de Sotheby's, les résultats sportifs à mesure qu'ils tombent, les dessins humoristiques du magazine *The New Yorker*, des adresses de restaurants et des critiques de films. (Photo : Duane Berger.)

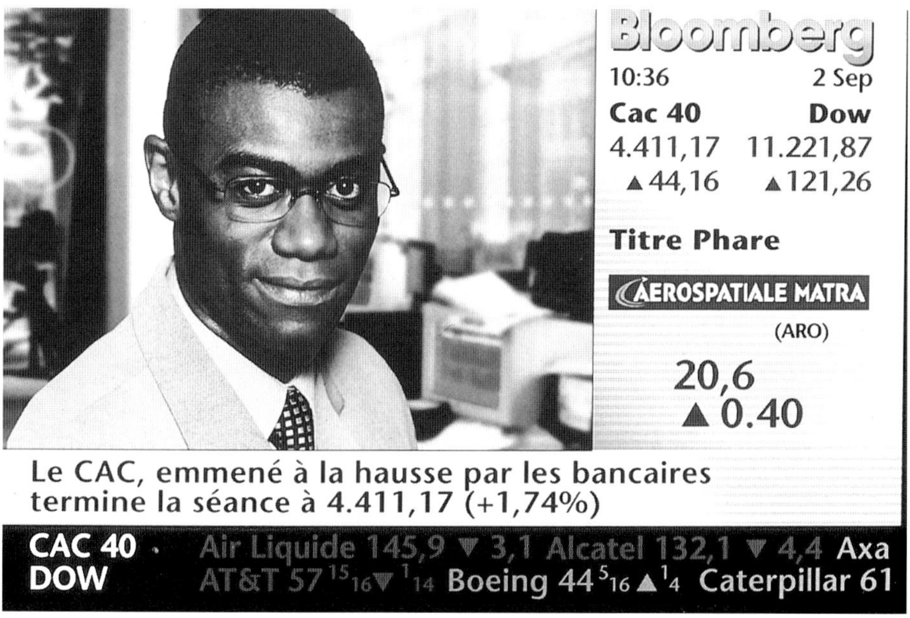


Bloomberg Television : de l'information, rien que de l'information, vingt-quatre heures sur vingt-quatre, sept jours sur sept, en simultané sur écran partagé. BTV est diffusée depuis New York, Sao Paulo, Londres et Tokyo.

Le soleil ne se couche jamais sur Bloomberg. L'entreprise sert des milliers de clients disséminés dans plus de quatre-vingt dix pays. Ci-contre, le bureau de Londres, la nuit. (Photo : Flora Wood)

(À droite) Devant l'Opéra de Sydney, une voile vogue aux couleurs de Bloomberg.

(Ci-dessous) L'Occident rencontre l'Orient. L'« ambassadeur » Bloomberg, officie ici en Corée à l'occasion d'un gala Bloomberg à Séoul.

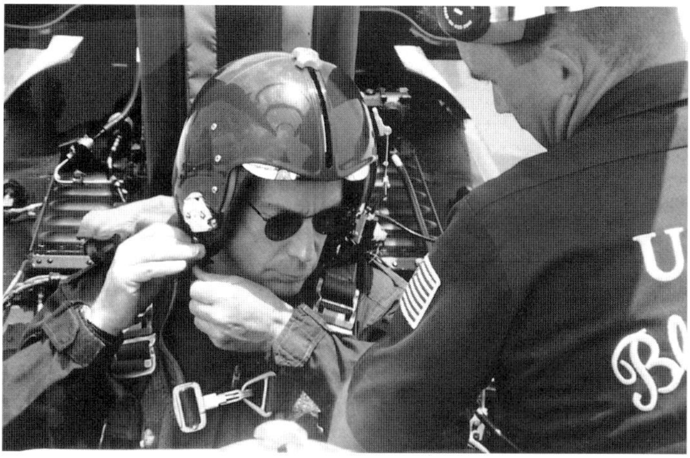

Mike Bloomberg est un pilote amateur passionné. Ici, il se prépare à prendre les commandes d'un Hornet F/A-18. (Photo : Mary Jane Salk.)

La majeure partie du temps qu'il ne consacre pas à son entreprise ou à sa famille, Bloomberg le consacre à la Johns Hopkins University, dont il préside le conseil de surveillance et où il a commencé ses études supérieures. (Photo : Mike Ciesielski.)

Mike s'attache particulièrement à soutenir les fondations à vocation éducative. Flanqué de William Gray, président de l'United Negro College Fund (à gauche), de la journaliste Monica Bertran (à droite) et du directeur Burton Waddy (assis), il regarde ici un terminal mis gracieusement à la disposition de l'UNCF. (Copyright @ A/P Wide World.)

Bloomberg par Bloomberg. (Photo : Gregory Heisler.)

enfoncerait un coin dans la société, la faisant éclater entre les nantis et les pauvres. Ces craintes ne sont pas fondées. Nous avons déjà connu tout cela avec la télévision, technologie qui s'est avérée un outil remarquable, aussi puissant que la presse de Gutenberg. Or lorsque la télévision a été inventée, les hommes politiques et les réformateurs sociaux ont poussé les hauts cris, arguant que les plus démunis ne pourraient jamais s'offrir le luxe de posséder le matériel et se verraient ainsi refuser un accès égal aux idées et aux opportunités éducatives que créerait le petit écran. Pourtant, tout le monde a une télévision aujourd'hui. En Bosnie, dans les maisons bombardées, il n'y a ni le tout à l'égout ni l'eau courante, mais il y a des générateurs électriques, des télévisions et des antennes paraboliques.

C'est la télévision qui a abattu le mur de Berlin, puis l'ensemble de l'Union soviétique, à force de diffuser des idées et des images du monde occidental montrant que l'on pouvait vivre mieux que de l'autre côté du rideau de fer. C'est la télévision qui a ouvert la Chine. C'est elle aussi qui a unifié les peuples du monde en leur offrant la musique pop, des feuilletons et de grands moments d'émotion – ainsi que des informations sérieuses, comme celles que diffuse Bloomberg. Les nouvelles technologies de communication dont nous disposons aujourd'hui apporteront à la société des contributions aussi remarquables.

* * *

Pour la plupart des gens, le multimédia, c'est du son et une image animée sur l'écran d'une télévision ou d'un ordinateur. Le préfixe « multi » revêt pour nous un sens plus large. La presse écrite, la radio, le téléphone et les panneaux d'affichage électroniques délivrent eux aussi des informations utiles et du divertissement. Chez Bloomberg, nous essayons d'employer tous ces médias. Des centaines de journaux reçoivent nos dépêches. Nous éditons deux magazines, trois lettres d'information (destinées aux secteurs du gaz naturel, de l'asphalte et du pétrole) et toute une collection de livres. Nous avons des reportages en temps réel sur le Web, des bulletins d'informations financières en audio accessibles par un coup de fil gratuit, ainsi que des panneaux d'affichage dans les gares ou sur les murs d'immeubles – le public y trouve des informations sur les marchés constamment remises à jour. Nous avons une station de radio à New York, dont les émissions sont retransmises sur l'ensemble du territoire. Nous produisons de la télévision dans le monde entier, dans de multiples langues et dans de multiples formats. Et, bien entendu, nous avons notre produit original, le terminal Bloomberg, qui relie à l'échelle de la planète les entreprises aux professionnels de la finance et de l'investissement.

Pourquoi utiliser toutes les formes de médias quand on pourrait s'en tenir à une seule ? Quel est notre métier, en réalité ? Pour certaines sociétés, la réponse est facile, c'est la radio, la télévision, la presse écrite, etc. Notre vision est plus large. Le métier de Bloomberg, c'est de donner à ses clients l'information dont ils ont besoin – quelle qu'en soit la nature – où et quand ils en ont besoin, sous la forme qui convient le mieux à la situation. Nous nous refusons à introduire de force des programmes dans des formats de présentation rigides, qui leur conviennent mal, ainsi qu'à les transmettre à des moments ou en des lieux inadaptés. Grâce à la palette de méthodes dont nous disposons, nous faisons mieux. Nous offrons à nos clients non pas ce que nous avons, mais ce dont ils ont besoin. Quand il y a une différence entre les deux, au lieu de demander à nos clients d'accepter moins, nous créons un nouveau medium.

Considérons la gamme des besoins. Vous voulez avoir le cours des actions en temps réel ? Le meilleur support est manifestement l'écran du terminal d'un ordinateur capable de suivre un portefeuille personnalisé, présélectionné, constamment tenu à jour ou de répondre à des demandes individuelles indépendamment des milliers d'autres titres dont d'autres clients regardent simultanément les cours. Ça, c'est le terminal Bloomberg. Vous voulez des études approfondies, complexes ? Un support imprimé, permettant de relire des paragraphes, de prendre des notes, de s'interrompre pour faire autre chose ou de consulter une autre source, convient mieux. Livres, magazines et journaux ont chacun leur place, cela dépend de la périodicité de l'information, du coût et du lieu. Nous offrons donc *Bloomberg Press, Bloomberg Magazine, Bloomberg Personal* et, dans votre journal local, *Bloomberg News*. Quand le sujet met en jeu les émotions humaines ou l'action, le recours au son et à l'image s'avère plus satisfaisant ; ce n'est pas la même chose de lire un article sur la performance d'un athlète qui vient de décrocher une médaille d'or aux jeux olympiques que de l'entendre sur *Bloomberg Radio* ou de le voir sur *Bloomberg TV*. Vous avez manqué une information vitale ? Alors, un autre medium, le téléphone, vous permettra d'entendre la nouvelle déjà diffusée. Avec ou sans images, pour tous les enregistrements archivés, en connectant votre téléphone au service *Bloomberg Audio* ou votre PC au site internet *Bloomberg Online,* vous pourrez accéder à l'information que vous voulez, quand vous voulez, et non au moment où quelqu'un d'autre a décidé de la diffuser. Il suffit de nous appeler et de sélectionner la catégorie recherchée en appuyant sur le bouton adéquat. Vous n'avez pas compris quelque chose la première fois qu'on vous l'a expliqué ? Là encore, le téléphone se révèle le plus pratique : appelez Bloomberg Help Desk, qui vous apportera une assistance personnalisée. C'est une autre forme d'interactivité. C'est aussi de l'information à la demande, au téléphone.

Chez Bloomberg, nous tentons d'adapter la présentation au contenu et aux besoins de nos clients. Que font-ils au moment précis où ils souhaitent recevoir des informations ? Où sont-ils ? On ne peut ni lire des documents sur papier ni regarder la télévision en prenant une douche, en faisant du jogging ou en se rendant à son travail en voiture. On ne peut pas lire un livre entier quand on ne dispose que de deux minutes pour se tenir au courant. En voyage, on a souvent du mal à obtenir les informations locales de sa ville. Le fait de disposer de toutes les formes de média nous permet avant tout de rendre un service utile à nos clients. Nos intérêts commerciaux passent après.

La plupart des sociétés produisant de l'information affirment jouer la carte du multimédia. Pour notre part, nous le vivons vraiment. Elles échangent des participations minoritaires pour acquérir de l'expérience sur le terrain. Mais quand elles achètent une société, elle la gèrent indépendamment de la leur, tout reste soigneusement séparé : le contenu, la culture et les centres de profits.

Certains affirment qu'ils ne peuvent pas se lancer dans les nouvelles technologies de la communication pour des raisons extérieures. Certains accusent la réglementation juridique (qui interdit les participations croisées de journaux et de chaînes de télévision sur le même marché) ou la Federal Trade Commission et ses restrictions antitrust. D'autres accusent les syndicats. (À quelques exceptions près, ils ne sont pourtant pas irrationnels. Si la direction œuvre dans le sens des intérêts des membres du syndicat, celui-ci sera son meilleur allié.) Certains s'abritent derrière les exigences des analystes, qui veulent toujours des résultats à court terme. (Les investisseurs ne sont en général pas idiots à ce point – la direction ferait mieux de s'occuper de ses affaires que du cours du titre. Dans ce genre de circonstances, les dirigeants n'ont ni tripes ni vision. Ils ont trop peur de prendre des risques ou d'assumer leurs responsabilités. Sous-entendu : « Ce n'est pas de ma faute. Je ne veux pas d'ennuis avant ma retraite. »)

Chez Bloomberg, nous ne nous dérobons pas devant la responsabilité multiple de produits croisés. Nous n'avons aucun problème pour conjuguer performance à court terme et croissance à long terme. Et, jusqu'à présent, nous ne sommes pas obsolètes, car la différence entre ces entreprises timides, à la dérive, et Bloomberg, c'est les hommes et les femmes qui y travaillent – du haut en bas de l'échelle.

* * *

Voilà pour la finance vedette de l'audio-visuel. C'est cet aspect de nos activités qui nous a fait de la publicité, qui a fait de Bloomberg, peut-être pas un nom familier dans tous les foyers, mais au moins un nom synonyme de succès. Grâce à cette visibilité, je suis sûr, un jour, d'avoir les honneurs d'une longue notice nécrologique dans les colonnes du *New York Times*.

# 7

# Des ordinateurs et des hommes

## Les technologies de l'information : promesses et problèmes de mise en œuvre

Mon éducation en matière de systèmes informatiques, acquise dans les années soixante et soixante-dix, époque où cette technologie en était encore à l'âge du bronze, a formé la base de ce que j'ai fait plus de dix ans plus tard, lorsque j'ai installé des terminaux Bloomberg sur le bureau des hommes d'affaires, dans le monde entier. En termes de matériel et de logiciels, nous avons depuis lors accompli des avancées phénoménales. Mais ce que j'ai alors découvert en matière de gestion des données, ainsi d'ailleurs que de gestion des ressources humaines, me rend aujourd'hui les plus grands services. Deux choses n'ont pas changé au cours des vingt dernières années, qui n'avaient d'ailleurs pas changé non plus au cours des vingt derniers siècles : je pense au besoin d'information d'une part, aux utilisateurs de cette information d'autre part, avec leur bravoure, leur jalousie, leur goût de l'aventure, et aussi leur peur de la nouveauté. Quelles que soient les caractéristiques des systèmes qui verront le jour au cours des prochaines décennies, ces deux constats resteront inchangés.

C'est au début de ma carrière chez Salomon Brothers que j'ai eu, pour la première fois, l'occasion de travailler sur ordinateur. À la fin des années soixante, pas très longtemps après avoir trié des bordereaux à la main et taillé des crayons pour Connie et Ira, je me suis retrouvé confronté à des piles entières de numéros du *Wall Street Journal* : c'était notre source de cours historiques. Non loin de là, des dizaines de classeurs contenaient les listes de participations dans les sociétés cotées. Des piles de papiers bourrés d'informations sur les entreprises jonchaient nos bureaux. Tous les soirs, un employé relevait toutes les transactions de la journée et mettait à jour, manuellement, tous nos relevés historiques d'activité. En plein cœur du vingtième siècle, cette opération de traitement de l'information relevait de la plus pure tradition Dickensienne – il ne manquait que les plumes d'oie. Mais c'était la seule façon d'obtenir l'information dont nous avions besoin pour faire notre métier.

Et nous n'étions pas seuls dans notre cas. Wall Street fourmillait de milliers d'employés qui notaient à la main des myriades de détails, année après année après année ; Wall Street disparaissait sous des montagnes de papiers. Peu avant la fin du marché frénétique des années soixante, ce déluge est devenu tellement difficile à gérer que la place de New York a dû écourter les semaines de travail ; à un moment donné, on a même supprimé les séances du mercredi. Nombre de maisons de titres se trouvaient dans l'incapacité d'endiguer l'avalanche. Et il y a eu des victimes, comme les firmes Francis I. DuPont, McDonnell & Co, Hayden Stone, Goodbody & Co et Loeb Rhoades.

Travaillant à Wall Street vers la fin des années soixante, j'ai vécu personnellement les drames entraînés par cette avalanche de papier et la frustration de ne pas pouvoir obtenir facilement les informations exactes dont on a besoin au moment où l'on en a besoin – sans parler des catastrophes causées par des tasses de café renversées sur l'unique exemplaire d'un document important. Il existait cependant une solution. D'après ce que j'avais lu, les ordinateurs stockaient fort bien l'information. Il suffisait de saisir les données le soir, quand le marché était fermé et que l'on en avait le temps. La journée, quand on aurait besoin rapidement de faits et de chiffres, on appuierait sur un bouton et ils apparaîtraient instantanément. Les constructeurs d'ordinateurs affirmaient qu'il suffisait d'acheter un ordinateur par bureau, de saisir les informations, et *voilà !* le problème serait résolu.

J'ai approché John Gutfreund et Billy Salomon pour leur proposer de modifier un processus de collecte et de récupération de l'information qui n'avait guère changé depuis que la firme avait été fondée, en 1911. « Il faudrait automatiser le système. Il paraît que ce n'est pas long et que cela ne coûterait pas très cher. Nous accéderons alors instantanément aux données que nous relevons encore manuellement dans tous ces registres et même aux archives "inacessibles", qui seront stockées sur notre ordinateur central. »

Mes patrons, Dieu soit loué, avaient l'esprit suffisamment ouvert pour explorer l'idée. Ils m'ont envoyé à Joe Lombard, associé-gérant du bureau de Boston, qui trouvait toujours le temps d'écouter les petits jeunes expliquer leurs idées saugrenues. Après de longues discussions, j'ai réussi à le convaincre, puis à convaincre Vince Murphy, l'associé chargé des problèmes administratifs, que l'avenir des maisons de titres, c'était de mettre des stations de travail à la disposition des traders et des vendeurs. Comme nous avions déjà un gros IBM pour traiter la comptabilité, il paraissait logique d'en étendre l'utilisation à la salle des marchés. Que ce soit un ordinateur ou un autre, ils avaient tous l'air d'être pareils. Nous n'avions qu'à les relier par des câbles, nous aurions alors ce que nous voulions. Ce serait simple, ne susciterait pas de controverses, et j'aurais rendu à Salomon un fier service. C'est du moins ce que je pensais.

Murphy et Lombard sont allés défendre mon dossier devant le conseil exécutif. S'ils n'ont sans doute jamais imaginé l'intégration producteur/contrôleur de données que nous connaissons aujourd'hui, ils étaient déjà très en avance sur leur temps, dans la mesure où ils acceptaient que ceux qui généraient l'information de la comptabilité l'utilisent.

Je ne m'attendais pas à la réponse du conseil exécutif : « Ils sont d'accord pour que vous vous occupiez d'informatiser nos services, mais seulement à temps partiel, cela ne doit pas vous empêcher d'assumer vos responsabilités prioritaires, vendre des titres. »

Cela me convenait parfaitement. De toute manière, je n'avais aucune envie d'abandonner mon domaine réservé, les transactions de blocs. Simplement, à partir de maintenant, je ferais mon travail normal le jour et je développerais simultanément, le soir, un système informatique. Cela ne me tuerait pas. En revanche, le conseil m'imposait un programme beaucoup plus ambitieux que celui que j'avais envisagé : le futur système devait être utilisable aussi bien pour les titres à revenus fixes que pour les actions. À vrai dire, cette directive n'aurait pas dû me surprendre, puisque les obligations avaient été le premier amour de Salomon Brothers. Depuis le début du siècle, l'activité essentielle de la maison avait consisté à faire le marché des obligations émises par l'État et les entreprises. Pendant la Première Guerre mondiale, Salomon Brothers & Hutzler avait été l'un des premiers vendeurs de Liberty Bonds, emprunt qui avait financé le réarmement. Plusieurs décennies plus tard, alors que les maisons de titres étaient encore peu nombreuses à s'intéresser au marché des titres à revenu fixe, les traders de Salomon avaient coutume de dire qu'une obligation ne valait le prix auquel on l'achetait que si elle faisait l'objet d'une demande de SB & H.

Nul ne savait vraiment comment l'informatisation que je me proposais de mettre en place finirait par affecter notre activité, ni comment les obligations s'y intégreraient. Mais Salomon négociait les obligations, comme il négociait les actions, cela générait donc des données, exactement comme pour les actions. Dans ces conditions, pourquoi ne pas construire un seul système simple répondant aux besoins des unes et des autres ?

* * *

Ce que nous avons fini par créer chez Salomon, nous l'avons appelé la « Page B ». (Non, le B n'était pas l'initiale de mon nom de famille, mais si les gens en étaient convaincus, ma foi, cela ne me gênait pas.) Il se trouve, par pure coïncidence, que le premier message envoyé à tous les utilisateurs, (quand il a fini par fonctionner), a été ma nomination comme associé, après la réunion spéciale de décembre 1972 dans le bureau de Bill.

Tout a commencé quand on m'a assigné un jeune programmeur, Jessy Gerstel, qui était prêt à travailler le soir en plus de son emploi normal de jour (sans la moindre augmentation de salaire). J'allais au restaurant chinois et je rapportais de quoi dîner aux informaticiens de la salle des opérateurs, de façon à ce que nos logiciels soient testés en priorité. J'ai aussi soudoyé, à coups de bières et de pizzas, le service de collecte des données, de façon à ce ses employés saisissent les informations sur les actions dont nous avions besoin. Ensemble, en 1970, Jessy et moi avons commencé à construire le premier système d'informations en ligne de Salomon Brothers dont certaines parties survivent encore actuellement.

Le projet ne se limitait pas à écrire des codes informatiques. L'une de nos tâches consistait à trouver le système d'affichage le plus pratique pour les traders et les vendeurs (les PC n'existaient pas encore, à l'époque). Dans le service actions, Salomon utilisait déjà des écrans sur lesquels apparaissaient les cours, c'était une machine nommée « Ultronics », construite par General Telephone & Electronics, aujourd'hui GTE Corporation. Mais elle était encombrante, inadaptée aux marchés obligataires, et technologiquement impossible à employer pour la distribution de données que nous voulions mettre en place.

Ces terminaux n'étaient pas des ordinateurs à usage général, mais des successeurs sophistiqués des vieux téléscripteurs. Un écran électronique affichait la dernière vente, la dernière offre, et les cours d'offre pour les actions cotées sur toutes les grandes bourses américaines. J'ai dit à mes patrons qu'il fallait remplacer les Ultronics par des Quodrons. C'était une autre marque de terminaux, qui étaient en train de devenir à la mode, et que louait une petite entreprise californienne privée. « Les Quodrons fonctionneront mieux, et ils connecteront vos ordinateurs internes directement aux bureaux. Nous aurons accès à nos registres de trading, nous pourrons récupérer toutes les données indicatives disponibles publiées (ratings, caractéristiques du remboursement, PER, etc.) instantanément et sans effort ; de plus nous aurons notre propre système de messagerie électronique qui nous permettra une communication interne rapide et fiable. »

Pour procéder à cet échange de terminaux, je me suis immédiatement heurté à un problème qui n'était pas d'ordre technique. Notre fournisseur actuel, GTE Corporation, était le seul client notoire de notre banque d'investissements, et John Gutfreund avait la responsabilité personnelle de ce compte.

« Faites ce qu'il faut pour votre projet et ne vous inquiétez pas du reste, me dit John. Chaque décision doit être prise indépendamment. »

Bien vu, John ! Je ne vois rien à redire à ce que les divers départements d'une entreprise s'entraident. Mais je ne connais pas de meilleure manière de se faire des idées fausses que de se passer du jugement du marché. J'ai toujours trouvé que le fait de se battre chacun pour soi offrait une meilleure protection à long terme qu'un coup de pouce d'un autre centre de profit. Il n'y a aucune raison de se priver d'utiliser les compétences, les données, la technologie, la marque, les hommes, les processus, etc., qui viennent d'autres entités de votre entreprise – mais l'essentiel, c'est de faire en sorte que la loi de l'offre et de la demande puisse tuer ce dont les utilisateurs ne veulent vraiment pas.

Un autre aspect du problème risquait de ne pas faciliter la mise en place de notre système informatique interne : le contrôle de l'information, comme le montrait le choix de l'ordinateur central auquel seraient connectés les terminaux Quodron et qui leur fournirait les cours et autres données concernant les actions. Jusqu'alors, les vendeurs et les traders étaient considérés comme distincts (*stand alone*, en jargon d'informaticien) du reste de l'entreprise, on se fichait donc de ce qu'ils utilisaient. Mais voilà que ces « producteurs » de données allaient connecter les nouveaux Quodrons à des micro-ordinateurs, puis aux vieux gros ordinateurs centraux IBM que contrôlait la bureaucratie. Pour la première fois, cette voie laisserait ceux qui généraient les données y accéder et les manipuler eux-mêmes, sans supervision de leurs supérieurs.

À l'époque, les bureaucrates ne laissaient jamais les utilisateurs avoir « leur » ordinateur et encore moins, car c'était plus important, accès à l'information interne de la société. Les cerbères en col bleu seraient menacés de façon terminale par notre terminal (désolé pour ce mauvais jeu de mots). Si les utilisateurs voyaient les chiffres, ils pourraient aussi les utiliser indépendamment – ce qui diminuerait leur dépendance par rapport aux cerbères. Le personnel d'encadrement alla droit chez Billy et John : « Vous ne pouvez pas laisser Bloomberg mettre en danger les registres et les livres de compte de la firme. » À la vérité, ce qu'ils craignaient, c'est que leur inefficacité soit révélée au grand jour ou qu'un nouveau système informatique ne remplace un jour leur mandarinat. Naturellement, ils rejetaient tout en bloc.

Autre matière à controverse, nous proposions d'acheter du matériel qui ne venait pas de chez IBM. Les services d'entretien, considérant cela comme la pire des hérésies, se sont battus avec une ténacité exemplaire. À l'époque, les administratifs comme les techniciens des grandes entreprises estimaient qu'acheter les ordinateurs que proposaient les petites start-ups menaçaient leur carrière. Les nouvelles technologies demandaient moins de maintenance ; en outre, au lieu de « perfo-vérif » et autres emplois ne demandant qu'un minimum de qualifications, elles créaient des postes où il fallait réfléchir. Ces personnels vulnérables mirent donc tout en œuvre pour protéger leur pré carré. D'autres dissensions sont venues de l'extérieur. La domination qu'exerçait IBM sur l'ensemble du secteur étant menacée, ses commerciaux s'attaquèrent à tout ce qui bougeait, allant jusqu'à insinuer l'existence de relations inavouables entre les acheteurs des utilisateurs et les constructeurs de micro-ordinateurs dont, par ailleurs, ils mettaient systématiquement en doute la santé financière. (En revanche, jamais, au grand jamais, Big Blue ne sembla envisager que les offres de ses nouveaux concurrents puissent satisfaire les besoins des clients de façon plus efficace et plus productive que la leur, et c'est bien ce qui a fini par mettre le géant en difficulté. Quand on refuse de reconnaître que l'on a des problèmes, on ne peut pas leur apporter de solution. La grande contribution de Lou Gerstner, et la principale raison du redressement d'IBM, ç'a été de transformer la culture de Big Blue en l'axant délibérément sur les besoins de la clientèle.) Quoi qu'il en soit, lorsqu'une partie substantielle des fonds investis en informatique par les entreprises s'est trouvée détournée par les constructeurs de micro-ordinateurs, la bagarre est véritablement devenue sanglante.

Quand on travaille avec un seul très gros fournisseur, il est toujours difficile de passer à la concurrence. Invariablement, le vendeur se sera ménagé des entrées détournées chez son client – il est tentant de les utiliser pour faire obstacle au changement. Quant à l'acheteur, il essaie mentalement de justifier les inconvénients connus du matériel utilisé en se disant que le nouveau en aura peut-être de pires. Le personnel se sent menacé par le processus, tout à fait normal, de réexamen des procédures qu'entraîne le changement de fournisseur. D'autant qu'un changement peut en entraîner un autre. Résultat ? Tous ceux qui seront potentiellement affectés se liguent pour défendre farouchement leurs fiefs et leurs gagne-pain. Compte tenu des enjeux, aucune tactique n'est hors-jeu.

À l'âge de vingt-huit ans, j'étais en train de découvrir une vérité éternelle : rien n'est plus difficile que de changer les choses.

* * *

J'avais sur les bras non seulement la guerre front office/micro-ordinateur contre back office/gros ordinateur, mais aussi une guerre informatique entre les divers départements. Dans toutes les sociétés, chaque groupe veut toujours que ses propres besoins en automation soient comblés indépendamment. Ce n'est pas une affaire de concurrence pour se voir affecter les ressources, ni même une réticence à coopérer : chacun considère tout simplement son besoin comme plus urgent que les autres. Un développement séparé, étant plus limité, est effectivement beaucoup plus rapide. Chaque département se bat donc pour monter son truc dans son coin, choisir ses propres ordinateurs, écrire ses propres programmes, collecter ses propres données, faire appel à ses propres consultants.

Dans la courte histoire de l'informatique, ce processus s'est répété inlassablement. Les utilisateurs se lassent de travailler sous la férule de la direction informatique, dont les bureaucrates sans visage exigent des justifications avant de dépenser de l'argent en équipements nouveaux. « Comment osent-ils ? » trépignent les utilisateurs. Les premiers insistent pour imposer des priorités plus précises que « tout ce qui figure ci-dessus ». (« Je n'ai pas le temps de faire ce travail de fourmi ! Faites tout, c'est tout ! ») Ils posent des questions désagréables, comme : « D'où viendront les données ? », « Qui fera la saisie ? », « Que se passera-t-il si vos besoins changent ? » « Que ferez-vous en cas de panne ? » En d'autres termes, les experts vous obligent à regarder en face tous les problèmes qu'il faut effectivement envisager, mais que vous préféreriez éviter parce qu'il n'y a pas de réponse simple, peu coûteuse, rapide, « propre ».

Arrive ensuite le représentant obséquieux qui vient vous présenter ses PC. La lettre clé, c'est « P », pour personnel. Vous finissez par aller dans un magasin spécialisé vous en acheter un, que vous payez avec votre carte de crédit. Vous vous installez, et vous écrivez un programme, mais un programme simple, qui fera des choses, sans tous ces plans de contingence que les experts veulent absolument vous imposer. Vous vous dispensez de système de back-up et d'extensibilité. Vous ne vous embêtez pas à utiliser des standards communs susceptibles, plus tard, de vous permettre d'incorporer les besoins des autres. Vous vous débrouillez tout seul. Vous vous en doutiez bien : ces bureaucrates n'y connaissent rien.

Mais, au bout d'un moment, il se passe quelque chose de troublant. Votre activité augmente, et voilà que vos programmes simples n'arrivent plus à faire face. Pas de problème. Vous recrutez quelques programmeurs à qui vous laisserez la bride sur le cou, pour augmenter les capacités (traduisez la complexité) de vos logiciels. Évidemment, qui dit logiciels plus complexes dit PC plus puissant. Qui dit PC plus puissant dit systèmes d'exploitation plus sophistiqués. Et qui dit systèmes d'exploitation plus sophistiqués dit pannes plus fréquentes. L'ennui, c'est que vous n'avez pas prévu de système de backup ! Où aviez-vous la tête ? Qui est-ce qui les dirigeait, ces programmeurs ? Vous jurez vos grands dieux que vous n'y êtes pour rien, que c'est de la faute de la direction informatique. Elle n'a pas pris part au processus ? Qu'est-ce que vous me racontez-là ? Tiens, au fait, je voulais vous dire, nous voudrions fusionner nos données avec celles d'un autre département. Comment incompatible ? C'est vrai que nous ne pouvons pas emprunter certains éléments de votre ordinateur quand le nôtre tombe en panne ? Vous savez combien ça nous coûte, tout ça ? Et qu'est-ce que je dis au PDG, moi ?

Arrivent alors des administrateurs de système (traduisez bureaucrates du traitement de l'information). Ils exigent des budgets, des justifications pour les dépenses en matériel et en logiciels et, en moins de temps qu'il n'en faut pour le dire, mettent en place des contrôles plus tatillons que du temps des gros ordinateurs centraux. Personne, hélas, n'a encore supprimé les lois de la gravité, il reste toujours vrai que l'on n'a rien sans rien. On n'a pas une Rolls-Royce pour le prix d'une 2CV. Vous voulez davantage d'ordinateurs ? Alors il faudra débourser un peu plus. Vous pourrez alors traiter davantage d'informations ? Parfois.

Les nouveaux bureaucrates commencent à imposer la sécurité, les sauvegardes et la compatibilité. Les comptables, les avocats et les consultants mettent fin à l'ère de l'informaticien qui fait cavalier seul dans son coin. Et voilà que l'on connecte tous les PC ! La nouvelle mode est aux réseaux. Les standards communs et les logiciels de coordination font désormais figure de nécessité. Chaque PC connecté peut, tout à coup, affecter tous les autres dans le réseau. Il faut éradiquer les virus, bannir l'excès de trafic, restreindre l'accès aux bases de données, encadrer le personnel, répartir les ressources, centraliser les acquisitions de matériel informatique. Il faut même établir des priorités, puisque, une fois de plus, il y a plus de travail que l'on n'en peut faire avec les moyens dont on dispose. Et la boucle est bouclée.

Les différences entre les trois grandes étapes de l'évolution de l'informatique sont aussi humaines que techniques. Qu'il s'agisse de gros ordinateurs centraux à l'ancienne, avec une gestion bureaucratique ; de PC répartis, à fonctions limitées, où l'utilisateur fait tout lui-même sans coordination ni contrôle ; ou de la mise en réseau des ressources avec gestion centralisée, personne n'est jamais content, à part les constructeurs d'ordinateurs. L'utilisateur se fiche pas mal de la conception technique de l'ordinateur, seules comptent les retombées sur sa carrière. Quant au fournisseur, il s'intéresse surtout, évidemment, au chiffre d'affaires réalisé. Dans ces conditions, ce fut pour moi un véritable cauchemar que de cornaquer tous ces éléphants chez Salomon Brothers, de convaincre tout le monde d'utiliser une plate-forme et des bases de données communes.

* * *

En 1970, chez Salomon, nous avions réussi à mettre d'accord les vendeurs et les traders, les spécialistes des obligations et ceux des actions, les utilisateurs américains et étrangers, les producteurs et les techniciens sur la technologie que l'ensemble de la société utiliserait. C'était vraiment une grande victoire, une victoire déterminante, la condition sine qua non pour construire notre Page B (ainsi d'ailleurs que n'importe quel logiciel). Cela avait été infiniment plus difficile à accomplir chez Salomon que ce ne le serait plus tard, quand nous lancerions Bloomberg en 1981. Nous serions alors chez nous, nous n'aurions donc besoin de l'accord de personne. Nous ferions simplement ce que nous trouvions qu'il fallait faire, et c'est ce que vendraient nos commerciaux. Mais ça, ce n'est pas possible quand vous n'êtes qu'un groupe de collaborateurs au sein d'une société. Chez Salomon, il fallait donc demander, convaincre, ou supplier.

Dans la vraie vie, contrairement à ce qui se passe dans les cas présentés dans les livres de management des écoles de commerce, il arrive souvent que la direction de l'entreprise ne s'engage pas, ou ne puisse pas s'engager dans des projets applicables à l'ensemble de la firme, autrement dit à tous ses divers services ou départements. Les unités individuelles n'ont pas forcément envie de se voir imposer un produit ou service choisi par le siège. Le nouveau projet en question entre peut-être en conflit avec quelque chose qu'elles font déjà. Ou bien il coûte plus cher ou bien il rallonge les délais. À une époque où la comptabilité fonctionne par centres de profit, certains départements peuvent tout simplement refuser de financer leur part d'un produit ou service dont ils ne bénéficieront pas directement, quelque nécessaire qu'il soit pour l'ensemble de l'entreprise, quelque explicites que soient les directives d'en haut. Il ne faut pas oublier que si les treize colonies d'Amérique du nord se sont révoltées contre l'Angleterre, c'était sur le même point de principe : elles trouvaient inacceptable une taxation divorcée de la représentation. Et ça, croyez-moi, c'est relativement peu important, par comparaison avec les profits et les pertes d'un trader !

Salomon Brothers, à l'époque, ne faisait pas exception à la règle. Le conseil exécutif nous a dit de mettre en place un système que tout le monde pourrait utiliser. Mais il n'a pas intimé à tout le monde l'ordre de coopérer avec nous, d'accepter le système, voire de le financer. Il nous a donc fallu négocier, peloter, tromper, en un mot avoir recours à toutes les méthodes possibles et imaginables à part la violence physique pour arriver à nos fins. Les utilisateurs d'un côté de la salle des marchés disaient qu'ils donneraient leur accord, à condition que le système comporte X. Leurs collègues, de l'autre côté de la salle, donneraient le leur à condition que le système comporte Y. Il nous fallait donc satisfaire les deux (ou du moins le promettre) (nous avions de la chance quand on ne nous demandait pas aussi Z !). Pour certains, nous manions la carotte ; pour d'autres, le bâton. Quant aux plus récalcitrants, nous ne pouvions que prier le Seigneur qu'il les rappelle à lui avant nous.

La Page B donnait aux traders et aux vendeurs de Salomon une information qui était la propriété de la firme. Mais le personnel autorisé à y accéder dans les divers bureaux Salomon était tellement nombreux que la sécurité posait un sérieux problème. Aujourd'hui encore, mettre ses données à la disposition d'un certain nombre d'utilisateurs ne se fait pas sans risque – il n'existe aucune solution satisfaisante. La seule façon de protéger parfaitement les données est de ne rien donner du tout, à personne. C'est d'ailleurs ce que font, d'instinct, les directions informatiques traditionnelles. Le malheur, c'est que de plus en plus d'activités et de fonctions dépendent désormais de l'accès aux données, les décideurs n'ont dès lors pas le choix. Bon gré mal gré, il leur faut s'ouvrir.

En pratique, on se trouve face à deux attitudes : celle qui consiste à se contenter de belles paroles promettant la libre distribution de l'information et celle qui consiste à appliquer réellement cette politique. Conceptuellement, tout le monde est d'accord pour partager les données – officiellement, du moins. Mais il y a tant de cas particuliers, telle ou telle information ne devant en aucun cas être divulguée, qu'il est presque impossible à un coordinateur de système informatique de mettre réellement en place une structure cohérente. Les exceptions, fondées sur le qui, le quoi, le comment ou le quand, voire sur le caprice, finissent toujours par l'emporter sur une décision de sécurité. Je me suis toujours demandé pourquoi cette source de conflits n'apparaît jamais dans les publicités pour les ordinateurs, où les utilisateurs ont toujours l'air de tout faire ensemble et dans l'harmonie.

Sur cette question, j'ai tendance à me ranger du côté des directeurs de l'informatique. Leur tâche est impossible. S'ils passent leur vie à verrouiller telle ou telle information sensible ou ne parviennent pas à fournir un moyen de récupérer des données de façon simple et peu coûteuse, ils se font virer au bout d'un certain temps. S'ils facilitent l'accès aux données et qu'il y a des fuites, ils sont virés sur le champ. Pas étonnant dans ces conditions, que les gars ne s'attendent jamais à conserver longtemps leur poste !

Souvent, cependant, les entreprises, qui croient qu'elles ont des tas de choses à protéger, exagèrent ce problème de la protection des données. Quand on fait des affaires, il faut considérer le vol et les fuites comme des coûts, il faut vivre avec. S'il est clair que certaines restrictions sont justifiées, d'autres sont parfaitement ridicules. Imaginons un instant que quelqu'un détienne une copie d'une information considérée comme hautement confidentielle par une entreprise. Que peut-il en faire ? Une bonne partie est difficilement utilisable. Les collaborateurs de l'entreprise sont souvent incapables de décoder les rapports venant des ordinateurs de leur propre firme, dont beaucoup sont faux ou trompeurs, de toute manière. Vous voulez connaître les secrets des autres ? Il suffit pour cela de recruter leurs jeunes collaborateurs déçus pour une raison ou pour une autre. On a intercepté vos transactions commerciales sur une ligne téléphonique ? Beaucoup de gens ont déjà accès à votre numéro de carte de crédit, en particulier les garçons des restaurants que vous fréquentez. Aux États-Unis, légalement, vous n'êtes pas responsable, en tant que consommateur, si une marchandise est facturée sur votre compte sans votre autorisation (au delà de 50 dollars), alors ? Et si quelqu'un se débrouille pour avoir accès à votre compte en banque ? Pour ma part, je me fais souvent refuser des billets de 100 dollars, les chauffeurs de taxi n'acceptent même pas ceux de 50. Que voulez-vous que je fasse d'un chèque électronique payable en liquide de 10 trillions de dollars ? D'ailleurs, compte tenu du volume des transactions et des compressions de coûts, les banques passent leur temps à créditer ou débiter des fonds à un compte erroné. Finalement, à quelques exceptions, on arrive toujours à remettre les pendules à l'heure.

Néanmoins, une grande partie de notre travail de développement chez Salomon Brothers a consisté à décider qui avait *le droit* d'accéder aux données : nous ne réfléchissions pas en termes de besoin. La difficulté était exacerbée du fait que nous tenions absolument à offrir les mêmes capacités à nos utilisateurs, qu'ils se trouvent sur le territoire américain ou à l'étranger. À l'époque, donner l'accès à un ordinateur local en utilisant un téléphone à l'étranger était authentiquement révolutionnaire. Quand on voulait faire capoter un projet, on soulevait des myriades de problèmes de sécurité, impossibles à prouver mais irréfutables. Aujourd'hui, on se contente de fermer les yeux, sans rien faire. L'utilité a pris le pas sur le risque.

Est-il normal qu'un service voie les performances d'un autre service ? Que les commerciaux voient les profits ou les pertes découlant d'opportunités qu'ils ont apportées ? Qu'un trader voie une récapitulation de toutes les transactions à l'échelle de l'ensemble de l'entreprise et la performance de tel ou tel vendeur ? Ces problèmes tenaient plus à la politique de l'entreprise qu'à la technique informatique ; nous en résolvions tous les jours, en développant notre Page B. Il fallait évidemment les résoudre à nouveau dès le lendemain, le problème étant soulevé par quelqu'un d'autre et, invariablement, dans la direction opposée. Même scénario le lendemain. Chaque révision imposait des lignes et des lignes de modifications du logiciel. Après quoi les utilisateurs se sont étonnés du temps que cela avait pris de mettre le système en place.

* * *

Les hommes ne sont pas des machines, c'est la raison pour laquelle il est si long de construire des systèmes de traitement de données. Pour reprendre la célèbre exclamation de Spencer Tracy, « Vive la différence ! », même si elle se traduit par le fait que nous aurons toujours du mal à communiquer avec ces engins. Nous, les humains, vivons dans un monde analogique, une bonne partie de notre communication peut donc être sous-entendue ; s'il y a des incohérences, on les occulte, on les ignore ou on fait une exception. Normalement, je sais ce que vous voulez dire, même si ce n'est pas toujours exactement ce que vous avez dit. Pour les ordinateurs, c'est exactement l'inverse. Leur grande force, c'est qu'ils prennent tout littéralement au pied de la lettre. Sans nuances, ces engins numériques font très vite et très précisément exactement ce que vous leur avez demandé de faire – ni plus, ni moins. *Rien* n'est laissé au hasard, sous-entendu ou supposé. Vous écrivez un programme qui dit simplement : va de A à B. Il va de A à B, un point c'est tout. Un élément inattendu surgit en route ! Aïe ! Tout se bloque ! L'ordinateur a pourtant fait strictement que ce que vous lui avez dit de faire. Vous ne vouliez pas qu'il aille de A à B pendant vos vacances ? Ou quand il gèle ? Votre camion, trop lourd, ne peut pas franchir le pont qui se trouve entre A et B ? Dommage ! Les ordinateurs vous prennent au mot, pas à la pensée. Si vous ne spécifiez pas exactement ce qu'il faut faire dans toutes les situations inhabituelles possibles et imaginables, le désastre peut surgir à tout moment. Programmez un missile pour détruire Moscou, sans autre précision : il y a autant de chances pour qu'il aille réduire en cendres Moscou, dans l'état de l'Idaho, que Moscou, en Russie.

Essayez donc de dresser la liste de tous les incidents qui pourraient se produire au cours d'un voyage de A à B. C'est virtuellement impossible. Corsons la difficulté : essayez maintenant de spécifier à l'avance la décision à prendre dans chaque hypothèse peu vraisemblable, mais où il faut faire un choix (par exemple : une tortue traverse la route, normalement, je l'évite, mais si je suis en route pour l'hôpital avec un malade qui vient de faire une crise cardiaque, je l'écrase, sauf, évidemment, si la crise cardiaque en question n'est pas grave). Maintenant, pour rendre la chose réellement impossible, fixez-vous pour mission d'obtenir le consensus de *tous* les utilisateurs sur une seule et unique façon d'agir et qu'ils s'y tiennent !

Produire même un petit programme informatique avec un nombre raisonnable de plans de contingence « Et si… » est déjà une tâche redoutable, comportant des coûts et des délais. Les problèmes opérationnels s'avèrent souvent encore plus ardus. Qu'est-ce qui se passe si le logiciel tombe en panne, si le matériel casse ou si les données saisies contiennent des erreurs ? L'entreprise cessera-t-elle de tourner ? Faut-il mettre la clé sous le paillasson ? Le problème n'est pas d'écrire le programme. C'est d'identifier les possibilités d'obtenir un accord général de tous les utilisateurs sur ce que l'on veut que l'ordinateur fasse chaque fois. Question subsidiaire : quelle est la définition acceptable de « chaque fois » ? Le problème est de convaincre les gens de se contenter d'une fonctionnalité raisonnable, inscrite dans un ensemble gérable de circonstances probables, puis de ne pas changer d'avis pendant le développement. Il est de décider comment l'ordinateur s'intègre dans le contexte de votre société. La fameuse « interface homme-machine » : c'est là que gît la difficulté.

Chez Salomon, je me suis surtout battu pour forcer l'acceptation de systèmes communs pour des produits différents, actions et obligations, obligations d'état et du secteur privé, libellées en dollars ou dans d'autres devises. Les ordinateurs aiment l'homogénéité, et quand le problème à résoudre consiste à « faire ressortir le risque pour tous les titres émis par une entreprise donnée », il faut trouver un lien. J'ai exigé l'adoption d'une syntaxe commune (la séquence de touches du clavier que l'on entre pour poser une question) applicable à tous les produits, de sorte que les calculs écrits pour une zone étaient valables partout. Ensuite, j'ai réussi à convaincre les traders d'utiliser des identifiants communs, comme T pour les obligations émises par American Telephone and Telegraph Company (le même symbole que celui qu'utilise la Bourse de New York pour les actions de la société) au lieu d'une série de sigles hérités de l'histoire complexe de cette société (TEL, ATT, AT&T, etc.) – nous avons, dès lors, pu réaliser des combinaisons nouvelles et utiles entre les données provenant de toutes les parties de l'entreprise. Cela ne vous paraît pas un exploit ? Essayez donc de convaincre une bande de traders de se mettre d'accord sur quoi que ce soit ! Chacun d'entre eux a toujours mille et une raisons de faire les choses à sa manière. Le problème, c'est que si on les avait laissés faire, Salomon Brothers ne s'en serait pas relevé.

Même difficulté pour les dates. Aux États-Unis, nous écrivons le mois, puis le jour, puis l'année. En Europe, c'est d'abord le jour, puis le mois, puis l'année. Ça n'a l'air de rien, mais quand vous voyez 3/5, s'agit-il du 5 mars ou du 3 mai ? Quant aux chiffres, aux États-Unis, nous séparons par des virgules tous les groupes de trois chiffres à gauche du point qui marque la décimale. Dans de nombreuses régions du monde, la convention est d'utiliser les virgules à la place des points ou des zéros et, dans d'autres, le point séparant l'entier des décimales est remplacé par une virgule. Parfait, mais nous avions besoin d'un standard commun, pour le monde entier. Qu'est-ce qui est domestique, qu'est-ce qui est étranger ? Est-il 3 : 00 PM ou 1500 heures ? Voici un titre libellé en dollars, mais quels dollars ? (U.S, Hong Kong, Australie, Canada, Singapour, Nouvelle Zélande, etc. ?) Une fois encore, pour que la technologie puisse fonctionner, il faut standardiser les aspects humains du problème. Il ne faut pas se leurrer, c'est complexe.

* * *

Dans la conception de logiciels, en règle générale, 90 % des coûts sont engloutis par les derniers 10 % de fonctionnalité. Une conception et une mise en place réussies exigent à la fois de la diplomatie et du courage, puisqu'il faut concilier les 100 % de spécifications nécessaires pour obtenir l'approbation de l'utilisateur et le petit chouïa de moins effectivement réalisable dans la vraie vie. Comme j'ai pu le constater chez Salomon, et à nouveau avec le terminal Bloomberg, la bonne méthode consiste à tout promettre aux utilisateurs, puis à construire ce que l'on peut, ce que l'on pense être nécessaire à l'utilisateur. C'est même la seule stratégie qui fonctionne quand on développe des systèmes. Les gens vous disent toujours : « Je ne peux pas faire mon métier si vous ne me mettez pas au point ce dernier petit truc. » Mais le dernier petit truc en question est tellement difficile à construire, son utilisation invariablement tellement complexe, que personne ne s'en sert jamais. Il faut donc s'arranger pour que tout le monde accepte le petit chouïa de moins. Il appartient à la direction de résoudre les conflits entre les besoins déclarés et ce qui est réalisable et, quand ce n'est pas possible, de prendre la décision pour tout le monde, a priori. En fin de compte, l'entreprise a plus besoin de direction que de discussions.

À l'époque, j'insistais toujours (comme je le fais encore) pour commencer par construire une version simple d'un logiciel qui « ferait deux ou trois trucs ». La plupart des utilisateurs ont en effet beaucoup de mal à comprendre et à énoncer ce qu'ils font toute la journée, sur quels éléments ils se fondent pour prendre leurs décisions. Ils ont encore plus de mal à définir les outils qu'ils *utiliseront* peut-être à l'avenir. Mais si vous leur donnez un programme qu'ils peuvent voir et toucher, ils peuvent, et vous aussi, en évaluer l'utilité et l'applicabilité ; on a au moins une base commune que l'on pourra perfectionner par la suite. En outre, il y a de grandes chances pour qu'ils utilisent ce que vous leur apportez au départ, oublient tout ce qu'ils avaient demandé précédemment et vous considèrent comme un héros de leur avoir livré « ce qu'ils avaient toujours voulu ».

Heureusement pour nous, nos concurrents ne travaillent jamais comme cela. Ils étudient, élaborent des prévisions, s'échinent à obtenir le consensus, l'approbation et le contrat. Ils essaient de tout définir à l'avance, spécifiant même dès le début la performance finale. C'est ridicule ! On peut mettre douze mois à réaliser un projet qui devrait normalement être bouclé en six mois, et sans doute deux ans à en réaliser un autre qui devrait l'être en un an. Mais un projet de deux ans, c'est trop long, beaucoup trop long ! Les hommes sont ainsi faits qu'ils ont besoin de voir des résultats dans des délais suffisamment courts. Quand un projet prend un tel temps à élaborer que plus personne ne se souvient qui l'avait commandé, ce qui avait spécifiquement été demandé, à quoi il devait servir ou même ce qu'est devenue la personne (partie entre-temps), qui avait initié l'affaire, c'est trop long.

Chez Salomon, nous avons donc tout promis, après quoi nous nous sommes mis au travail pour en faire un peu moins, mais être en mesure de livrer quelque chose avant qu'une nouvelle équipe de direction, peut-être moins enthousiaste vis-à-vis de notre projet, ne prenne les rênes. Dans ce métier, on ne livre pratiquement jamais à la personne qui a passé commande, mais à son successeur – d'une part le développement prend du temps, d'autre part, dans toutes les entreprises, le personnel de direction change très vite. D'ailleurs, qui se souvient véritablement de ce qu'il avait demandé un an plus tôt ? (Quel secteur d'activité est statique au point que les besoins n'aient pas changé dans l'intervalle ?)

Souvent, pour régler le problème, la direction préfère acheter à l'extérieur plutôt que construire ses propres logiciels. Elle évite ainsi de confronter directement les demandes des utilisateurs tout en réduisant de façon spectaculaire le délai de livraison – du moins le croit-elle. (Spécialisés dans les solutions clés en mains, nous sommes tout à fait favorables à cette manière de voir.) Souvent, hélas, comme elle achète une technologie encore en cours de développement ou exige une personnalisation radicale, elle achète en fait un produit absolument nouveau, non testé. Les risques et les délais de livraison finissent donc par être identiques, quel que soit l'employeur officiel des programmeurs. Cette stratégie de sous-traitance échoue aussi souvent pour deux autres raisons. Traditionnellement, les fournisseurs sont payés quand ils livrent le produit et non quand celui-ci fonctionne. Même si le produit livré correspond rarement à ce que vous avez commandé, une fois le chèque encaissé, vous n'avez guère de recours. Ensuite, exactement comme en interne, quand on a déjà attendu la livraison, les retards supplémentaires prévus paraissent toujours plus courts que le temps que cela prendrait de repartir à zéro.

J'ai toujours pensé que les entreprises qui s'adressent à des fournisseurs extérieurs devraient exiger d'essayer les produits dans les conditions où ils les utiliseront effectivement avant de régler la facture et même, si possible, avant de passer une commande ferme. Je n'aime pas beaucoup acheter à partir d'une version test, d'une simulation ou d'un scénario encore en cours de développement. J'estime que les risques liés au développement de la technologie doivent être assumés par le constructeur ou l'auteur du logiciel. Ce sont eux qui empochent les profits quand ça marche ; si ce n'est pas le cas, il est normal qu'ils en subissent les conséquences. C'est leur affaire, n'en faites pas la vôtre. Voici ma règle de conduite : voyez si ça marche exactement dans les conditions où vous vous en servirez (même volume, même heure, etc.), ou n'achetez pas ! Exigez la marchandise, pas des promesses ! Si vous devez ne retenir qu'une seule chose de ce livre, voilà le meilleur conseil que je puisse vous donner : « Achetez ce qui est délivrable, pas ce qui pourrait l'être ! »

C'est exactement ce que Merrill Lynch a fait avec nous. Ils n'avaient aucune obligation de prendre notre produit tant qu'il ne fonctionnait pas à leur satisfaction, et nous nous sommes engagés à le livrer avant même qu'ils n'aient le temps de mettre en chantier un éventuel développement en interne. À mon avis, tous les acheteurs devraient adopter cette approche. Nos concurrents passent leur vie à comparer nos produits avec ce qu'ils disent pouvoir livrer… plus tard ! Promis, juré, craché, ils feront mieux, plus vite, moins cher, plus facile. C'est génial ! Ils comparent Bloomberg, un chasseur F18 opérationnel, avec une « sorcière sur son balai » en cours de développement. Leur avion volera plus vite, plus haut, tournera plus vite, nécessitera moins de maintenance, etc., que le nôtre – quand ils le construiront. Évidemment ! Ils peuvent toujours dire ce qu'ils veulent ! Notre système, lui, fonctionne, ici et maintenant, tandis que leur liste de performances mirifiques, elle est pour demain – au mieux ! C'est notre produit existant, en stock, contre leur *business plan*, voire leur communiqué de presse. Je ne comprendrai jamais pourquoi nous ne décrochons pas 100 % des contrats de toutes les entreprises.

La plupart de nos clients et concurrents ne sont pas encore structurés pour créer des logiciels – ni même pour en commander intelligemment à un fournisseur. Mettre en place des systèmes de traitement des données suppose d'accepter des compromis. Les demandes formulées par les futurs utilisateurs s'excluent en général mutuellement. Cela suppose aussi beaucoup de souplesse : en pratique, les choses sont toujours différentes de ce qui avait été prévu ; en outre, elles changent avec le temps. Cela suppose de l'imagination : il est difficile d'envisager les utilisations potentielles du système et ce que l'on lui demandera ; mais, comme le développement s'étale sur plusieurs mois, c'est bien dans cette double perspective qu'il faut construire. Cela suppose aussi de la force de caractère : il s'avère souvent très difficile de tenir son cap quand les exigences changent et quand on est un centre de coûts ne générant pas de revenus. Enfin, cela suppose des capacités de leadership : les grandes avancées du système, il faut les imposer aux utilisateurs, ce ne sont pas eux qui les demandent. Ce n'est pas en faisant des sondages d'opinions que l'on dirige un pays ou une entreprise. Il faut que quelqu'un ait une vision et entraîne les autres, et non l'inverse.

* * *

Lorsque le développement de notre Page B a progressé, nous avons délégué des responsabilités et impliqué davantage de collaborateurs dans le projet. C'est alors devenu un travail collectif. Comme cela arrive pour tous les projets, ceux qui l'avaient initié ont été absorbés par ceux qui l'ont amené à l'étape suivante. Parmi les personnes que nous avons recrutées, certaines étaient extraordinairement douées. Tous ont travaillé avec un acharnement exceptionnel. Et ce que nous avons produit était réellement révolutionnaire. Une version du système que nous avons conçu au début des années soixante-dix est encore utilisée aujourd'hui chez Salomon Brothers. Vingt-cinq ans plus tard, il est encore supérieur à la plupart des systèmes de récupération et d'analyse des données du marché aujourd'hui en cours d'installation dans d'autres maisons de titres. Cet exploit, c'est celui du travail en équipe.

L'une des tâches essentielles d'un manager, c'est de faire en sorte que ses collaborateurs travaillent ensemble – et c'est particulièrement vrai dans le domaine de la technologie, où de nombreuses personnes contribuent à un projet unique. C'est ce que nous avons fait chez Salomon Brothers, c'est ce que nous faisons encore aujourd'hui chez Bloomberg. La coopération qui en résulte a été et est toujours la clé de notre aptitude à délivrer des produits utiles. Un beau jour, chez Salomon, j'ai annoncé aux programmeurs que plus personne n'aurait désormais de titre. J'ai en effet toujours pensé que les titres ont un effet perturbateur, si ce n'est pire. Ils séparent, créent des distinctions de classe, inhibent la communication. Si vous n'obtenez pas celui que vous espérez, vous quittez la société. Si vous l'obtenez, vous commencez à vous dire que d'autres maisons vous paieraient peut-être mieux, puisque vous êtes officiellement reconnu comme supérieur à ce que vous étiez auparavant.

Les réactions ont été aussi immédiates que violentes. Le directeur du personnel était livide. Comment encadrer le personnel sans rappeler sans cesse à chacun de qui il était le subordonné ? Il s'est mis à hurler que je faisais n'importe quoi – devant Gutfreund, et surtout devant mon protecteur, Dick Rosenthal, nouveau membre du conseil exécutif. Ceux qui possédaient déjà des titres se sont plaints. Ceux qui n'en avaient pas encore n'ont pas tardé à en faire autant (avec un peu moins d'ardeur, cependant). Résultat de ce changement de politique ? Aucune augmentation de la rotation du personnel – en revanche, les gens se sont mis à travailler ensemble, mieux qu'avant.

Une autre pratique de développement de logiciels mise au point chez Salomon, que j'applique encore aujourd'hui, consiste à ne pas laisser les programmeurs se lancer avant de m'avoir expliqué ce qu'ils cherchent à faire. Certes, techniquement, j'en sais moins que le moindre adolescent passionné d'informatique, mais ça, c'est leur problème, pas le mien. Ils doivent être capables de me décrire leur projet dans un langage que je puisse comprendre. En s'y reprenant à plusieurs fois s'il le faut. Le fait de décrire le « comment » et le « quand » les oblige à regarder en face tout ce sur quoi ils ont glissé allégrement quand ils ont eu l'idée du « quoi » – utilité, coût, maintenance, qualité des données, redondance, formation, coopération. Ils doivent convaincre le novice que je suis. Je suis un panneau « Attention, chien méchant » à deux pattes. Les programmeurs ne savent jamais si je comprends vraiment, de même qu'ils ne savent pas si c'est un pitbull ou un caniche qui les attend derrière la porte.

Rudimentaire par rapport à ce qui s'est fait ensuite, le système que nous avons construit chez Salomon Brothers au début des années soixante-dix lui a permis d'être plus productif que ses concurrents et mieux informé que ses clients. Nous l'avions conçu uniquement pour une utilisation interne, ce qui correspondait aux besoins de l'époque. Jamais Salomon n'aurait voulu donner aux clients des capacités accrues et des données plus exactes. La déréglementation, qui s'est traduite en 1975 par la suppression des commissions fixes, avait entraîné une diminution des marges bénéficiaires de l'activité traditionnelle des maisons de titres : elles avaient alors identifié une manière de gagner beaucoup mieux leur vie qu'en se contentant d'être l'agent de leurs clients – elles leur vendaient désormais des stratégies d'arbitrage et de trading. Du coup, les clients *buy-side* étaient en fait leurs concurrents. Peu à peu, le trading s'appuyait davantage sur des compétences mathématiques, moins sur l'intuition. Dans ce nouveau métier, Salomon avait besoin de s'assurer un avantage. C'est exactement ce que lui a conféré le fait d'être le seul de la profession à disposer d'un outil valable de récupération et d'analyse des données au début des années soixante-dix. Grâce au système breveté que nous avons construit, il a bénéficié pendant un temps d'un instrument de travail dont personne d'autre ne disposait. Salomon avait pris une grande longueur d'avance et il l'a conservée une dizaine d'années. En un sens, ces dix années-là, quand Salomon allait à une bataille au couteau, il y allait muni d'un fusil.

Au début des années quatre-vingts, cependant, le monde de la finance a traversé une période de turbulences, en partie parce que les sociétés de courtage de Wall Street avaient perdu le contrôle exclusif de l'information et l'aptitude à la manipuler. Des services comme le terminal Bloomberg ont fini par devenir de grands niveleurs, puisqu'ils permettaient à tout le monde d'accéder aux mêmes faits et aux mêmes ressources. Que se serait-il passé si j'avais pu rester chez Salomon Brothers après la fusion avec Phibro ? Aurions-nous conservé notre avance sur la concurrence ? Aurions-nous donné à nos clients une Page B brevetée pour les empêcher de partir ? Le scandale des obligations du Trésor qui a éclaté en 1991 aurait-il pu être évité si nous avions mis en place des contrôles internes adéquats ? Aurions-nous pu empêcher le *buy-side* de se donner des outils lui permettant d'être à armes égales avec le *sell-side* ? Tout cela, c'est de la conjoncture inutile (mais il est toujours amusant de spéculer !).

En 1981, lorsque j'ai quitté Salomon, mon successeur a expliqué à ses subordonnés que je m'étais trompé sur toute la ligne. Le boulot des systèmes n'était pas d'apporter à l'entreprise le soutien dont elle avait besoin. Non, leur mission, c'était de « limiter les attentes ». (Je vous assure, c'est la pure vérité ! Jamais je n'aurais inventé un truc pareil !) S'il réussissait à diminuer la demande de services, il aurait moins de mal à les assurer, précisait-il. Du coup, il y aurait aussi moins de maintenance et moins de provisions d'amortissement à justifier ; en outre, il aurait aussi moins de programmeurs caractériels sur les bras. La direction s'arracherait moins les cheveux à résoudre les conflits entre les différents besoins, à prendre des décisions impopulaires d'affectation des ressources, elle aurait moins souvent à dire « non » à des personnalités puissantes et exigeantes car générant un énorme chiffre d'affaires pour la firme. Évidemment, s'il supprimait complètement les attentes, on n'aurait plus besoin de lui non plus, mais il n'avait pas l'intention de pousser les « moins » tout à fait aussi loin.

Si, en adoptant un profil plus bas, l'homme a réussi à survivre un certain nombre d'années, Salomon a bien failli ne pas en faire autant. À la fin des années quatre-vingts et au début des années quatre-vingt-dix, la firme est passée d'un leadership manifeste en matière du support informatique à celui de concurrent non classé. Au moment précis où l'activité exigeait une maîtrise du risque plus informatisée (pour la première fois, le paysage concurrentiel supposait que les brokers/dealers offrent à leurs clients des services techniques propriétaires, faute de quoi des indépendants comme Bloomberg contrôleraient leurs relations avec leurs clients), Salomon se lançait sur de nouveaux marchés et des produits plus sophistiqués exigeant des outils d'analyse complexes. Or, grâce à mon successeur, le support informatique était désormais moins performant. Cela a failli faire couler la firme.

Étant donné l'importance énorme que peut avoir le directeur informatique sur le succès d'une entreprise, j'ai toujours été abasourdi de voir qui l'on sélectionne pour ce poste. Jamais le candidat retenu n'est pressenti aussi pour d'autres postes au sein de l'équipe de direction. Lorsqu'on porte son choix sur un responsable expérimenté de la société, c'est invariablement – je suis payé pour le savoir – qu'il est en train de subir des revers de carrière. On ne voit jamais de gros potentiels, promis à un brillant avenir, être affectés à ce poste pour y enrichir leur expérience. Compte tenu de l'importance de la fonction, de sa difficulté, des miracles ou des désastres que l'on peut y accomplir, les PDG devraient véritablement montrer plus de discernement dans leur sélection.

Quelle que soit l'étiquette à la mode du moment – direction des systèmes, du traitement de l'information ou du support informatique – le poste est en général confié à des techniciens dont les compétences essentielles sont de connaître la mécanique interne du matériel. Plus grave encore, leurs « hautes responsabilités » ne leur laissent jamais le temps de se salir les mains à établir les priorités, vérifier que les nouveaux développements correspondent aux besoins ou motiver leur équipe. Étonnez-vous que leur espérance de vie soit si courte ! En réalité, leurs connaissances techniques sont loin de leur permettre d'assumer leurs fonctions. Ce qui est réellement critique pour réussir à ce poste, c'est de connaître les produits de la société, sa position concurrentielle, sa comptabilité, son marketing et sa politique du personnel ; il faut aussi avoir des qualités de leadership, le sens des affaires, être un bon manager de terrain.

Le boulot consiste à savoir sélectionner, diriger et motiver les collaborateurs. La tâche : diriger le développement et le fonctionnement des services de support. La mission : avoir une vision. Les entreprises ont besoin d'individus doués d'imagination et d'énergie, en particulier pour tout ce qui touche à la technologie. Un enthousiasme débridé, la conviction que tout est possible, essayer des choses dont les chances de réussir sont faibles mais qui paient énormément en cas de succès – tout cela constitue une approche nettement meilleure que les autres. Les directeurs de l'informatique doivent prendre la corde en tête de peloton, la tenir et entraîner derrière eux le reste de l'organisation. Pas question de suivre ou de faire toujours la même chose !

* * *

L'informatisation de Wall Street n'a pas toujours produit les effets attendus. Salomon jouissait certes d'un avantage grâce à la technologie d'aide à la décision que nous avions mise en place, mais ses résultats n'étaient pas meilleurs que ceux de ses concurrents. Auraient-ils été pires sans ce support ? Ou bien, au contraire, des capacités d'analyse accrues encouragent-elles à prendre davantage de risques, entraînant ainsi une performance inférieure ? Ces questions s'appliquent à l'ensemble de la profession. Celle-ci a installé des ordinateurs pour gérer plus efficacement le traitement des transactions et réduire le risque. Le volume des titres échangés a augmenté, mais dans le même temps, le taux de la commission par titre négocié baissait et les effectifs gonflaient. Dans ces conditions, l'amélioration des résultats découlait presque exclusivement de nouveaux produits, traités manuellement. Et comme l'ont montré une succession de fiascos, la promesse de maîtriser les risques grâce aux ordinateurs n'a jamais été tenue dans les firmes mal gérées. De toute évidence, la technologie ne saurait se substituer à un management de qualité.

Engranger moins de bénéfices que prévu suite à l'informatisation n'est pas l'apanage de Wall Street. Des milliards de dollars ont été investis dans l'informatisation du lieu de travail – néanmoins les ventes de papier aux bureaux, loin de diminuer, augmentent. La plupart d'entre nous, ne faisant guère confiance à la fiabilité d'un PC, tenons à conserver une trace sur papier. Comparez donc l'ordinateur que vous avez sur votre bureau à votre voiture. Forte d'un siècle d'expérience, l'industrie automobile vend un produit qui donne satisfaction dans un éventail extraordinaire de températures, de précipitations, d'état de la route et de compétences de l'utilisateur. Vingt ans après l'invention du PC, ses constructeurs et les concepteurs de systèmes d'exploitation commencent à peine à fournir ce niveau de simplicité et de robustesse, même quand le matériel est placé dans un environnement au climat contrôlé et utilisé uniquement par un personnel formé. Il ne vous vient pratiquement pas à l'idée que votre voiture pourrait, tout à coup, rendre l'âme – alors que l'utilisateur du PC redoute en permanence que son instrument de travail « se plante » quand il le met en route.

Le cas des écoles illustre admirablement la façon dont les nouvelles technologies ne tiennent pas toujours leurs promesses. Les parents, bien évidemment, veulent tous que leurs rejetons maîtrisent l'outil informatique. Intimement convaincus que les pauvres gosses qui n'ont pas leur PC à l'âge de l'école élémentaire sont voués à une vie de pauvreté et d'illettrisme, nous dépensons des millions de dollars à équiper les classes d'ordinateurs et d'accès à l'Internet. Résultat ? Malgré ces investissements, nos enfants lisent moins bien qu'avant, ont moins de points de repère en histoire et en géographie, des compétences inférieures en mathématiques, sont moins souvent au contact des grands chefs d'œuvre littéraires et artistiques de l'humanité. (« Pas la peine d'apprendre ce truc ! Je chercherai sur mon encyclopédie électronique ou sur le Net si j'en ai besoin, se dit sans doute le gamin. L'orthographe, pas de problème, mon traitement de texte vérifiera lui-même ! Les maths ? Les calculatrices, c'est pas pour les imbéciles ! ») En termes d'habitudes de travail et de compétences sociales, nous avons créé un désastre. Non seulement Johnny ne sait pas lire, mais il ne sait même pas parler correctement. La technologie serait-elle une excuse pour ne plus apprendre aux enfants à penser et à travailler avec les autres ? L'argent dépensé en ordinateurs découragerait-il les meilleurs professeurs ? Les fonds disponibles sont limités et fongibles. Si tout part à Silicon Valley, il en reste moins pour payer les enseignants (dont la qualité baissera) et pour la construction des bâtiments scolaires (qui mériteraient souvent d'être agrandis et améliorés).

Je vote pour enlever les ordinateurs des salles de classes à l'école primaire. La priorité, c'est l'apprentissage des savoir-faire de base : la lecture, l'écriture, l'arithmétique, la logique, la concentration, la coopération, une tenue vestimentaire correcte, l'interaction sociale, le goût du travail (acharné). Prenez la voiture : la plupart des élèves seront conducteurs, pas garagistes ! Ils n'ont donc pas besoin de suivre des cours sur le moteur à combustion interne ou la thermodynamique. Il en va de même des ordinateurs. Ils trouveront les connaissances nécessaires à l'utilisation du dernier logiciel de stockage et de récupération des données quand ils en auront besoin. Les outils se simplifient et comportent des didacticiels. Un cours d'informatique pour les enfants, cela rassure peut-être les parents, dans le monde concurrentiel de l'association parents-professeurs. (« Mon gamin a un microprocesseur plus rapide que le vôtre ! ») Connecter les salles de classe de l'école primaire à l'Internet, cela fait très bon effet. Mais mettre sur un piédestal les jeux vidéo qui, au mieux, aident marginalement les gosses à améliorer la coordination des yeux et des mains, ce n'est certainement pas ce dont les enfants ont le plus besoin. Je vous garantis qu'ils s'en sortiraient mille fois mieux si l'on en revenait aux valeurs sûres : lire, écrire et compter. L'interaction avec un enseignant intelligent et compréhensif ne saurait être automatisée. C'est la seule façon d'enseigner les bases aux jeunes enfants. C'est aussi la seule manière d'enseigner les compétences sociales indispensables. (J'ai récemment été présenté à une demi-douzaine d'adolescents chargés d'accueillir les visiteurs lors d'une manifestation de leur école. Pas un seul n'a été capable de me regarder droit dans les yeux, de me donner une poignée de main franche ou de se présenter en énonçant à la fois son prénom et son nom de famille. Quand il m'arrive de faire des courses, je suis toujours frappé de voir la différence d'enthousiasme et de productivité entre telle vendeuse dynamique et souriante et telle autre, maussade, faisant son travail mécaniquement et lentement. Pour revenir à mes adolescents, si l'on ne modifie pas le système d'enseignement dont ils bénéficient, pas un seul ne décrochera un travail intéressant !)

Les promesses extraordinaires de la technologie informatique n'ont pas non plus transformé la façon dont le public s'informe. On a eu beau dépenser des milliards de millions de dollars pour la production et la diffusion de bulletins d'informations télévisés, les consommateurs sérieux continuent à aller chercher les informations en profondeur sur le journal, support qui existait déjà du temps de Shakespeare, et leurs informations en temps réel sur un objet vieux de 95 ans, la radio. Une présentation vidéo plus vivante (et peut-être plus informative) est-elle moins importante que le fait de pouvoir aller chercher directement ce que l'on veut, comme on le fait en lisant son journal ? La télévision est-elle meilleure que la radio, ou le contenu est-il, en fait, entièrement dans le son ? Serait-il inutile de dépenser de l'argent pour ajouter des images animées à l'imprimé ou au son ?

Le format « pleine page » des journaux présente les nouvelles de façon concurrente et non séquentielle. Les journaux nous informent par les titres que nous voyons de manière périphérique, nous donnant ainsi ce que nous avons besoin de savoir, même si nous ne savions pas que nous en avions besoin. Depuis les décès, les mariages, les divorces, les ventes immobilières, les décisions judiciaires, l'action du gouvernement, les échos mondains et les cérémonies religieuses – matière première des journaux – jusqu'à la couverture complète et l'analyse en profondeur qu'offrent les grands quotidiens, il y a autant de différence entre les journaux d'une part, la télévision et la radio d'autre part, qu'entre une entrecôte et un hamburger. Les deux sont bons, mais ce sont des produits différents satisfaisant des besoins différents. Vous voulez suivre le procès O.J Simpson ? Prenez la radio ou la télévision. Vous vous intéressez à la science, à la diplomatie, la politique, la finance, les affaires ? C'est dans les journaux et les magazines que vous trouverez encore votre bonheur. Pour le meilleur ou pour le pire, l'ordre du jour des informations, dans toutes les villes du monde, est encore fixé quotidiennement par la presse écrite.

Dans ces conditions, la radio est-elle un anachronisme ? C'est un médium d'accès séquentiel, où vous ne trouverez que ce que quelqu'un d'autre a décidé qu'il était bon que vous y trouviez ; pire, l'ordre de diffusion des divers éléments vous est imposé, quelles que soient vos propres préférences. Si vous manquez ou n'entendez pas quelque chose, tant pis pour vous ! Vous ne pouvez ni le relire, comme il vous serait facile de le faire avec la presse imprimée, ni poser des questions, comme vous pouvez le faire avec certains services informatiques en temps réel.

Pourquoi, dès lors, la radio survit-elle, alors qu'elle n'a bénéficié d'aucune amélioration technologique révolutionnaire depuis sa création ? Alors qu'il faut encore avoir en tête un ensemble de chiffres difficiles à retenir – la fréquence de la station – pour trouver quelque chose ? Qu'il n'y a toujours aucun moyen de dire : « je veux tel ou tel genre de musique », par exemple de la musique country ou de la musique classique et d'y accéder directement ? Que l'auditeur continue à perdre la réception dans les tunnels ou sous les ponts, et même dans les immeubles dont la structure est en acier ? Si la radio survit néanmoins, c'est qu'elle possède deux avantages importants : la mobilité (vous l'écoutez dans votre voiture ou sur votre Walkman) et la flexibilité (vous pouvez l'écouter tout en conduisant, en prenant votre douche ou en travaillant). La radio est peut-être inférieure à d'autres médias à bien des égards, mais des rares points de vue qui comptent vraiment, elle occupe un précieux créneau.

* * *

Il y a vingt ans, les oracles prédisaient qu'il y aurait un ordinateur dans chaque pièce de votre maison. Aujourd'hui, les estimations les plus optimistes estiment que seul un tiers des foyers américains possèdent un PC. Pourtant, pratiquement tous ont des télévisions, des magnétoscopes, des téléphones, des thermostats, des lave-vaisselle et des fours à micro-ondes *qui sont tous équipés de microprocesseurs.* L'informatisation ne ressemble peut-être pas à ce qu'avaient prévu les oracles, mais elle est bel et bien là !

L'automobile telle que nous la connaissons aujourd'hui apporte elle aussi une démonstration magistrale de la supériorité de la substance sur la forme. Un conducteur qui aurait été enfermé dans une machine à arrêter le temps il y a vingt ans pourrait revenir aujourd'hui et traverser le pays dans un véhicule sortant de l'usine sans qu'on lui donne la moindre instruction. En fait, conduire demande moins de connaissances que jamais. La clé de contact, le volant, le frein et l'accélérateur n'ont pas changé, du moins à l'œil nu, pas plus que la façon dont vous entrez en « interface » avec eux. Mais il n'y a plus besoin de changer de vitesses, le moteur est bourré d'ordinateurs qui en augmentent le rendement, on utilise des matières premières et du carburant qui n'existaient pas il y a vingt ans, les freins sont contrôlés électroniquement pour éviter l'aquaplaning, les portes se verrouillent automatiquement dès que l'on atteint 25 km/h, la radio se met en sourdine si le téléphone sonne, les phares brillent plus ou moins intensément en fonction du trafic d'en face et de la lumière ambiante, etc. En fait, les oracles avaient raison sur le fond. Nous avons bourré les voitures d'électronique et, grâce à tous les ordinateurs dont elles sont équipées, elles sont plus simples, plus sûres, plus fiables que jamais. Les experts n'avaient pas imaginé à quoi ressembleraient les ordinateurs, où on en mettrait, à quoi ils serviraient.

L'acceptation des produits électroniques grand public dépend davantage de leur aptitude à envahir sournoisement notre vie quotidienne que de leurs prouesses techniques. Les hommes n'aiment pas changer, ils ont peur de ce qu'ils ne comprennent pas. Plus de capacité, meilleure fiabilité, rendements améliorés, contrôles moins nombreux, les acheteurs comprennent tous ces bénéfices et sont prêts à les payer. Mais il ne faut pas compter sur eux pour accepter une complexité accrue, le changement pour le changement, ou des produits comportant un tel nombre d'options qu'un individu normalement constitué est incapable de les mémoriser, ce qui le renvoie à un mode d'emploi en plusieurs langues, imprimé en caractères minuscules, incompréhensible.

Les décharges publiques sont jonchées d'exemples de produits hautement sophistiqués, qui n'ont été introduits sur le marché que pour montrer le génie de leur concepteur, mais au mépris total des aptitudes et des besoins du consommateur. Il arrive même qu'un produit soit accepté *malgré* l'intellect remarquable de son concepteur. Certaines innovations, largement utilisées, ne le sont pas comme leur inventeur l'avait prévu. Prenez le magnétoscope : la plupart des gens ne l'utilisent que pour regarder des cassettes préenregistrées, alors que l'idée, au départ, était d'enregistrer les émissions que l'on souhaitait regarder plus tard. Connaissez-vous une seule personne qui sache programmer son magnétoscope plusieurs jours à l'avance, voire faire en sorte que la pendule cesse de clignoter indéfiniment à 12 : 00 ?

Avec la technologie et son introduction à un rythme rapide, quelques questions clés revêtent plus d'importance que jamais : quel est le problème à résoudre ? Dans quelle mesure la solution proposée est-elle valable ? Pouvons-nous la mettre sur le marché dans des conditions de rentabilité satisfaisantes ? D'où viendra la concurrence ? Quand j'ai commencé à m'occuper d'informatique, je croyais aux promesses que formulaient les constructeurs dans leurs documents commerciaux. Désormais sceptique, je ne leur fais plus confiance, mais cela ne m'empêche pas de croire que la technologie a le potentiel de nous faciliter la vie. J'en suis plus convaincu que la plupart des gens. Ce que j'ai appris durant mon parcours, c'est que nous sommes tous des hommes, et que la technologie est là pour nous servir et non l'inverse. Le grand défi, c'est de résoudre les problèmes humains. Le software, à côté, c'est un jeu d'enfants.

# 8

# Cours élémentaire de management

## Le style Bloomberg

Quand on crée une entreprise, le moindre obstacle est un problème majeur. Le monde entier se ligue contre vous. C'est ainsi, et il faut faire avec. Ce dont les grandes sociétés savent pouvoir disposer, les crédits bancaires, par exemple, ce n'est pas pour vous. Je considère cela comme un avantage : on développe ainsi des produits à faible coût. Personne ne partage votre vision ? Excellent ! Quand vous arriverez à bon port, il n'y aura pas de concurrents. Les bureaucrates vous rendent dingue ? Génial ! Vous les neutraliserez en les dressant les uns contre les autres. Votre entreprise est tellement petite que vous devez tout faire vous même ? Le jour où ce ne sera plus possible parce qu'elle sera trop grande, vous verrez : c'est pire. Je suis bien placé pour le savoir.

Chez Bloomberg, au bout de cinq ans d'activité, il nous a fallu surmonter un problème majeur, d'ordre historique. En négociant notre second contrat avec Merrill Lynch, nous avions accepté un accord qui entravait notre expansion. Merrill nous louait plus de mille terminaux, à plus de 1 000 dollars par mois pièce. Simultanément, il prenait une participation de 30 % dans notre capital – à ce titre, nous touchions 30 millions de dollars. En contrepartie, nous nous engagions, pendant cinq ans, à ne pas vendre notre produit à leur quatorze principaux concurrents (Bankers Trust New York Corp., Bear, Stearns & Co., Citicorp., Daiwa Securities Corp, Drexel Burnham Lambert & Co., E.F. Hutton & Co., First Boston Corp.,

Goldman, Sachs & Co., J.P. Morgan & Co. ; Kidder Peabody & Co., Lehman Brothers & Co., Morgan Stanley & Co., Nomura & Co. et Salomon Brothers Inc.).

En 1988, cette clause restrictive avait encore trois ans à courir. Je suis alors allé voir Dan Tully, le président de Merrill Lynch. Il n'avait qu'à se louer de l'exclusivité qu'il avait négociée. Nos terminaux conféraient à sa firme un avantage unique : celui d'avoir un lien privilégié avec toutes les banques centrales du monde, les fonds de pension, les compagnies d'assurance et les investisseurs, ce qui augmentait sa capacité à travailler avec les institutionnels. En outre, grâce à notre logiciel de gestion du risque et de traitement des opérations, il économisait chaque année des dizaines de millions de dollars en réduisant les pertes d'exploitation et les effectifs du personnel administratif. Inutile de dire que les chefs de département (payés en fonction de la performance de leur service) souhaitaient conserver cet avantage concurrentiel.

D'un autre côté, Tully devait prendre du recul. S'il devait tenir compte des avantages tactiques que l'exclusivité conférait à Merrill, il ne pouvait pour autant négliger la participation qu'il détenait dans notre société. Cet investissement prendrait infiniment plus de valeur si tout le monde pouvait louer les produits Bloomberg. À l'évidence, si nous nous mettions à travailler avec les quatorze firmes touchées par l'embargo, cela créerait de la valeur supplémentaire. Mais il y avait plus : un système utilisé par toutes les compagnies financières pouvait, en fait, se transformer en salle des marchés géante. Dans cette hypothèse, Merrill ne détiendrait plus une participation au capital d'un petit fournisseur *lambda*, mais d'une entreprise appelée à un grand avenir.

Au terme d'une discussion qui a duré près d'un an, Dan Tully a accepté de nous délier de la clause d'exclusivité. À l'époque, il pensait que l'expérience acquise par sa firme pour l'utilisation du terminal Bloomberg lui conférait un avantage important. Il se passerait des années avant que les concurrents apprécient les bénéfices qu'apportait le système Bloomberg en matière de réduction des coûts et d'amélioration des contrôles, puis commandent des terminaux, les installent et forment leur personnel. Entre-temps, puisque tout le monde pouvait participer, les investisseurs institutionnels finiraient par adopter le Bloomberg comme leur voie d'accès préférée à Wall Street. Ainsi donc, pendant des années, même si Merrill n'avait plus, techniquement, d'exclusivité, il bénéficierait de contacts uniques dont les autres ne pouvaient que rêver.

Ce raisonnement était celui d'un maître stratège, comme les faits n'ont pas tardé à le prouver. Trois des quatorze « interdits » (Drexel,

Hutton et Kidder) ont cessé leurs activités. Les Japonais (Daiwa et Nomura) ont implosé, leur pénétration des marchés mondiaux ne s'étant jamais matérialisée. Quant aux trois banques (Bankers Trust, Citicorp et J.P. Morgan), dont tout le monde prédisait vers le milieu des années quatre-vingts qu'elles supplanteraient sous peu les grandes maisons de titres, elles n'y sont pas parvenues. Dans le même temps, Merrill continuait à croître et à dominer le secteur dans tous les domaines où il confiait le traitement des données à Bloomberg, domination particulièrement évidente par comparaison aux six autres maisons de courtage ayant figuré sur la liste des interdits.

* * *

Vers la fin des années quatre-vingts, Bloomberg avait des bureaux à New York, Londres, Sydney et Tokyo, et comptait plus de cinq mille clients répartis dans plus de quarante pays. Notre croissance annuelle atteignait 25 % à 30 %, nos effectifs augmentaient presque aussi vite. Cela se traduisait par de nouveaux problèmes de gestion.

Quand une entreprise connaît une croissance aussi rapide, l'équipe de direction d'origine a souvent du mal à maîtriser la situation. À mesure que les compétences administratives et de leadership prennent le pas sur la connaissance du produit, elle se trouve dépassée par les événements. Elle s'avère souvent incapable de lâcher les rênes ou de déléguer, ce qui entraîne des conséquences désastreuses.

J'en sais quelque chose, car je suis passé par là, au début : comme tant d'autres, je suis en effet persuadé que je fais tout mieux que tout le monde. De toute évidence, n'est-ce pas, je suis doué du flair le plus infaillible pour concevoir les nouveaux produits, je suis aussi le meilleur vendeur, le meilleur patron de la profession. Mon ego laisse tout de même la place à la vague possibilité que quelqu'un puisse faire une ou deux choses aussi bien que moi. Je reconnais qu'il existe une toute petite chance que des idées ayant germé dans d'autres cerveaux que le mien puissent également avoir quelque valeur. Autrement dit, je suis comme tous les entrepreneurs. Mais, au moins, je sais ce que je ne sais pas.

Au fil des années, à mesure que Bloomberg s'est développé, j'ai délégué la gestion des activités établies afin de mieux me concentrer sur les nouveaux projets. Ce n'est plus moi qui prends les décisions au jour le jour. Pratiquement le tiers de Bloomberg, aux États-Unis et ailleurs, rapporte directement à Susan Friedlander, notre directrice administrative. Le reste est partagé entre Matt Winkler (tout ce qui concerne les médias), Stuart Bell (notre service de collecte des données, à Princeton) et Lou Eccleston (directeur commercial Amérique du nord). Ma fonction consiste désormais à encourager les autres. Je suis là pour demander des idées nouvelles à tout le monde (« Et si on développait un produit pour le marché immobilier ? ») Je veille à ce que nous affections des ressources au développement de nouveaux projets, novateurs et risqués. (« Il faut absolument que nous fassions quelque chose dans l'assurance ! ») Mon boulot, c'est de faire en sorte que les nouveaux produits arrivent vivants chez Bloomberg et de les intégrer au reste du système. (« Il y a sûrement quelque chose à faire dans le domaine de l'énergie… ») Je répercute les réactions de la clientèle aux personnes concernées et veille à ce qu'elles en tiennent compte (« Et si on faisait une base de données sur les crédits aux entreprises ? »). Et une fois qu'un projet démarre – une fois que j'y ai ajouté mon petit grain de sel – je veille à ce qu'il soit confié à des gens qui peuvent l'amener au palier supérieur et que les autres (moi en particulier) les laissent travailler en paix.

Dans les premiers temps, je m'installais à côté des programmeurs et j'observais, j'apprenais, je supervisais leur travail. Plus tard, j'ai fait la même chose avec la force de vente. Ensuite, j'ai consacré pas mal de temps aux équipes de service après-vente. À un moment donné, j'ai passé des myriades de coups de fil au groupe chargé de la collecte des données. Mais à mesure que chaque secteur développait ses propres patrons expérimentés et talentueux, (pratiquement tous nos dirigeants ont reçu une formation « maison »), j'ai pris du champ. La démarche était en partie volontaire, car je voulais éviter de diluer leur autorité. Dans une certaine mesure, c'est tout simplement le manque de temps qui m'a empêché de continuer à vouloir tout diriger dans le moindre détail. Mais, surtout, les gens à qui nous avions confié des responsabilités n'avaient plus besoin de moi. C'était les petits nouveaux, et comme je l'ai paraît-il confié un jour au magazine *Forbes*, « les petits nouveaux peuvent faire ça mieux que moi ! »

Une entrave au développement avec laquelle je continue à me battre personnellement, c'est notre problème chronique de manque d'espace physique. Chaque fois que nous avons loué de nouveaux bureaux, ils se sont avérés trop petits par rapport à nos besoins. Cela prouve mon incapacité à planifier notre taux de croissance, mais c'est aussi une soupape de sécurité : l'espace disponible impose une limite aux recrutements et si – Dieu nous en préserve ! – notre activité venait à ralentir, cela limite nos frais généraux. À un moment, nous étions tellement serrés dans nos bureaux de New York que j'ai fait venir un menuisier un vendredi soir, après que tout le monde soit parti, pour qu'il scie tous les bureaux de façon à leur enlever 45 cm de largeur. Le lendemain, j'en faisais installer d'autres, au nouveau format, dans l'espace récupéré. Le lundi matin, les gens ont mis plusieurs heures à comprendre pourquoi, tout à coup, tout le monde pouvait s'asseoir. Comme je le dis toujours, si l'on veut vraiment quelque chose, on trouve toujours un moyen de l'obtenir.

Si nos concurrents cherchent à faire des économies en installant leurs bureaux dans les coins où les loyers sont abordables, nous implantons toujours les nôtres dans les quartiers les plus beaux et les plus chers. La question est de savoir qui vous considérez comme le plus important : votre personnel ou les gens de l'extérieur. Pour moi, c'est le personnel, sans l'ombre d'un doute. Le meilleur, c'est pour *nous,* non seulement au siège, mais partout. Tous nos bureaux fonctionnent de la même manière et ont la même allure, tous ont les adresses les plus prestigieuses, sont aménagés par les meilleurs décorateurs. Je leur demande d'utiliser largement le bois, de façon à créer une atmosphère chaleureuse, luxueuse et confortable, dont bénéficie chacun de nos salariés. De grands aquariums d'eau salée diffusent une lumière agréable et un bruit détendant. Les salles de conférence, dont les cloisons sont en verre, facilitent l'interaction. Personne n'a de bureau individuel, moi pas plus que les autres. La salle d'attente destinée à nos visiteurs est au milieu du snack-bar réservé au personnel : d'emblée, ils sont au milieu de nous, plongés dans l'activité fébrile qui règne normalement chez nous. Si vous aimez raser les murailles, ce n'est pas chez Bloomberg qu'il faut venir travailler.

J'ai toujours pensé que la capacité de la direction à influencer les habitudes de travail à coups de diktats était limitée. Quand vous donnez un ordre, il est exécuté, sans doute. Mais dès que vous tournez le dos, vos collaborateurs reprennent leurs vieilles habitudes. L'agencement physique de l'espace de travail a un impact beaucoup plus durable. Le nôtre est totalement ouvert. Les gens doivent apprendre à se concentrer malgré des myriades de distractions. L'avantage, c'est qu'ils absorbent l'information de façon périphérique, tout en s'occupant d'autre chose. Le fait de voir à tout moment ce que font leurs collègues nous prémunit contre les divagations puériles des paranoïaques qui se croient toujours attaqués. La transparence engendre l'honnêteté, comme sur les marchés. Je fais régulièrement de grandes proclamations enjoignant à tout le monde de travailler ensemble, mais l'absence de cloisons est nettement plus efficace que tous mes beaux discours. (Bien sûr, cela ne durera que jusqu'à ce que la prochaine équipe de direction fasse venir un entrepreneur pour en dresser dans tous les coins, ce qu'ils feront dès le lendemain de mon enterrement, je ne me fais aucune illusion à ce sujet !)

L'ouverture met en valeur ce que nous avons de plus précieux, les hommes et les femmes qui travaillent chez nous. L'entreprise, c'est *eux*. On pourrait remplacer notre technologie, nos données, notre réputation et nos clients, mais personne ne pourra jamais reproduire le Groupe que nous avons constitué et la culture qu'il a développée. Nous sommes une équipe. Chaque année, pour améliorer la communication au sein de la société et entre les familles, nous organisons un pique-nique l'été et une soirée de Noël, où sont invités enfants, époux ou épouses, compagnes ou compagnons. Ce sont des occasions mémorables. (Nos chers bambins découvrent où sont papa ou maman, avec qui ils travaillent pendant qu'eux-mêmes sont à l'école.) Nous nous encourageons mutuellement, sans cesse. (Nous faisons aussi du sport et du bénévolat ensemble, nous enseignant mutuellement de nouveaux savoir-faire.) Les plus jeunes de nos collaborateurs se retrouvent en dehors du bureau. (Comme agence matrimoniale, nous sommes certainement plus performants que la plupart des officines ayant pignon sur rue.) Nous travaillons ensemble. (Beaucoup de gens m'ont dit que tous les membres de notre personnel ont toujours le sourire, ce qu'ils n'avaient jamais vu ailleurs. J'espère que c'est vrai.)

Comparez-nous à nos concurrents. En général, dans le hall de réception et les pièces destinées aux visiteurs, la moquette est plus épaisse qu'ailleurs. Les hôtesses sont choisies pour leur présentation plus que pour leur sens du contact. Quant au salarié moyen, il est relégué à un ascenseur non VIP. Les clients ne voient que des représentants aseptisés. Ces sociétés auraient-elles honte de leur personnel ? C'est vrai, le programmeur moyen ne s'habille pas comme un commercial, il est souvent timide, il a parfois les cheveux longs. Ils sont comme ça, les programmeurs ! Et alors ?

* * *

Je me suis fait critiquer parce que je refuse d'assister aux pots d'adieux et de souhaiter bonne chance aux collaborateurs qui nous quittent (la rotation du personnel est insignifiante, mais il arrive tout de même que des gens s'en aillent !) Pourquoi me forcerais-je ? Je ne leur veux pas de mal, mais je ne peux pas non plus leur dire que je souhaite qu'ils réussissent. Ce serait mentir. Nous dépendons les uns des autres, et quand quelqu'un part, ceux qui restent en paient forcément les conséquences. La personne qui décide de s'en aller nous apportait forcément une contribution très utile, sinon elle n'aurait pas été là. Nous sommes tous là pour gagner notre vie, et son départ rend la tâche plus difficile. Mais si, ce qu'à Dieu ne plaise, l'un des nôtres part travailler chez un concurrent, alors de tout cœur, et très cordialement, nous espérons qu'il échouera. À son nouveau poste, son but avoué est de nuire à ses anciens collègues.

C'est devenu un ennemi. Un point c'est tout. Il y a *nous* et il y a *eux*. Entre *nous,* on se serre les coudes. Mais si vous partez, vous serez l'un d'entre *eux*.

J'ai déclaré, il y a longtemps déjà, que nous ne reprendrions jamais quelqu'un qui nous avait quittés pour des raisons autres que familiales. Avons-nous vraiment le choix ? Deux personnes travaillent côte à côte. L'une s'en va, parce qu'ailleurs l'herbe est plus verte. L'autre donne un énorme coup de collier et fait le travail des deux. Plus tard, celui qui nous a laissés en plan, se rendant compte que, finalement, l'herbe n'était pas plus verte ailleurs, voudrait que tout lui soit pardonné. Mais comment pourrions-nous regarder dans les yeux celui qui est resté et qui s'est coltiné un travail monstrueux si nous laissons revenir le « traître » ? Je réagis exactement de la même manière quand un collaborateur me dit avoir reçu une offre ailleurs mais être disposé à rester chez nous si je lui accorde une augmentation immédiate : « Bon vent ! » Que dirions-nous à ceux qui ne nous menacent pas si nous achetions la fidélité des autres ?

Il y a autre chose que nous ne traitons pas comme tout le monde : les privilèges du rang ou de l'ancienneté. Chez nous, quand on grimpe les échelons, le salaire augmente, mais cela ne veut pas dire que nous acceptons que vous travailliez moins et preniez plus de vacances. C'est même tout le contraire. Vous êtes plus précieux, vous êtes mieux payés : vos collègues peuvent donc vous en demander davantage. L'augmentation de votre rémunération correspond aux services rendus aujourd'hui et demain, pas à votre performance passée. Vous ne voulez pas vous engager sur cette voie ? Alors refusez la promotion et l'augmentation. Nous ne vous en voudrons pas, et vous ferez un heureux : celui qui prendra le poste à votre place.

Pour le parking, c'est pareil. Aucune place n'est réservée à la direction. Si vous voulez ranger votre voiture juste à côté de la porte, vous n'avez qu'à arriver plus tôt. Créer des distinctions de classe, cela n'apporte rien. C'est la raison pour laquelle je suis également contre les salles à manger de direction. Ce n'est pas une question de justice. Mais si vous rappelez sans cesse à ceux qui sont en bas de l'échelle qu'ils ne sont pas en haut, comment voulez-vous qu'ils se donnent à fond ? Souvenez-vous que si vous tuez la moitié de ce personnel subalterne, la moitié de ceux qui restent rétrogradent immédiatement vers ce groupe.

Si l'on veut du dévouement, de la coopération et de la performance, il faut protéger, assister, développer et payer. Le contrat social est à double sens. Comme le dit la Bible, on récolte ce que l'on sème. Oui, nous attendons de notre personnel qu'il fasse de longues journées de travail. Tous nos salariés doivent se présenter au bureau, même les jours où ils préféreraient rester au lit. C'est vrai, on se trouve parfois obligé de travailler avec des collègues que l'on n'aime pas beaucoup. Bien sûr, vous êtes là pour produire et non pour traîner toute la journée autour de la machine à café. Autrement, comment voulez-vous que nous augmentions les salaires tous les ans ?

Notre entreprise doit également assumer ses responsabilités, qui vont de la sécurité physique à des programmes de prévention contre la maladie et les accidents à la couverture médicale la plus chère du marché. Nous attachons une grande importance au développement du personnel : formation permanente et tutorat par une équipe de formateurs spécialisés que nous employons à plein temps augmentent la valeur de chacun de nos salariés. Nous créons des opportunités. Nous pratiquons la promotion interne, nos managers sont affectés à nos autres bureaux de par le monde, nous donnons l'occasion de changer de secteur d'activité : tout cela nous différencie des autres employeurs. Nous associons nos salariés à notre réussite financière : tous reçoivent des salaires élevés, une participation aux résultats importante, un remboursement généreux des frais de déplacement.

Notre politique de gestion des ressources humaines fonctionne-t-elle ? Comparez-nous à nos concurrents ou même à d'autres entreprises de taille similaire. Nous avons un taux de rotation du personnel extraordinairement bas pour une société employant beaucoup de jeunes programmeurs, de commerciaux et de journalistes et recrutant des personnes de toute origine. Les associations féminines nous citent toujours en exemple – à les en croire, nous sommes un employeur modèle. L'aide que nous apportons aux jeunes en début de carrière quand ils souhaitent compléter leurs études est légendaire. Presque tout le monde souhaite entrer chez nous, ceux qui nous quittent sont rares. La satisfaction du personnel et sa fidélité sont la clé d'un développement qui nous permet d'augmenter les salaires de l'ensemble du personnel de 15 % par an en moyenne – tous les ans. Croyez-vous qu'ils trouveraient cela ailleurs ?

La loyauté, c'est essentiel. Mon personnel attend de moi que je me montre loyal envers eux et vice versa. Soyez honnête, travaillez d'arrache-pied, traitez-vous les uns les autres de façon équitable et ouverte. Ajoutez à cela un soupçon de compétence, et nous serons ensemble longtemps.

* * *

Dans les affaires, la croissance est une nécessité. On grandit ou on disparaît. Aucune entreprise, quelles que soient ses performances, ne peut se permettre de s'accrocher au statu quo. Les clients changent, leurs besoins évoluent au fil du temps et les services qui les aident à faire leur travail sont en perpétuel devenir. Malheur au fournisseur qui ne propose pas la meilleure offre. Si vous comptez davantage sur la qualité de relations anciennes que sur celle de vos produits et services, je vous conseille de vous consacrer plutôt à l'amélioration de votre handicap au golf. Vous avez noué des liens d'amitié avec l'acheteur ? Votre concurrent en a noué avec son successeur !

De la même manière, aucune entreprise ne peut espérer qu'il suffise d'avoir la meilleure offre pour l'emporter. Aucun offre n'est éternelle, les brevets finissent toujours par expirer. Souvenez-vous de la machine à traitement de texte de Wang, du mini de Prime Computer, du Betamax de Sony et du PC d'IBM. Les consommateurs ont un appétit insatiable de produits susceptibles d'améliorer leur qualité de vie – mais pas une once de fidélité aux produits anciens et aux marques. Le temps améliore peut-être la grande littérature, l'art, la musique, la danse, le design ou la philosophie, mais dans le monde commercial, le vieux disparaît du jour au lendemain pour faire place au neuf.

Tous les jours, chez Bloomberg, nous sommes confrontés à des défis qui mettent en péril notre petite vie confortable. Il nous faut constamment lutter contre des concurrents établis qui tentent d'ôter le pain de la bouche de nos enfants. Et puis il y a les start-ups qui veulent démolir tout ce que nous avons construit. Si nous restons plantés là sans rien faire, leurs produits prendront les nôtres de vitesse. Si nous n'y prenons garde, un jour il leur sera plus facile d'ajouter nos caractéristiques à leurs produits qu'à nous de continuer à faire l'inverse. La croissance fait de nous une cible mouvante, nous empêchant ainsi de devenir une proie facile.

Ce qui complique encore la tâche, c'est la menace d'être avalés par des géants qui, dès l'instant où nous avons établi un marché, lorgnent sur notre clientèle. Ces intrus paient le ticket d'entrée à prix d'or, puis anéantissent tout ce que nous avons mis en place. Ils débauchent notre personnel en proposant des ponts d'or, sans se rendre compte qu'aucun salarié, d'aucune société, n'a la même valeur dès l'instant où il ne peut plus compter sur ses coéquipiers pour prendre le ballon ou plaquer l'un des joueurs de l'équipe adverse.

Il existe une autre source de concurrence insidieuse particulièrement irritante. Nos clients finissent par être blasés de notre service. Si nous leur apportons de façon compétente et régulière, ils en concluent que d'autres doivent pouvoir en faire autant. Tout à coup, les voilà qui se mettent à faire des propositions à nos concurrents et à faire pression sur nous pour faire baisser nos prix. Ensuite, ils se disent qu'ils peuvent fournir eux-mêmes le même produit ou service pour moins cher. Et pourquoi pas, peut-être le construire et le vendre à d'autres… Donc, pour survivre, nous sommes condamnés à grandir et à faire toujours mieux. Tout fournisseur qui offre aujourd'hui ce qu'il vendait hier sera mort demain.

Les entreprises doivent grandir pour des raisons internes, aussi. Faute d'être stimulés par le défi de la nouveauté, le dynamisme et la créativité du personnel s'atrophient. Le travail ne passionne plus personne, cela devient une corvée. S'il n'y a pas de croissance, on ne crée pas de nouvelles opportunités, donc pas de débouchés pour les collaborateurs qui méritent pourtant une promotion. La leur accorder tout de même suppose de pousser les individus les plus productifs à des postes dits « de responsabilité » mais dépourvus de réel intérêt. Excellent moyen de neutraliser ceux qui nous apportent le plus ! Nous devons donc nous développer pour créer de nouveaux postes valables, ou voir nos meilleurs éléments nous quitter pour prendre ailleurs des postes de management, anéantissant ainsi ce que nous avons construit au fil des années.

* * *

Bloomberg se développe essentiellement d'une façon traditionnelle, c'est-à-dire à partir de notre produit de base. C'est encore ce que nous faisons le mieux.

Nos produits sont désormais destinés au monde entier. Quand nos clients, opportunités et fournisseurs s'installent dans de nouvelles villes, de nouveaux pays et même sur de nouveaux continents, nous en faisons autant. Évidemment, cela suppose que nos collaborateurs parlent différentes langues, comprennent les conventions inhabituelles de calculs d'obligations, s'habituent à des coutumes différentes en matière de service à la clientèle. Nous devons nous plier à un droit du travail très différent du nôtre, nouer des relations avec des partenaires nouveaux et nous soumettre à des autorités de tutelle inconnues. Il nous faut adapter notre produit à d'autres marchés, d'autres types de titres, d'autres formats, d'autres terminologies.

Nous améliorons la fonctionnalité de notre produit. Les besoins des consommateurs évoluent – nous leur apportons ce qu'ils souhaitent ou nous perdons leur clientèle. Par exemple, Bloomberg diffuse des informations sur les entreprises, y compris leur compte de résultats, leurs bilans, leurs communiqués de presse, les articles qui paraissent à leur sujet et les annonces légales. Bloomberg donne aussi mille détails concernant les titres qu'émettent ces entreprises, entre autres les termes, les conditions, les restrictions, les actionnaires et les cours. Mais aujourd'hui nos clients en veulent davantage. Depuis peu, ils souhaitent savoir qui dirige les sociétés, qui analyse leurs perspectives, qui assure le courtage de leurs titres et qui investit dans leur avenir. Ils veulent des listes de tous ces gens, accessibles par noms, adresse, affiliation ou fonction, où figurent la photo, la formation et l'expérience, les écoles où ils ont fait leurs études, leurs anciens employeurs, leur titre, leur salaire, les distinctions reçues, les publications, les discours prononcés, les conseils d'administration et les clubs dont ils sont membres – c'est tout juste si l'on ne nous demande pas leur pointure. Il n'y a pas de limites à l'information disponible sur chacun d'entre nous – et tout cela est dans le domaine public, n'attendant que d'être collecté, débroussaillé, indexé intelligemment. Il nous reste qu'à nous atteler à la tâche.

Cinquante de nos collaborateurs se consacrent à ce « People Project » que je viens de décrire. Il illustre à merveille notre méthode de travail. Nous avons commencé la collecte des données sur les dirigeants d'entreprise exactement comme nous nous étions auparavant attaqués à des centaines d'autres tâches écrasantes. Première étape, nous avons recensé des informations concernant les PDG des principales entreprises américaines, données que nous possédions souvent déjà ailleurs. Pendant que nous transformions tout cela en une nouvelle base de données utile, nous rassemblions le même type d'informations en Europe et en Asie. Revenant ensuite aux États-Unis, nous avons fait la même chose pour les dirigeants un peu moins prestigieux. Ensuite, nous sommes passés aux administrateurs et aux décideurs moins chevronnés, puis aux spécialistes des relations publiques. À la suite de quoi nous avons réduit la taille minimum des sociétés destinées à figurer dans la base de données et nous avons recommencé le processus.

Nous avons travaillé étape réalisable après étape réalisable, chacune étant valable en elle-même, chacune apportant, aussitôt achevée, un service à nos clients, tout en générant un chiffre d'affaires permettant de financer la suite du processus. Surtout, nous avons pu voir comment les clients utilisaient les données que nous étions encore en train de rassembler. Rien de tel qu'un échantillon pour faciliter le développement.

Quand on ajoute un nouveau produit à une gamme existante, il faut en général modifier aussi les produits existants : tous sont liés. Les concepts développés pour un groupe de clients font envie aux autres, en particulier lorsqu'ils font appel à une terminologie ou à une technologie à la mode. Le client moyen n'utilise peut-être que le produit conventionnel, mais si vous perdez votre réputation d'être l'expert, le gourou, celui qui fait avancer le chmilblick, vous perdez du même coup la fidélité de tous ceux qui vivent par association. La modernisation constante fait partie de la règle du jeu.

Il ne suffit pas, cependant, de développer un produit pour qu'il réussisse. L'infrastructure doit suivre. Le support technique, les plans de contingence, la fiabilité – tout cela revêt au moins autant d'importance que la nouvelle offre en elle-même. Plus vos clients sont anciens, plus ils comptent sur vous. Plus ils sont nombreux, plus vous avez à perdre. Plus on vous considère comme le spécialiste reconnu, plus votre réputation ancienne de fiabilité a de prix.

Faire en sorte que ce que vous avez bâti résiste aux injures du temps est un processus sans fin. Il ne se passe pas de jour sans qu'un problème totalement inattendu ne surgisse. Il ne se passe donc pas non plus de jour sans que vous résolviez un problème que vous ne vous connaissiez pas. Bine sûr, c'est verrouiller la porte de l'écurie après que le cheval se soit échappé, mais ainsi le prochain ne pourra plus s'enfuir. Tous les jours, vous maîtrisez la situation un peu mieux que la veille. Le temps passant, vos états de service s'améliorent. Ils ne seront jamais parfaits, mais ils sont de plus en plus acceptables.

* * *

Les normes que nous nous imposons, elles aussi, croissent et évoluent. Les systèmes comptables ne peuvent accompagner et refléter correctement la croissance que si on ne les améliore constamment, de même que l'éthique et les comportements doivent subir quelques modifications, surtout quand on se met à travailler à l'étranger. Nos collègues, à l'autre bout de la terre, ne sont pas des copies conformes des Américains que nous sommes avec, simplement, un accent un peu bizarre. Certaines pratiques, parfaitement acceptables ici, sont tabou là-bas, et vice versa. La divulgation d'informations confidentielles, les tests anti-drogue pour les salariés, les « considérations » (c'est-à-dire des pots de vin, pour un Américain), le harassement sexuel, la fraternisation – toutes ces choses ont des résonances totalement différentes en fonction de la culture locale. Ce qui est normal et correct à un endroit apparaît peut-être comme blasphématoire ailleurs. Ce qui relève du domaine public ici est peut-être un secret d'État là-bas, sa divulgation constituant un crime capital.

Les pratiques de l'emploi et la législation sociale concernant le recrutement, le licenciement, les congés payés, la maternité, les arrêts de maladie et les salaires varient énormément d'un pays à l'autre. Si l'on applique partout les mêmes normes, on risque de tomber dans l'illégalité et la pagaille. Pour toute entreprise qui travaille dans deux pays ou plus, il est parfaitement possible que telle disposition soit légale dans un pays, illégale dans l'autre. Le département des ressources humaines doit accompagner la croissance de la société, acquérant avec souplesse une nouvelle expertise.

Il en va de même pour la sécurité. On s'inquiète toujours à la perspective de perdre ses droits de propriété intellectuelle ou son patrimoine, mais si l'on ne se montre pas vigilant, on peut perdre d'autres choses tout aussi importantes – comme le bien-être physique et la liberté d'expression. Tous les pays ne sont pas à la fois sûrs et ouverts. Dans plusieurs de nos bureaux, nous avons décidé de porter des badges, et là encore, nous comptons sur les responsables pour donner le bon exemple. Le PDG de votre entreprise porte-t-il son badge ? Vous devriez lui rappeler que la sécurité est une affaire sérieuse. Passer aux rayons X les paquets qui vous sont livrés ? Il faut le faire. Prévenir la police quand vous recevez des coups de téléphone suspects ? Il ne faut pas hésiter. De plus, il ne faut jamais prendre à la légère le comportement inhabituel d'un visiteur ou d'un individu posté à l'extérieur. En particulier quand on vient de publier un article controversé, aucune précaution ne doit être négligée. Il peut y aller de votre vie.

Beaucoup de sociétés s'implantent à l'étranger avec l'aide d'un partenaire. Nous ne l'avons jamais fait, et cela a ralenti de plusieurs années notre entrée dans certains pays. (Il nous a fallu huit ans pour obtenir les autorisations nécessaires en Corée, alors que nous les aurions sans doute obtenues en quelques mois si nous nous étions associés à une société locale.) Je continue cependant à penser que nous avons intérêt à conserver notre indépendance. Comme nous ne sommes pas structurés autour de centres de profits séparés, nous ne saurions jamais comment affecter les pertes et profits éventuels. Comme rien ne fonctionne de façon autonome chez nous, tout ce qui avantagerait un produit ou une zone aux dépens d'un autre serait inacceptable. Nos normes, nos habitudes de travail et notre éthique diffèrent de celles des autres entreprises – je ne dis pas qu'elles soient meilleures, je dis simplement qu'elles sont différentes. Dans ces conditions, je vois mal comment nous pourrions faire cause commune avec une autre société. Ce n'est déjà pas facile de gérer nos propres affaires. Comment pourrions-nous gérer les leurs en même temps ?

Quand nous avons décidé d'ouvrir un bureau au Japon, on m'a répété maintes fois les deux conseils suivants : prenez un partenaire japonais (faute de quoi nous ne parviendrions paraît-il jamais à satisfaire les réglementations administratives) et n'envoyez là-bas aucune femme (à l'époque, les femmes d'affaires japonaises étaient en uniforme et leur unique fonction consistait à servir le thé). Bloomberg étant Bloomberg, nous avons ouvert sans partenaire local (et sans aucun problème avec l'administration) et nous avons envoyé deux femmes prendre la responsabilité du bureau (elles se sont fait accepter et ont réussi à recruter des hommes pour travailler sous leurs ordres). Voilà pour les idées reçues.

Maintenir l'égalité des sexes lorsqu'on se développe à l'échelle internationale est un vrai défi. Je souhaite que notre personnel soit composé de 50 % d'hommes et de 50 % de femmes, à tous les niveaux, dans toutes les fonctions, et dans chacun de nos bureaux. (Vous le savez, j'ai deux filles, et je ne vois pas pourquoi elles ne bénéficieraient pas des mêmes opportunités que vos deux fils !) Mais nombre de nos clients ne pratiquent pas cette politique. Cela leur importe peu que la population mondiale soit constituée, en gros, de 50 % d'hommes et de 50 % de femmes. Il nous arrive souvent de participer à des réunions de haut niveau où toutes les personnes qui ne servent pas le thé sont du sexe masculin. Il arrive souvent que nos clients ignorent notre manager femme et s'adressent exclusivement à notre représentant masculin assis à côté d'elle. (Même au sein de notre propre personnel, nous avons un manager, en Asie, dont la femme marche un pas derrière son mari quand ils sortent ensemble. Elle considère que c'est sa place. Vous imaginez l'indignation quand une jeune occidentale leur rend visite !)

Nous appliquons les principes qui nous semblent valables – et nous laissons les autres pratiquer des politiques discriminatoires si bon leur semble. Personnellement, d'un point de vue égoïste, j'espère que nos concurrents ont des critères de recrutement autres que la compétence. S'ils ont envie de me faire des cadeaux, je ne vois pas pourquoi je cracherais dessus !

* * *

L'autre voie royale vers la croissance, c'est la diversification de produit – il s'agit donc de se lancer dans des activités nouvelles au mieux tangentielles par rapport à l'offre existante de la société. Cette diversification peut correspondre à divers motifs. Par exemple, les nouveaux produits semblent prometteurs et la direction estime que les activités traditionnelles n'ont plus beaucoup de potentiel de création de valeur. Le marché laisse prévoir une période de croissance lente (traduisez PER faible, donc accès de faiblesse prévisible du cours des actions de l'entreprise, donc la direction prêtera le flanc à la critique). Il arrive aussi que le PDG s'ennuie, ait envie de s'orienter vers des secteurs d'activité plus « tendance ». D'autres jouent sur l'argument classique de la synergie, selon lequel un et un font plus que deux. C'est certainement sur ce raisonnement que reposait, en 1969, l'acquisition de Scientific Data Systems par Xerox. L'acquéreur avait déboursé un milliard de dollars, car il s'agissait d'une société « stratégiquement complémentaire ». Sept ans plus tard, Xerox se désengageait en inscrivant à son bilan une valeur de zéro. Un milliard de dollars, c'était beaucoup d'argent, à l'époque !

La diversification de produit profite parfois effectivement aux salariés, aux actionnaires et aux clients. Mais, d'une façon générale, historiquement, la croissance par la diversification s'est avérée décevante. Se pourrait-il que la stagnation de l'activité traditionnelle de l'entreprise résulte parfois d'un piètre management ? Qu'un encadrement déplorable et une prise de décisions incohérente soient les deux vrais piliers de l'entreprise concernée ?

Quand la diversification est-elle souhaitable ? Uniquement lorsqu'elle s'inscrit dans la lignée de ce que vous faites déjà. Les entreprises ont des éthiques, des talents et des structures adaptés à leur activité spécifique. Il n'est pas réaliste de croire que les compétences et les capacités de management sont facilement transférables. D'une manière générale, ce n'est pas vrai. Il est rare que les synergies soient autre chose que des élucubrations de consultants. (Prenez les pommes et les oranges : ces deux fruits poussent sur des arbres, n'est-ce pas ? Ils sont néanmoins cultivés dans des environnements totalement différents par des agriculteurs dont les compétences sont tout aussi différentes, qui utilisent des matériels différents, dans le cadre de saisons et d'une économie différentes. À supposer que vous possédiez une orangeraie, acheter un verger de pommiers se traduirait sans doute par un stock de pommes pourries et moins de temps pour vous occuper de vos orangers.)

Les organismes bien gérés, qu'ils soient à vocation commerciale, politique, éducative, militaire ou humanitaire, reposent sur des objectifs conceptualisés longtemps à l'avance. Envisager de nouvelles possibilités suppose de vérifier qu'elles correspondent à ces objectifs prédéfinis. Cette manière de faire permet de modérer la tentation de suivre la mode du jour. Le bon management consiste à élaborer à l'avance son plan stratégique, puis de ne rien faire qui, tactiquement, n'y serait pas conforme – moins que jamais s'il s'agit d'une opportunité que vous apporte votre banque d'investissements en vous affirmant que des occasions comme celles-là, on n'en rencontre qu'une fois dans sa vie, qu'elles ne se représenteront pas si vous ne les saisissez pas immédiatement, etc. Si ce n'est pas votre métier, il vaut mieux ne pas vous y intéresser.

C'est la même chose pour Bloomberg. Nous avons enregistré une croissance spectaculaire et notre diversification est restée dans la droite ligne de notre mission, telle que nous l'avions définie. Notre but est de fournir l'information et les capacités analytiques dont les professionnels sérieux ont besoin pour faire leur travail. Notre terminal est manifestement destiné à un utilisateur intelligent et cultivé, jouissant de revenus confortables. Notre radio et notre télévision, avec leur politique d'informations sérieuses, bannissant les faits divers et la criminalité, semblent exclure d'avance tout auditeur ou téléspectateur n'ayant pas un niveau intellectuel élevé. Quant à nos activités d'édition ou de presse écrite, elles visent les investisseurs professionnels ou les consommateurs qui s'intéressent à la finance. (Qui d'autre pourrions-nous attirer, avec des livres portant des titres tels que *Option Adjusted Spreads ?*) Nos produits d'informations par téléphone complètent nos autres offres (il s'agit d'un service d'assistance technique pour les utilisateurs de nos terminaux, de sites Internet de notre magazine et de nos émissions télévisées et d'une couverture des marchés financiers accessible par le téléphone). Jusqu'à présent, tout ce que nous avons fait s'est inscrit dans une vraie cohérence.

Une fois vérifiée cette cohérence par rapport à nos objectifs stratégiques, nous cherchons s'il existe un chevauchement possible avec nos produits existants. Le nouveau produit ou service complète-t-il ce que nous faisons déjà ? Nous permettra-t-il d'employer le personnel que nous avons déjà ? La technologie nécessaire est-elle compatible avec ce que nous savons déjà produire ? Que pouvons-nous faire que nos concurrents ne peuvent pas faire ? (Il n'y a aucune raison de s'adonner aux produits et services « moi aussi ». On ne gagne pas d'argent avec des produits interchangeables.) Avons-nous des limitations susceptibles de nous désavantager ? (Comme nous relevons de la presse, nous jouissons d'un accès privilégié à l'information, mais nous ne pouvons pas nous permettre d'être perçus comme assurant la promotion de nos sources.) Nos structures sont-elles adéquates ? (Notre culture d'entreprise ne fonctionne que dans le cadre d'un certain modèle opératoire : des salariés bien rémunérés jouissant d'une grande sécurité de l'emploi ainsi que d'avantages sociaux fort coûteux – ce sont des luxes que l'on ne peut s'offrir qu'avec un produit permettant de dégager des marges élevées avec de faibles volumes.) Enfin, nous tenons à avoir des activités rentables, je n'ai jamais pensé que Bloomberg doive être une bonne œuvre, mes filles ne le penseraient pas non plus si elles y réfléchissaient.

* * *

On nous présente souvent des opportunités de grandir ou de nous diversifier par le biais d'acquisitions. Je ne laisse pratiquement jamais le représentant du vendeur nous adresser son dossier. Si nous ne sommes pas sérieusement intéressés, il n'est pas honnête de prendre connaissance de ces informations confidentielles et, de toute manière, je m'en fiche. Si l'entreprise était suffisamment performante pour que nous envisagions de l'acheter, elle ne serait pas à vendre. Il peut être intéressant de voir comment les autres s'y prennent, mais la seule chose qui compte vraiment, c'est de savoir ce dont nos clients ont besoin. Regarder le dossier ne peut que jeter inutilement le doute dans nos esprits ; en outre, nous risquerions de subir l'influence de managers que nous ne recruterions jamais.

Chez Bloomberg, nous sommes des bâtisseurs, pas des acquéreurs. Je ferais un piètre spécialiste du capital-risque ; je trouve systématiquement surévaluées toutes les entreprises que je regarde. Je pense toujours que nous pouvons créer la même chose nous-mêmes pour moins cher. Quand il m'arrive de trouver que le *goodwill* (c'est à dire l'écart positif entre le prix d'acquisition d'une entreprise et son actif net comptable) est justifié, je me précipite pour prendre une douche froide. La société mise en vente vaut peut-être le prix de l'acquisition, mais pourquoi ? Toutes ces entreprises me paraissent souffrir de problèmes que je trouverais difficiles à résoudre – il faudrait bien pourtant que j'y parvienne puisque, si je me résolvais un jour à acheter quelque chose, j'en ferais à coup sûr mon petit protégé, je voudrais à tout prix l'installer sur une orbite de croissance infinie. Vendre ne me tente guère plus.

Le vrai problème, en matière d'acquisitions, c'est que ni les cultures d'entreprises, ni les technologies ne se prêtent au mélange. L'avantage momentané, pour l'acheteur, de se trouver immédiatement à la tête d'une nouvelle unité opérationnelle, se dissipe souvent très vite et l'on se retrouve confronté aux problèmes qui ont entraîné la mise en vente. Le plus souvent, lorsqu'il s'agit de deux bonnes entreprises, elles continuent à opérer séparément et n'ont de contacts qu'au niveau du conseil d'administration. S'il s'agit de deux entreprises mal gérées, elles se rapprochent souvent au niveau opérationnel, où les pires défauts de chacun des deux partenaires peuvent provoquer les dégâts les plus irréparables à l'un comme à l'autre. Cela doit être inscrit quelque part, cela devrait l'être, en tout cas : moins plus moins égale pire !

Historiquement, nous n'avons fait que deux acquisitions : celle d'une société de trois personnes puis, un peu plus tard, celle d'une entreprise comportant douze salariés. Les deux se sont bien passées mais, chaque fois, j'ai enduré trop de nuits sans sommeil pour être tenté de faire de l'acquisition une habitude. La croissance externe est un pari à haut risque. Il est vrai qu'un certain nombre (très réduit) d'acquisitions tiennent leurs promesses. Mais c'est prendre un risque « pleins pots », en déboursant dès le départ la totalité de l'investissement, sans aucune garantie de réussite, ce qui me met très mal à l'aise. Je ne suis peut-être pas assez fort. Quand je cherche à développer nos activités, je préfère commencer par investir un capital que je peux me permettre de perdre et y affecter un petit nombre de collaborateurs que nous pourrons toujours réorienter vers d'autres projets si les choses tournent mal. De cette façon, nous n'avons jamais l'impression d'être « collés » à nos erreurs éventuelles, de même que nous ne sommes jamais à la limite de nos capacités au point de ne pas pouvoir lancer simultanément d'autres entreprises expérimentales. (Par déférence pour nos prestataires de services professionnels, je n'insiste pas sur les économies d'honoraires – avocats, audits, banques d'investissements – que nous vaut notre stratégie de bâtir plutôt qu'acquérir.)

L'aspect humain revêt au moins autant d'importance. Construire nous-mêmes notre croissance nous permet de récompenser nos meilleurs collaborateurs, à qui nous sommes en mesure de proposer les postes de direction fraîchement créés. À l'inverse, la croissance externe m'obligerait à mettre sur le pavé tout un tas de gens que je n'ai jamais vus, à qui je n'ai personnellement rien à reprocher. Je ne sais pas comment je pourrais expliquer cela à mes filles ni pourquoi, à mon âge, je m'imposerais cette tâche.

Il se présentera certainement à l'avenir une exception ou deux – des entreprises offrant une identification de marque que nous ne pourrions jamais reproduire, des canaux de distribution que nous ne pourrions pas acheter, ou enfin l'occasion de mettre fin à une dépendance mal vécue par rapport à un fournisseur. Que ferons-nous ? Vous verrez bien le moment venu. (S'il nous arrivait d'envisager sérieusement une acquisition, je suis sûr, malheureusement, que nos concurrents se précipiteraient pour faire de la surenchère pour arrêter le processus.) Tout ce que je peux garantir, c'est que si nous achetons une autre société, elle s'inscrira parfaitement dans la lignée de notre mission et que cela nous coûtera moins cher que de copier ses produits.

* * *

Que ce soit en bâtissant ou en achetant, la croissance comporte des dangers que l'on ignore à ses risques et périls. Nous tenons absolument à ce que tout le monde puisse être remplacé au pied levé, quel que soit le poste. Faute de quoi, si l'unique responsable donne sa démission ou se fait écraser par un camion, c'est la catastrophe. (Je trouve normal que la perte de l'un d'entre nous, y compris les gens de mon acabit, nous fasse mal, mais pas qu'elle nous soit fatale.) Au cours des entretiens d'évaluation avec les managers travaillant directement sous mon autorité, je leur demande systématiquement qui est leur remplaçant. « Si vous n'en avez pas, je ne peux pas envisager de vous confier des responsabilités plus importantes. Si vous n'en avez pas la prochaine fois que je vous poserai la question, ce n'est peut-être plus à moi que vous rendrez des comptes. »

Que se passera-t-il si je viens à disparaître, à perdre mes facultés ou à prendre ma retraite ? Comment faire en sorte que le Groupe continue à tourner, que mon patrimoine et l'avenir de mes salariés soient protégés, le service à nos clients assuré ? Les règles que j'impose aux autres sont valables aussi pour moi. Je dois assurer ma propre succession, exactement comme les autres managers. Autrement, je manquerais à mon devoir, d'ailleurs je ne vois pas comment je pourrais m'y soustraire. Qu'ai-je mis en place pour Bloomberg *sans* Bloomberg ?

Nos clients ont avec nous des contrats à long terme. Nous pouvons donc compter sur une base de revenus très stable ; mon successeur aura le temps de s'assurer qu'il a la barre bien en mains avant que quiconque ne songe à s'adresser à la concurrence. La personne qui me remplacera devra mériter leur confiance et leur respect, mais au moins, il ou elle en aura le temps. Nos salariés partagent, à long terme, la réussite de leur entreprise. Notre financement repose entièrement sur des emprunts à long terme remboursables par petites tranches progressives, ce qui devrait être faisable quel que soit le scénario financier. La société est bénéficiaire d'une police d'assurance vie extrêmement importante sur ma tête, elle touchera donc une somme considérable à ma mort. S'il se posait à ce moment un problème de trésorerie, il serait résolu immédiatement. Comme je laisse le plus clair de mon patrimoine à une fondation, les droits de succession ne poseront pas de problème.

Qui me succédera ? Je tiens constamment le conseil d'administration au courant. J'ai dit aux administrateurs ce que je ferais à leur place. Mais n'oubliez pas que lorsqu'ils prendront leur décision, je serai mort – et, de là où je serai, je ne pourrai plus jouer les patrons. Il leur faudra choisir la personne qui leur paraîtra la plus qualifiée à ce moment-là, pas nécessairement celle que je choisirais aujourd'hui. En attendant, comme il n'y a pas de dauphin désigné, tout le monde a encore une chance de franchir la distance qui sépare son bureau du mien, reste incité à enrichir ses compétences et son expérience et doit continuer à travailler en équipe. Tant que je suis dans les parages, il est bon qu'il en aille ainsi.

Pour gérer notre croissance, nous avons besoin des meilleurs managers que nous puissions former, ainsi que des meilleurs spécialistes pour notre comptabilité interne et le contrôle de gestion. Nos programmeurs de pointe travaillent à nos propres besoins, pas à ceux de nos clients. Si nous ne gardons pas la maîtrise de notre développement, rien d'autre n'a d'intérêt. Nous devons être en mesure de servir nos clients, payer et encaisser les factures, payer nos impôts, détecter les fraudes, repérer les tendances, etc. Aucune entreprise ne peut survivre sans contrôles adéquats.

En raison de leur taille, nos concurrents ont une capacité limitée à réagir aux menaces. Il nous faut éviter de tomber dans ce piège en grandissant nous-mêmes. Par exemple, les grandes entreprises affectent les dépenses aux différents services, ce qui tend à les dresser les uns contre les autres. Pour notre part, nous ne fonctionnons pas par « centres de profit ». Comme elles s'attachent au cash flow et non aux résultats (elles ne considèrent jamais les amortissements comme un vrai coût, ce qui est ridicule compte tenu de la vitesse à laquelle les biens deviennent obsolescents), elles ne disposent jamais des fonds nécessaires pour offrir au client le service et la technologie les meilleurs et les plus récents. Nous préférons pratiquer une politique d'amortissement agressive ; à nos yeux, il s'agit d'un coût réel. Elles travaillent avec des matériels qu'il faudrait moderniser pour améliorer le produit. Mais cela les obligerait à faire apparaître des moins-values sur leurs actifs, ce qui détruirait leur crédibilité auprès des établissements de crédit et des analystes de Wall Street. Nous fournissons à nos clients de nouveaux matériels et services dès qu'ils sont au point et non pas quand cela arrange notre compte de résultats. Comme nous ne sommes pas cotés en bourse, nous n'avons de comptes à rendre qu'à un petit nombre de personnes qui connaissent notre métier et ont une perspective à long terme.

Sans vouloir sous-évaluer les comptables, il faut reconnaître que les chiffres mentent – et que les menteurs savent s'en servir. Quand une entreprise grandit, il faut vraiment faire des efforts surhumains pour éviter de faire des bêtises dans ce domaine. Que de fois j'ai vu prendre des décisions confondant coûts marginaux et coûts totalement dotés, ou mal employer la valeur actualisée nette ! Ces concepts peuvent être des outils utiles, mais y adhérer aveuglément peut produire des résultats aberrants. Si la personne qui a inventé la roue avait utilisé la « valeur actualisée nette », nous nous déplacerions encore à pied !

La taille entrave aussi la croissance dans la mesure où elle inhibe la communication (ou, du moins, la rend plus difficile). Ce phénomène accroît encore la nécessité de contrôles intelligents, par opposition à la politique du carcan. Dans les grandes entreprises, il faut organiser réunion sur réunion pour impliquer et informer tous ceux qui sont concernés avant qu'il ne se passe quoi que ce soit. Cette meilleure information vaut-elle le temps que l'on y consacre ? J'ai tendance à me contenter de décider, puis à présenter mes excuses pour n'avoir pas tenu tout le monde au courant. Malgré toutes nos réglementations et procédures, j'aimerais secrètement que tous nos collaborateurs en fassent autant. Une fois, je me suis vraiment énervé à une réunion : chaque participant lisait une feuille (distribuée à l'entrée de la salle) sur laquelle se trouvait un résumé de l'activité de son département au cours de la semaine précédente. La semaine suivante, avant le début de la réunion, j'ai fait enlever toutes les chaises de la salle. Les conférences où l'on reste debout sont incroyablement plus courtes et mieux ciblées sur le sujet à l'ordre du jour. La taille favorise aussi le réflexe de se couvrir, qui ralentit le développement. Chaque manager protège son petit domaine, et c'est particulièrement vrai quand on ne sait pas ce que font les autres. La taille crée toutes sortes d'écrans.

Quant aux économies d'échelle qui sont censées aller de pair avec la taille, elles sont rarement réalisées. Prenez cette grande idée fausse, si répandue dans notre métier : il serait moins coûteux de maintenir un programme que de le développer. Ce n'est pas vrai. Il est clair que tout logiciel doit sans cesse être remis à jour si on veut qu'il conserve sa valeur. Les éléments dont on l'alimente changent. Le matériel et les communications changent. Les utilisateurs ont toujours besoin de nouveaux formats, instruments de tri, de champs et de calculs. C'est la raison pour laquelle nous recrutons sans cesse de nouveaux programmeurs. Que dire de la croyance que l'achat de matériel informatique est une dépense en capital que l'on fait une fois pour toutes ? Les gens croient toujours que quelque chose coûte X, coût qu'ils « capitalisent » en partant du principe qu'il n'y en aura pas d'autre. Pour ma part, j'ajoute toujours 40 % de X *tous les ans* (coût que je dois équilibrer par des rentrées correspondantes) – cela représente 10 % d'intérêts, 10 % d'entretien et 20 % d'amortissements. Total : 40 %. Ne chicanez pas sur les détails. Faites-moi confiance, comptez 40 %. Qui voulez-vous leurrer ? Vous-même ?

Notre plus grand défi aujourd'hui ? Lutter contre les effets abrutissants de la réussite, l'ankylose due à la croissance, le cancer de la société bien établie.

* * *

La direction doit promouvoir la croissance en l'inscrivant fermement dans la ligne de la mission que l'on s'est assignée. Les managers sont hélas des êtres humains, eux aussi, avec leurs intérêts personnels, leur ego, leurs insécurités semblables à celles de leurs subordonnés. Les exemples ne manquent pas d'acquisition et/ou de nouvelles initiatives entreprises pour des raisons n'ayant rien à voir avec la logique économique et justifiées après-coup. Par bonheur, le monde plus concurrentiel et plus ouvert dans lequel nous vivons aujourd'hui a réduit ces abus. Et, en toute justice, la plupart des chefs d'entreprise sont vraiment à la hauteur de la tâche. La réussite des entreprises américaines témoigne amplement de leur souci de l'éthique, de leur travail acharné et de leur talent. Il n'en demeure pas moins que les hommes ne sont que des hommes – et que les dirigeants sont avant tout des êtres humains. De quelles qualités doivent-ils faire preuve ?

La fonction première des patrons est de veiller au bien-être de l'actif le plus précieux de l'entreprise, son personnel. Cela suppose d'élaborer et d'administrer un système de rémunération qui encourage la coopération, récompense la prise de risques, incite à ne pas ménager ses efforts. Telle est la priorité numéro un pour le PDG.

Une équipe de direction particulièrement efficace est un atout considérable pour l'entreprise, c'est donc un investissement fantastique pour les actionnaires. Mais si les dirigeants ne parviennent pas à faire tourner l'entreprise, leur coût peut se révéler faramineux. Quand les magazines économiques publient des enquêtes sur les rémunérations des PDG, ils les mettent en regard de la croissance des résultats ou des performances boursières du titre. À mon avis, ce n'est pas ce qui compte le plus. C'est peut-être plus difficile à évaluer, mais les patrons devraient être payés non pour faire monter les cours ni même améliorer les résultats, mais bien pour rassembler, diriger et motiver le personnel dont l'entreprise a besoin pour bâtir son avenir.

Le patron est aussi le porte-parole de son entreprise, c'est l'une de ses fonctions les plus importantes, et aussi l'une des plus difficiles à déléguer. Tout le monde veut entendre, de sa propre bouche, le point de vue de l'homme qui est aux commandes (même si c'est quelqu'un d'autre qui a rédigé son discours). Les invités veulent lui serrer la main (même si, après la réunion, personne ne se souvient qui était qui). Au moment de l'échange de cartes de visite professionnelles et des photos, seul le PDG fait l'affaire. Ainsi, même si le patron a d'autres devoirs pressants, il doit considérer comme une priorité importante de se rendre disponible pour la presse, les actionnaires, le personnel et les clients. Chez Bloomberg, j'assume personnellement toutes les relations publiques de la firme, en interne et en externe. C'est trop important pour être confié à qui que ce soit d'autre.

(J'ai toujours été fasciné de constater que lorsque je dis quelque chose en ma qualité de patron, on m'écoute poliment, mais en considérant ce que je viens d'exprimer comme une simple opinion. En revanche, si je dis la même chose à un journaliste et qu'il cite la phrase dans son article, elle acquiert une immense autorité, même si elle est exprimée avec moins de précision et sans justification. Pourquoi ? Qu'est-ce qui fait que mon baratin, répété aveuglément par le journaliste, soit réputé vrai, ce qui n'est pas le cas de la version qui sort de mes lèvres ?)

Ensuite, traditionnellement, le leader doit servir de modèle. Le reste de la société tente d'imiter sa politique, son comportement personnel et professionnel, ses horaires. Sans doute, seuls les résultats obtenus permettent de dire s'il est têtu ou s'il a le courage de ses opinions, néanmoins, tout naturellement, ses subordonnés lui attribuent force et sagesse. (Mais le moindre signe de faiblesse peut détruire définitivement cette image.)

Faites une remarque en votre qualité de PDG et l'entreprise réagit. On va l'analyser, la critiquer, la tourner en ridicule ou décider de l'ignorer – quoi qu'il en soit, vous serez entendu. Vous allez à l'autre bout du monde pour découvrir que votre bureau local a institué une pratique invraisemblable – tout le monde porte un chapeau, par exemple. Pourquoi ? « Mais monsieur, c'est vous-même qui nous avez dit de le faire, dans une note, il y a quelques années ! » Effectivement, vous avez dû écrire ça, comme ça, sans réfléchir beaucoup, parce qu'il faisait un froid glacial, mais cela s'appliquait à une situation totalement différente, oubliée depuis belle lurette. Le PDG est à la fois le père, le professeur, le curé et l'homme politique. Tout le monde a sans cesse les yeux fixés sur lui. Tout le monde veut le croire, le suivre. Si cela vous met mal à l'aise de tenir la barre vingt-quatre heures sur vingt-quatre, sept jours sur sept, laissez la place à quelqu'un d'autre.

Le patron doit également veiller au moral des troupes. Il ou elle doit créer une atmosphère telle que le collaborateur *lambda*, dont une initiative vient de se solder par un échec, soit encouragé à en prendre d'autres. Les projets qui marchent trouvent toujours un large soutien, leurs initiateurs n'ont pas besoin de vous pour les valoriser : cela se fait tout seul. Les timides, ce qu'ils regardent, c'est la façon dont vous traitez les échecs. S'ils croient qu'en prenant le risque de tenter une démarche nouvelle, ils risquent de saborder leur carrière, leur créativité est tuée dans l'œuf, celle de l'entreprise aussi. Perdez la contribution du salarié moyen et vous perdez la guerre.

Enfin, le PDG doit assumer toutes les responsabilités. Le président Truman avait posé sur son bureau, à la Maison Blanche, un petit écriteau sur lequel on pouvait lire : « *The buck stops here* » (« En dernier ressort, c'est moi qui suis responsable »). La plupart des décisions, ce n'est pas lui qui les prenait, mais il en assumait la responsabilité. (Les hommes politiques modernes n'esquivent que trop souvent les leurs, hélas. « Une erreur a été commise » est devenu un euphémisme pour « personne ne veut en prendre la responsabilité ».) Il en va de même du PDG. Certes, il peut se faire aider, conseiller, il peut déléguer, sous-traiter, etc. Mais, en fin de compte, la décision et la responsabilité appartiennent à une personne et une seule. Le PDG, c'est d'abord celui qui, en bout de chaîne, prend le risque et la décision. Truman l'avait bien compris.

* * *

Les entreprises qui effectuent des parcours sans faute pendant de longues périodes finissent toujours, tout de même, par connaître des difficultés. Est-ce toujours de la faute du PDG ? S'il change de stratégie tous les mois, il n'y a pas de doute. Pour bien fonctionner, l'entreprise a besoin de constance et de prévisibilité. Mais le contraire est vrai également : si la hiérarchie reste statique, on va droit au désastre. Les bons s'en vont, parce qu'on ne leur offre pas suffisamment d'opportunités ou qu'ils s'ennuient, les mauvais ronronnent. Il faut secouer un peu la chaîne de commandement, cela aussi, cela fait partie des tâches incombant au PDG. Ce n'est ni facile, ni agréable. On ne peut pas toujours s'expliquer. On le fait toujours trop tard, en période de crise, car on n'y pense jamais quand tout va bien. Mais si vous ne le faites pas, vous vous ferez tuer de l'intérieur.

Dans le monde universitaire, il faut impérativement publier et soumettre ses publications au jugement de ses pairs. On sait donc, à tout moment, ce qu'ils pensent du travail que l'on fait. Si un professeur d'université décroche, la faculté s'en aperçoit et peu réagir. (S'il est titulaire de son poste, elle ne peut hélas pas faire grand chose. Mais, au moins, elle sait qu'il y a un problème.) Quand une entreprise n'a pas de concurrents, c'est comme si les publications des universitaires n'étaient pas soumises au jugement de leurs pairs. Immanquablement, un concurrent finit par surgir avec un meilleur produit ou service et l'entreprise qui, jusque-là, n'avait pas besoin de s'améliorer est en général devenue tellement paresseuse qu'elle a du mal à réagir.

Quand je regarde une entreprise, je ne prête guère d'attention aux documents comptables. Un bon comptable, doué d'un esprit créatif, peut faire en sorte que les chiffres donnent l'image que l'on veut. Personne ne sous-estime son chiffre d'affaires ou ses résultats quand il veut faire bonne impression. On peut donc penser que la situation financière ne cache aucune bonne surprise : elle est conforme aux documents publiés, ou pire. On en apprend plus en parlant aux experts – pas les journalistes ou les analystes, mais ceux qui savent vraiment de quoi il retourne et connaissent le potentiel de l'entreprise. Dans cette perspective, je commence par les clients, ce sont eux qui en savent le plus. « Prévoyez-vous à l'avenir d'acheter davantage de ce produit, ou moins ? Existe-t-il des concurrents qui vous proposent de meilleures offres ? » Ensuite, j'appelle les chasseurs de tête qui, eux aussi, savent beaucoup de choses. « Est-ce que les gens ont envie de travailler pour cette entreprise ? Son propre personnel cherche-t-il à s'en aller ? » La direction, les comptables et les autres peuvent dire ce qu'ils veulent. Les clients et les salariés ne mentent jamais.

* * *

La concurrence, c'est formidable – pour le consommateur, évidemment, mais même entre fournisseurs. Tous les matins, en me levant, je savoure à l'avance la bataille qui se prépare. Nos concurrents nous maintiennent en vie, ils font la prospérité de la grande famille Bloomberg. Nous attendons demain avec la plus grande impatience. Comment, nous ne pouvons pas faire ça ? Vous dites qu'ils vont nous battre, qu'est-ce que c'est que cette histoire ? Dites-leur de mettre leurs gants de boxe, envoyez-les sur le ring. Nous sommes prêts !

9

# Bientôt sur vos écrans

## L'Amérique est un beau pays

Entouré que je suis des fruits de notre réussite – profits, puissance, notoriété – j'ai malgré tout des moments de frustration pendant lesquels je rêve de redémarrer à zéro. Mais quelque chose m'arrête. Je suis peut-être trop vieux. Ou alors, je me dis que nous avons eu une chance inouïe, qui ne se reproduira pas forcément. Peut-être aussi que, dans mon for intérieur, j'aime bien tout ce que j'ai accumulé. Néanmoins, quand je vois que nous devons vérifier si le service juridique est d'accord pour ceci ou cela, organiser des réunions de communication interne ou « justifier » le personnel face aux producteurs, j'ai envie de hurler. Avant, nous appliquions le mot d'ordre de Nike ; « *Just do it* ! », nous faisions ce que nous avions à faire, sans états d'âme. Aujourd'hui, tapi à l'arrière-plan, il y a incontestablement le réflexe : « Nous ne pouvons pas, pour telle ou telle raison ». Notre priorité de management numéro un, aujourd'hui, c'est d'empêcher cette mentalité de s'implanter tant que nous sommes en croissance. La seconde est de développer nos ressources humaines.

Dans notre société, ce qui avait commencé sous l'auspice de la simplicité est peu à peu devenu complexe. Il faut honorer les contrats existants, ce qui ne favorise pas le changement. Une procédure toute simple, sans histoire, comporte désormais toute une série d'exceptions qui se sont additionnées les unes après les autres. Nos produits se chevauchent. Certains sont devenus simultanément redondants et incompatibles. Le développement, le marketing, les ventes et le service ne parviennent pas à synchroniser leurs efforts. Personne n'a d'excuse, mais tout le monde a une raison. Il y a de quoi devenir dingue !

Pourquoi, dans ces conditions, ne pas abandonner la partie ? Jeter l'éponge ? Vendre la société et reprendre mes billes ? Quand on atteint une certaine taille, c'est sûrement la solution la plus sage. Il y a quand même une limite à ce que l'on peut dépenser ou laisser à ses enfants, en restant raisonnable. D'autant que, même si l'on a de bonnes chances de gagner le prochain quitte ou double, rien ne justifie de prendre le plus petit risque de tout perdre. Parier la boutique quand on est tout jeune et qu'elle ne vaut rien, ce n'est pas du tout la même chose que quand on est un peu plus vieux, un peu fatigué, et que l'on s'est habitué à mener la grande vie. Alors, ne devrais-je pas encaisser mes sous, diminuer la mise, agir en bon père de famille, prendre un peu de bon temps ?

Les vrais entrepreneurs ne le font jamais, et je ne le ferai sans doute pas non plus. Suis-je cupide ? Insatiable ? Victime d'un sentiment d'insécurité ? Ai-je peur du qu'en dira-t-on ? (« quand les affaires sont devenues difficiles, Michael n'a pas eu l'étoffe de faire face ? ») Suis-je curieux de savoir si je vais réussir à nous faire franchir le prochain grand palier ? Jusqu'où pouvons-nous aller ? Ou bien, est-ce le manque d'alternative ? Qu'est-ce que je ferais si je vendais ? De la politique ? Me retirer sur mes terres ?

En général, les vrais bâtisseurs d'empire sont tellement rivés à leur tâche, polarisés, passionnés, qu'ils feraient une dépression nerveuse au bout de quinze jours d'inactivité. Ils ne supporteraient pas que le défi après lequel ils courent toujours – et même leur raison d'être – disparaisse. (Est-ce que Steve Jobs [Apple Computer] ou Ross Perot [Electronic Data Systems] auraient vendu s'ils avaient su ce qui les attendait ?) Quand on s'amuse, que l'on a de l'influence, plus d'argent que l'on ne peut en dépenser, pourquoi échanger tout cela contre encore plus d'argent que l'on pourra encore moins dépenser ?

Dans mon cas, je suis incapable d'imaginer mieux que ma situation actuelle. J'ai du mal à voir comment je pourrais m'amuser davantage, obtenir de plus grandes satisfactions. Où pourrais-je créer autant ? Aider autant de jeunes à démarrer leur carrière ? Concevoir un autre produit dont les clients ne puissent pas se passer ? Qu'est-ce que je pourrais faire d'autre pour que les gens me disent, en le pensant réellement : « Vous êtes le meilleur. Vous avez transformé la vie de mon enfant, aidé notre famille à survivre, vous m'avez donné une seconde chance ? » Quelle autre situation pourrait m'offrir un tel forum pour exprimer mes opinions, permettre un tel niveau de philanthropie ou m'assurer une telle notoriété (voire la meilleure table dans les plus grands restaurants ?)

Vendre ? Je crains comme la peste le coup de téléphone non sollicité d'un individu armé d'un « concept » et offrant de nous acheter dix fois ce que nous valons. (Je dirais non... je crois ! Mais vous avez toujours une chance, vous, les acquéreurs. Un jour, mon patrimoine sera vendu aux enchères, vous paierez très cher, et je ne serai pas là pour le voir.)

Introduire la société en bourse ? Et devoir rendre des comptes à des partenaires, des actionnaires et des analystes financiers ? À mon âge ? Non merci ! Je sais très bien pourquoi les banques d'investissement veulent toutes que nous émettions des actions – mais à quoi cela nous servirait-il ? C'est la direction inverse que nous prenons. Nous avons déjà racheté le tiers de la participation de Merrill Lynch, pour 200 millions de dollars (vingt fois ce qu'elle leur avait coûté). Nous n'aurions pu avoir de meilleur partenaire (j'espère qu'ils pensent la même chose de nous). Pourquoi les remplacer par des inconnus ? Non, merci ! Pour le moment, je n'imagine pas de situation plus favorable que de n'avoir de comptes à rendre à personne. En sera-t-il toujours ainsi ? Rappelez-moi dans quelques années.

Au travail, donc. Prenons davantage de risques. Lançons-nous sur un nouveau médium. Initions un nouveau projet de matériel informatique ou de logiciel. Améliorons-nous. Développons-nous. Allons-y !

* * *

L'avenir est riche de promesses pour le groupe Bloomberg et pour nous tous, en tant qu'individus. Grâce aux progrès de l'agriculture, un pourcentage plus faible que jamais de la population mondiale se couche le ventre creux. Si cela ne mérite pas le nom de progrès, je ne sais pas ce qui le mérite. Il y a également moins d'analphabètes aujourd'hui que par le passé. Une fois que les gens ont de quoi manger, ils passent à l'étape suivante de l'autosuffisance, ils apprennent à lire et à écrire. À son tour, cela facilite la diffusion des idées et, immanquablement, cela conduit à des gouvernements plus soucieux de leur peuple, plus ouverts. D'où la résurgence de la démocratie dans ces pays. Certes, il y a encore des guerres, de la famine et du totalitarisme, mais chaque jour un peu moins qu'auparavant.

Les progrès de la technologie des communications électroniques révèlent à de nouveaux publics l'existence de systèmes politiques et économiques différents des leurs. Quand vous voyez les autres faire mieux que vous, année après année, vous finissez par vouloir la même chose pour vous et pour votre famille. Aucun gouvernement, aussi brutal et répressif qu'il soit, n'existe sans le soutien de la majorité de ses citoyens. Montrez au peuple qu'il y a mieux : il fera en sorte de l'obtenir !

Depuis l'époque où les ingénieurs civils ont séparé le système d'évacuation des eaux usées de l'adduction d'eau propre (ce qui a déclenché le plus grand progrès jamais enregistré de l'espérance de vie), la technologie n'a apporté que des bienfaits à l'humanité. La variole a été éradiquée, dans le monde entier, pour un coût inférieur à ce que nous dépensions rien qu'aux États-Unis pour vacciner les enfants. Les médecins guérissent aujourd'hui régulièrement les leucémies infantiles, qui ne laissait autrefois aucun espoir. La polio et les poumons d'acier ont été relégués aux livres d'histoire. Il est encourageant de constater que les programmes de prévention empêchent de plus en plus les maladies d'attaquer les personnes vulnérables. L'addition de fluor dans l'eau potable a littéralement provoqué la fermeture de la moitié des centres de formation dentaire aux États-Unis. Le simple fait d'ajouter quelques gouttes d'eau de Javel dans l'eau potable des pays les plus pauvres du monde sauve tous les ans des millions de vies. Dans ces mêmes pays, le fait d'administrer des doses infimes de vitamine A aux enfants empêche chaque année 500 000 d'entre eux de devenir aveugles et deux millions d'entre eux de mourir de diarrhée. La grande tragédie, c'est que la volonté politique n'a pas suivi les avancées scientifiques et technologiques. On pourrait en faire tellement plus avec un tout petit peu plus de compassion !

Non seulement la longévité a augmenté, mais la qualité de la vie s'améliore constamment grâce à la technologie. J'entends encore ma mère me raconter les voyages en voiture à cheval de son enfance. Aujourd'hui, grâce au Concorde, on va de New York à Paris ou à Londres en trois heures. Ma mère a connu l'éclairage public au gaz. Aujourd'hui, les matchs de football du lundi soir se jouent à l'extérieur et sont éclairés comme en plein jour. Enfant, elle allait apporter des messages à ses amis à la main. Ses petits enfants ont tous sur eux des pages alphanumériques. Au temps de son adolescence, le téléphone de l'épicerie du coin n'était utilisé qu'en cas d'urgence. Aujourd'hui, grâce au téléphone portable on appelle un autre continent d'une voiture en marche ou en se promenant sur le trottoir. Vous trouvez triviales ces « améliorations » ? Je ne suis pas d'accord. Les progrès du commerce, du confort et des communications qu'elles entraînent incitent fortement à éviter une troisième guerre mondiale.

L'avenir se présente mieux encore. La médecine sera bientôt en mesure de guérir le cancer, le SIDA, les attaques cérébrales. Les organismes de santé travaillent à éradiquer une bonne partie de la famine et de la pestilence du monde. La technologie des piles miniaturisées confère de la mobilité à tous les appareils électroniques. Le Global Positioning System (GPS), qui utilise des récepteurs de satellites pour calculer la position précise d'un point géographique et son altitude change notre monde. Les voitures de location sont souvent équipées de cartes qui évoluent à mesure que l'on se déplace. Le jour viendra peut-être bientôt où les militaires, les randonneurs, les marins, les pilotes d'avions de plaisance et même les conteneurs de fret ne se perdront plus : le GPS leur dira où ils sont et le téléphone portable relaiera automatiquement cette information. La possibilité de créer une « réalité virtuelle », d'accéder à des données de n'importe quel point de la planète, de pratiquer le commerce électronique – presque gratuitement, par comparaison aux coûts actuels – tout cela approche à grands pas. L'audio et la vidéo à la demande sont vraiment pour demain matin. Tout naturellement, nous regarderons l'émission ou le film qui nous tente, quand cela nous arrange, si naturellement que l'on se demandera s'il n'en a pas toujours été ainsi. Les téléphones permettant de voir son interlocuteur sont inévitables.

Curieusement, ces progrès seront utilisés dans les régions les plus pauvres du monde à peine plus tard que dans les pays « riches ». Le potentiel en termes de progrès médicaux y est évident. Et l'un des grands obstacles au déploiement de la technologie est l'existence d'infrastructures anciennes et l'impact financier de leur destruction ; le problème ne se pose évidemment pas dans les endroits du monde où elles n'existent pas. On installe aujourd'hui couramment des systèmes de radiotéléphone de grande qualité là où il n'y avait pas le téléphone du tout, alors que dans le même temps, ailleurs, les grands opérateurs des télécoms de l'ère du fil de cuivre se battent pour empêcher les nouveaux systèmes d'envahir leur domaine « développé », où le service est souvent de piètre qualité. Au grand dam des hommes politiques (incapables de réglementer et de taxer ces nouveaux systèmes), le satellite et le GPS fonctionnent partout.

* * *

Si la technologie améliore clairement notre vie, tous les pronostics auxquels elle donne lieu ne s'avéreront pas exacts. Prenez la prédiction que nous travaillerons tous à la maison, par exemple. Incontestablement, les outils nécessaires sont portables. Nombre de foyers américains sont équipés de plusieurs lignes de téléphone, de fax, de scanners, de PC, de communication à large bande, de photocopieuses, etc. Compte tenu de l'augmentation spectaculaire du nombre de foyers jouissant de deux salaires, ainsi que de celui des foyers monoparentaux, il existe manifestement un besoin de conjuguer travail et vie familiale. En outre, le développement des services, en parallèle au déclin de l'industrie, s'accommode plus facilement de cette forme de travail.

Néanmoins, dans l'avenir immédiat, je ne pense pas que ce concept révolutionnera le monde du travail. Cela a beau faire figure de refrain dans la mantra des futurologues, on n'observe pour le moment aucune augmentation significative du nombre de personnes travaillant chez elles, exception faite de ceux qui ont perdu leur travail et n'ont pas encore retrouvé de poste. En fait, la tendance serait même inverse. Les syndicats sont violemment opposés au travail à domicile, qui jouit également d'une piètre image auprès des entrepreneurs qui travaillent à leur compte. Il n'est même pas évident qu'il favorise une vie de famille harmonieuse. L'absence de transport paraît séduisante, mais les trajets accomplis séparent momentanément les membres de la famille et permettent de bien distinguer le travail de la vie de famille, ce qui est parfois excellent, tant pour les époux que pour les enfants. Et puis, la concurrence se fait de plus en plus vive entre collègues, il faut être « là où cela se passe », là où les autres poussent leurs pions, au bureau ou à l'usine. Quand les temps sont plus difficiles, la concurrence plus farouche, ce n'est pas le moment de réduire les interactions entre collègues ou de relâcher la supervision. Il faut n'avoir jamais mis le pied dans une entreprise pour affirmer que l'e-mail peut remplacer les rencontres autour de la machine à café. Il existe, à n'en pas douter, quelques professions (je pense aux écrivains, aux philosophes, etc.) pour lesquelles la maison est un lieu de travail idéal. Mais dans la plupart des autres métiers, les hommes d'affaires sérieux et les vrais managers trouvent risible ce concept du travail à domicile.

Certains pensent que pour réussir, il faudra désormais savoir bien maîtriser l'utilisation de l'ordinateur. Je ne suis pas de cet avis. La clé de la survie est, a toujours été et sera toujours le talent intellectuel et celui de communiquer. La technologie n'y changera rien. Si vous voulez prospérer, je vous conseille de travailler davantage votre relationnel que votre vitesse de frappe sur un clavier. Suivez un cours de psychologie et un cours de méthodologie scientifique de préférence à un cours d'informatique (ou les deux). Nous échangeons plutôt des idées que de l'information, et la plupart du temps, c'est oralement que nous le faisons. Il est bon d'avoir du texte et du matériel visuel pour compléter ce que l'on a compris. Mais nous sommes des hommes et des femmes, pas des machines. Face à face ou par media électronique interposé, nous avons besoin de transmettre et de recevoir du son. (Quand Samuel Morse a inventé le télégraphe, il a donné au monde la communication de texte numérique interactive. Le téléphone à voix analogique d'Alexander Graham Bell lui a néanmoins été préféré car il reflétait mieux notre façon de vivre. On préfère normalement se parler que s'écrire.) La technologie ajoute aujourd'hui au système de Bell la capacité d'envoyer des lettres, des chiffres et des images par l'intermédiaire d'un medium auparavant réservé exclusivement à la voix. C'est une fonctionnalité nouvelle, mais accessoire par rapport au service de base du téléphone, autrement dit permettre à deux personnes de se parler. Il ne s'agit pas réellement d'un nouveau medium, mais simplement d'une manière nouvelle, découverte incidemment, d'utiliser les connexions physiques existantes et les systèmes performants de commutation et de facturation déjà en place. Il vous appartiendra toujours de créer le contenu du message et de le disséminer, la technologie vous propose simplement plusieurs façons de le faire. Mais l'important, c'est ce que vous avez à dire, votre capacité de le présenter de façon convaincante, à vous-même, à votre famille, à vos collègues et à votre communauté.

Si la technologie élargit la distribution de l'information tout en permettant un ciblage plus précis, elle diminue parallèlement la taille de chaque public, plus averti. À l'avenir, il faudra être de mieux en mieux préparé avant de se lancer ; vos interlocuteurs le seront eux aussi. Les systèmes alternatifs de diffusion des informations et des variétés et l'augmentation de la capacité de diffusion se traduiront par un choix plus vaste. Cette fragmentation a fait évoluer la télévision, jusque-là dominée par les grandes chaînes classiques, vers une multitude de chaînes plus spécialisées reposant sur la transmission par câble – sport, histoire, dessins animés, informations. Il suffirait de résoudre quelques problèmes techniques de distribution pour que les journaux, eux aussi, se multiplient, chacun ayant alors un tirage plus restreint, comme l'audience des émissions de radio ou de télévision spécialisées, à mesure que les choix offerts aux consommateurs se diversifient. À l'arrivée, les groupes de lecteurs, d'auditeurs et de téléspectateurs sont beaucoup plus homogènes par l'âge, le sexe, la culture, la situation économique, etc. On s'adresse alors à des consommateurs moins nombreux, mais beaucoup plus ciblés.

Communiquer des idées coûte de moins en moins cher et il y a fort à parier que cette évolution se poursuivra à l'avenir. La bourse se passionne pour les technologies de support, prédisant chaque jour laquelle l'emportera. En fait, tous les médias de transmission résolvent les limitations qui les handicapent par rapport à leurs concurrents. Nombre d'entre eux apportent en réalité le même service et les progrès réalisés en termes de capacité empêchent déjà les distributeurs de maintenir les tarifs à un niveau suffisant pour réaliser des marges convenables. Ce problème pour eux et pour leurs salariés, qui ne fera que s'exacerber avec le temps, profite au consommateur. Pour les entreprises qui fournissent des services de transmission et leur personnel, les perspectives d'avenir sont problématiques, au mieux. Quoi qu'en pensent aujourd'hui les marchés financiers, il y aura des hauts et des bas. En revanche, en ce qui concerne l'individu moyen, la possibilité qui lui sera offerte d'accéder aux données rapidement et à faible coût et de comparer ses idées à celles d'autres personnes surpassera toutes les prévisions.

Tous les systèmes de communication du monde sont ou seront bientôt numériques. Il en sera ensuite de même pour le texte, le son, les images fixes et la vidéo animée (qui se résume, en fin de compte, à faire défiler trente images fixes par seconde). Pour transmettre numériquement tous ces messages, la technologie convertit tous ces médias en chiffres, au moyen d'une série de commutateurs qui se branchent et se débranchent. (O pour débranché, 1 pour branché !). Les ordinateurs rapides utilisant des mathématiques avancées parviennent à réduire le nombre de ces O et de ces 1 nécessaires pour représenter de façon valable le texte, le son et l'image. Plus cette réduction (ou « compression ») est bien faite, et, à l'autre bout, mieux la « décompression » fonctionne, moins il est nécessaire d'envoyer de O et de 1, moins il faut louer de capacité au porteur (c'est-à-dire la compagnie de téléphone) et par conséquent moins cela coûte cher de transmettre le message. Ceci revêt une importance particulièrement grande concernant la vidéo, qui exige infiniment plus de O et de 1 que la voix ou le texte. Côté réception, la technologie transforme à nouveau ces O et ces 1 en sons, images, en chiffres et en lettres, qui seront à leur tour décodés par nos yeux et nos oreilles. Il faut noter, le fait est d'importance, que jusqu'à cette « reconversion », le son, l'image et le texte numériques sont tous *exactement identiques.*

Du fait que toutes les formes de médias sont représentées de la même manière dans le monde numérique, on peut faire transiter des communications téléphoniques sur des systèmes de câbles destinés à la télévision, des émissions de télévision sur des lignes téléphoniques, et les deux par voie aérienne, par satellite ou par micro-ondes. Si cela se révèle plus économique, on peut même combiner différentes sortes de données (textes, tableaux, graphiques, parole, musique, images, vidéo) à un bout et trier le tout à l'autre. Et puisque tout est identique, quel que soit le système de transmission utilisé (la beauté du concept, c'est que, quoi que l'on fasse, les O et les 1 sont toujours des O et des 1), le consommateur bénéficie de la concurrence sur les prix qu'entraîne invariablement le manque de différentiation des produits. L'information disponible est donc plus abondante, vous parvient plus rapidement et vous coûte moins cher. Il sera essentiel de bien comprendre ce qui est important pour votre travail.

De plus en plus, on obtiendra les données et on les manipulera chez soi. Au lieu d'aller les chercher en voiture (par exemple en allant prendre une vidéo dans un club) ou de les recevoir par la poste (comme quand le facteur vous apporte une encyclopédie sur CD-ROM), la livraison en ligne et à la demande augmentera énormément la diversité des choix offerts, coûtera beaucoup moins cher et s'accompagnera certainement d'une grande simplicité au niveau de la sélection. Investir dans les technologies fondées sur les bandes magnétiques ou les CD-ROM, c'est acheter des technologies vouées à l'impasse. Que ce soit par l'intermédiaire de l'Internet ou d'autres formules de location de largeur de bande (par exemple les Intranets, qui seront nombreux) ; que la distribution transite par les lignes téléphoniques, par le câble, par satellite, par micro-ondes ou par le téléphone cellulaire, le fait de livrer directement le consommateur « à sa porte » comporte des avantages énormes. Que vous préfériez recevoir ainsi les programmes télévision, vos catalogues préférés ou des résultats sportifs, plutôt que du Shakespeare, des informations sérieuses ou des données financières, c'est votre affaire. La façon dont ces données vous seront transmises au cours des prochaines années a fait l'objet d'une bagarre acharnée. Dont il ne reste que le bruit et la fureur – les jeux sont faits.

Je suis convaincu que, d'une manière générale, les écoles se fourvoient quand elles élaborent leurs programmes. La prime s'attachera moins, désormais, aux compétences spécialisées qu'aux connaissances générales. Il faudra suivre des cours de logique, et non apprendre les bases du traitement de textes. Toute grande avancée en matière de technologie de produit découle d'une nouvelle complexité interne qui se traduit par une plus grande simplicité externe. La tendance, en médecine, à faire de plus en plus souvent appel à des généralistes fournit un exemple supplémentaire de la façon dont la technologie devient si intelligente que la valeur ajoutée tient à plus la compréhension du contexte qu'à la connaissance détaillée de telle ou telle analyse ou procédure. Dans les bureaux comme dans les usines, l'important est le choix de l'outil que l'on va utiliser, pas la façon dont il est conçu. Il est plus précieux d'être bien dans sa peau, curieux, perceptif, logique, et de bien communiquer que de connaître telle ou telle séquence de touches sur votre clavier. À l'avenir, les détails techniques compteront moins que par le passé, mais la perspective plus vaste dans laquelle ils s'inscrivent aura davantage d'importance.

Les publicitaires se livreront à une concurrence de plus en plus farouche pour attirer l'attention du client potentiel. Les spécialistes du marketing semblent doués d'une créativité sans limite et la technologie leur créera des opportunités dont ils n'avaient pas encore osé rêver. Les consommateurs sont bombardés de messages toujours plus finement ciblés. Dans la plupart des médias, l'amalgame de l'information commerciale et du contenu éditorial ou récréatif finira par être complet. Le téléspectateur ayant amélioré les diverses tactiques permettant d'échapper aux intrusions non souhaitées à la télévision (le zapping, le bouton marche avant accélérée, ou l'aller-retour au réfrigérateur pour aller chercher une boisson), les annonceurs doivent répliquer en combinant leurs propres tactiques (le nom de la marque sur le maillot des athlètes, la vedette tenant à la main une canette de Coca-Cola et veillant bien à ne pas cacher l'étiquette, détails qui pourraient être ajoutés par ordinateur à l'image d'origine). Il y a aussi la méthode Bloomberg : un format à écran partagé qui tente de faire en sorte que le téléspectateur continue à regarder pendant les publicités.

L'Amérique est aussi bien placée que possible par rapport à ces grandes tendances. Ses citoyens parlent l'anglais, qui n'a jamais été si près de faire figure de langue universelle. (Plus de 250 millions de personnes, en Chine, le parlent un peu. C'est l'équivalent de la population entière des États-Unis.) Aucune barrière douanière ne sépare les États, qui utilisent tous une monnaie unique, de sorte que les industriels ont un grand marché pour leurs produits – c'est exactement ce que l'Union européenne essaie de mettre en place. Ses marchés financiers, grâce à la surveillance stricte de la Securities and Exchange Commission, sont considérés comme ouverts et honnêtes. La quantité de capitaux mis à la disposition de l'industrie et des jeunes entreprises est sans équivalent.

Les pays qui connaissaient ces dernières années une croissance à double chiffre grâce à une main-d'œuvre bon marché vont avoir un réveil brutal. Quand la raison d'être d'une entreprise est le « pas cher », personne ne gagne beaucoup et il se trouve toujours un concurrent aux dents plus longues qui se fera un plaisir de casser ses prix. Bas salaires, faibles profits et faibles rentrées fiscales face à une demande de protection sociale élevée conduisent finalement à des troubles graves. Il en va de même dans certains pays riches où la tradition de la confrontation entre direction et salariés, chacun campant sur ses positions, est restée vivace. Les conflits sociaux ne sont pas près d'y disparaître.

Par comparaison, la main-d'œuvre américaine est mobile, toujours disposée à apprendre de nouveaux savoir-faire et même désireuse de le faire. Les travailleurs américains ambitionnent de progresser et d'améliorer leur situation. Progressivement, et parfois au prix de grandes souffrances individuelles, les États-Unis se sont reconvertis des industries lourdes ou liées à l'agriculture pour se tourner vers les services, la technologie et les loisirs. Le fait que l'Amérique se concentre désormais sur ces activités créatrices de valeur (par opposition à la production et à la vente de produits interchangeables, où la concurrence ne porte que sur le prix) lui permet de maintenir les marges et les salaires, tout en générant du capital à réinvestir dans des technologies permettant d'employer encore moins de main-d'œuvre.

La position concurrentielle des États-Unis ne pourrait pas être meilleure.

* * *

Une bonne partie des données et de l'accès à la radio et à la télévision que vous aurez bientôt viendront de l'Internet ou de ses nombreux successeurs. On confond souvent ce système « révolutionnaire » avec le médium permettant sa transmission. Techniquement, le Net n'est pas une technique, entre tant d'autres, pour envoyer des données. Il n'y a pas de câbles sous la route marquée Internet. Il est probablement plus juste de le considérer comme une autre manière de louer de la capacité de transmission (c'est ce que l'on appelle la largeur de bande) aux compagnies téléphoniques et aux autres opérateurs télécoms afin de transmettre de l'information tout en créant un annuaire en ligne à l'échelle mondiale.

Sur n'importe quelle ligne de téléphone, dans votre rue ou ailleurs, transitent des paquets de O et de 1 qui représentent le trafic Internet, les cotations des actions et des obligations diffusées par des compagnies comme la nôtre, des émissions de télévision transmises aux stations locales par les grands réseaux nationaux, et aussi des conversations téléphoniques classiques, tante Agathe se disputant avec l'oncle Charles, et même le Département de la Défense vérifiant le bon état de son arme de dissuasion nucléaire. Chacun de ces éléments est inséré sur la même ligne de téléphone physique par un « fournisseur » qui loue et utilise, ou loue et revend, le service dont ses clients ont besoin, puis facture ces derniers de la façon la plus appropriée à son activité. Le miracle de la technologie, c'est que, à l'autre bout, tous ces messages sont triés et dirigés vers le bon utilisateur.

Des années durant, des personnes individuelles louaient directement l'utilisation de l'infrastructure aux propriétaires des fils téléphoniques raccordés à leur foyer ou à leur bureau. Quand nous faisons des communications téléphoniques classiques, qui apparaissent sur notre facture mensuelle, nous louons cette capacité de transmission et la payons à la minute. Nombre d'entre nous sous-louent également à la minute de la capacité à des grossistes, qui passent de gros contrats avec les grands opérateurs, puis louent au détail à des individus.

L'Internet est une variation de ce principe, c'est un autre modèle économique conçu pour s'adapter aux besoins de ceux qui veulent utiliser des PC pour communiquer pour de longues périodes de temps avec des destinations multiples et imprévisibles. Un organisme coopératif à but non lucratif, The National Rural Telecommunications Cooperative, supervise la location de grandes quantités de largeur de bande à tous les grands opérateurs téléphoniques du monde et la sous-location d'utilisation illimitée à des individus pour un prix mensuel forfaitaire. Le système Bloomberg fonctionne sur le même principe : depuis douze ans, nous achetons et nous revendons de la capacité de transmission pour notre Intranet privé, type d'Internet dont l'accès est restreint à un certain groupe (par exemple les clients d'une entreprise, ses succursales, les supporters de tel ou tel sport, un groupe d'universités, etc.) Comme le font les personnes privées et l'Internet, nous achetons aux compagnies de téléphone et répercutons le coût, mensuellement, à nos clients.

L'Internet s'attache à offrir des tarifs peu élevés. Il vend autant de capacité que les gens veulent en acheter, qu'elle soit disponible ou non (c'est pourquoi il faut parfois de la patience pour obtenir la connexion aux heures de pointe) et utilise de nombreux commutateurs pour offrir la possibilité de se connecter d'un point à de multiples autres points (d'où la lenteur générale des réactions), de façon à ce que l'utilisateur puisse « visiter » des sites Internet dans le monde entier.

Il est intéressant de comparer ce fonctionnement à celui du téléphone vocal classique. Ici, la formule de location de l'infrastructure offre une capacité de commutation illimitée, permettant à l'utilisateur d'appeler n'importe qui au monde, et l'accompagne de garanties de capacité, de sorte que tout mot prononcé est instantanément transmis. Cette caractéristique est indispensable : des pauses dans la transmission de votre voix seraient en effet inacceptables, alors qu'elles ne sont qu'agaçantes sur l'écran d'un ordinateur. Le coût de l'utilisation à la minute est certes élevé, mais le système fonctionne, car les conversations ne sont généralement pas très longues.

Dans une autre variation de l'utilisation de la largeur de bande, les fournisseurs de données financières comme Bloomberg communiquent normalement d'un point (le bureau de l'utilisateur) à un autre (l'ordinateur central du vendeur), de sorte qu'ils ne passent pas par un grand nombre de commutateurs (il y a donc moins d'attente). En outre, pour être certains que la transmission se fasse correctement même en période de pointe, ils ne revendent pas plus de largeur de bande qu'ils n'en ont. Cela coûte cher, puisqu'il faut fournir un service vingt-quatre heures sur vingt-quatre et une réaction instantanée, mais ces caractéristiques sont suffisamment importantes pour que les professionnels acceptent d'y mettre le prix.

Les « messages » que nous envoyons sans cesse ne transitent pas tous sur les fils de cuivre des compagnies de téléphone. Nous communiquons parfois par micro-ondes, par satellite, par fibres optiques ou encore par câbles coaxiaux. Quand on réfléchit à la façon dont on établit le contact avec quelqu'un d'autre, on pense généralement en termes de trajectoires logiques de point à point, avec un seul fournisseur de transmission. Le chemin de moi à vous pourrait, à la limite, être une seule ligne droite, fournie par un seul opérateur. Mais, en réalité, la connexion n'est souvent pas directe, elle passe vraisemblablement par de nombreuses lignes différentes, plusieurs supports et plusieurs opérateurs. Si je suis à New York et vous dans le New Jersey, à certaines heures la transmission passe par la Californie, à d'autres par le Texas, et parfois elle se fait quasiment « à vol d'oiseau ». Vous ne vous rendez pas compte de la différence, et vous vous en fichez éperdument. Les connexions complexes, impliquant plusieurs opérateurs, sont masquées par une technologie qui apporte de grandes économies d'échelle, d'énormes capacités, dont on n'osait à peine rêver il y a quelques années, et une fiabilité phénoménale. Et tout se passe plus vite que l'oreille ne peut entendre ou l'œil voir.

À l'avenir, il y aura plusieurs façons de louer de la capacité de communication aux compagnies de téléphone ou de câble. En fonction de ce que vous êtes prêt à payer, vous bénéficierez de divers degrés de fiabilité, de vitesse, de sécurité et de support technique. De très nombreuses entreprises sont déjà équipées d'Intranet. Il en apparaît actuellement de nouveaux, destinés à des secteurs d'activités entiers. On peut s'attendre à ce que naissent des réseaux adaptés à des causes spécifiques, exactement comme certains sites Internet sont consacrés à un centre d'intérêt très précis.

Il en va de même pour les réseaux dédiés à une seule utilisation. L'avenir de la radio et de la télévision est la diffusion numérique à la demande, via un chemin électronique unique dérivant directement du modèle de récupération de données de l'Internet que nous connaissons aujourd'hui. Ceux dont les emplois sont en jeu ne veulent pas entendre cette vérité, mais les jours de la diffusion large par opposition à la transmission sur demande sont comptés. La radio et la télévision nous parviendront par le truchement de modems numériques à grande vitesse attachés soit au câble, soit à des lignes téléphoniques, soit encore par des systèmes fondés sur les micro-ondes ou les satellites. L'époque est presque révolue où, comme par le passé, on envoyait simultanément la même émission à des multitudes d'auditeurs et de téléspectateurs !

* * *

Évidemment, je peux me tromper. Lorsque nous prédisons l'avenir, nous avons tous, inconsciemment, tendance à orienter nos pronostics dans un sens qui nous est personnellement favorable. Il est véritablement trop difficile de se confronter à un scénario qui met fin à notre capacité de gagner notre vie ou promet la destruction de notre patrimoine. Personne n'aurait d'ailleurs l'honnêteté intellectuelle de le faire. Nous partons toujours de l'hypothèse que « tout ça s'arrangera ». Certaines tendances sont cependant tellement fortes qu'elles se confirmeront quoi qu'il arrive, il nous faudra donc apprendre à vivre avec et à y adapter notre comportement.

L'essentiel est de savoir se positionner pour réagir par rapport à la concurrence. Comme les rivaux de Bloomberg font plusieurs fois notre taille, nous devons impérativement entrer dans chaque bataille commerciale avec un avantage. Je ne crois pas que les batailles, dans les affaires, ne doivent se livrer qu'à égalité. Si c'était le cas, une entreprise de notre taille aurait de faibles chances de l'emporter. Souvenez-vous de la loi des probabilités : quand les concurrents sont à égalité, chacun a une chance sur deux de gagner la première fois. S'il affronte le même rival une seconde fois, il n'a plus qu'une chance sur quatre et, dans les rencontres consécutives, une sur huit, puis une sur seize, etc. Autrement dit, nous n'aurions qu'environ 3 % de chances de l'emporter cinq fois de suite dans un combat à la loyale. Ce n'est pas un risque qu'une petite entreprise comme la nôtre peut se permettre de prendre. Nous ne voulons donc pas de combats à la loyale. Nous voulons aller au combat avec un avantage.

Notre équipe est la meilleure, nous travaillons avec plus d'acharnement que les autres : cela nous donne déjà une longueur d'avance. Nous en prenons une autre en réfléchissant clairement à ce que nous voulons, à ce que veulent les autres, et aux compromis que nous pouvons accepter – nous nous livrons à cette réflexion avant de prendre nos décisions. Une prise de décision plus rapide, le fait que nous nous fassions moins d'illusions sur nos capacités et nos limitations, la discipline que nous nous imposons de nous en tenir à ce que nous savons bien faire, tout cela nous confère un avantage net sur nos rivaux.

Si nous faisons notre métier, nous resterons dans la course. Par exemple travailler pour les détenteurs d'actions et être raisonnablement rémunérés. Je suis toujours abasourdi quand je lis que certains salariés ont deux emplois commerciaux. D'autres créent, paraît-il, une seconde entreprise pour exploiter une nouvelle idée tout en continuant à travailler pour leur ancienne société. Pourquoi la seconde idée n'est-elle pas la propriété intellectuelle de l'entreprise qui les paie pour travailler à plein temps ? Ou alors, ils investissent personnellement en dehors de leur entreprise. Nos actionnaires et nos salariés ont le droit d'attendre leur part de 100 % de mes activités, qu'elles soient générées par mon labeur ou par le capital. Le code éthique de Bloomberg est parfaitement clair sur ce point : vous avez un job. Chez nous. Point final.

Une rémunération équitable des membres de l'équipe de direction, en particulier vis-à-vis des autres salariés, influence l'ardeur avec laquelle tout le monde travaille ensemble et les résultats d'ensemble de l'entreprise. Combien faut-il payer le PDG ? Essayez de savoir, en gros, combien les dirigeants compétents gagnent dans d'autres secteurs d'activité. L'argument selon lequel un tel ou une telle vaudrait des dizaines de millions de dollars par an parce que le cours de l'action de sa société a énormément progressé est tellement aberrant que je me demande toujours comment on peut prétendre y adhérer sans rire. Nul n'a jamais proposé que le PDG rembourse la différence quand les cours s'effondrent... Personne ne croit non plus qu'une grande entreprise volerait en éclats si son PDG se faisait écraser par un camion (que celui-ci soit conduit pas un étranger ou par un représentant du conseil d'administration), ni qu'il aurait accompli les mêmes performances sans l'argent des actionnaires.

Je touche le même salaire que notre salarié à plein temps le moins payé (actuellement 19 000 dollars par an). Tout ce que je touche d'autre, c'est ma part des résultats de la firme (les dispositions fiscales en vigueur m'encouragent à en réinvestir la majeure partie en recherche-développement). J'ai l'incitation que les autres actionnaires et les salariés souhaitent que j'aie : maximiser la valeur à long terme de la société. Cela m'encourage aussi à déléguer et à laisser à d'autres le soin de diriger certaines parties de notre organisation, de façon à pouvoir me consacrer à d'autres domaines et à d'autres produits potentiellement prometteurs. Je ne laisse aucun manager faire la même chose trop longtemps, cette règle s'applique aussi à moi personnellement. Si tout marche bien, je suis payé ; dans le cas contraire, il est normal que je ne le sois pas, et notre structure est telle que je ne le serai effectivement pas si cela arrive.

La plupart du temps, les entreprises grandissent ou déclinent parallèlement avec leur marché. La qualité du management ne fait souvent de différence qu'à la marge. Changer régulièrement de dirigeants améliore presque toujours les résultats, même si le PDG jouit d'une position apparemment inexpugnable. Malgré la mythologie à la mode, nul n'est irremplaçable et, dans les affaires, les révélations sont rares. Le changement qui marche, dans les affaires, est de nature *évolutionnaire* et non *révolutionnaire.* Les coups d'éclat, acheter un concurrent, multiplier les acquisitions, ne gonflent les résultats que peu de temps. Les méthodes qui consistent à soigner les relations publiques et caresser les analystes dans le sens du poil ne valent guère mieux. Le PER reflète l'opinion de l'ensemble du marché, c'est pourquoi on parle si souvent d'instinct grégaire.

N'étant pas cotés en Bourse, nous n'avons pas à nous inquiéter du cours de l'action Bloomberg. Mais nous devons inciter nos salariés à aller dans le même sens que les propriétaires. Je suis personnellement intéressé à la réussite à long terme de l'ensemble de la société – tout le monde doit y être associé, de la même manière. Nos salariés touchent tous un salaire comparable à ce que le marché local offre dans leur spécialité pour une expérience similaire. Mais, en plus, tous sont intéressés au développement global de nos activités dans le monde entier. Le système fonctionne bien, je le crois équitable. Notre produit est complexe : les clients l'achètent pour des raisons diverses. Parfois, ils sont convaincus grâce à l'habileté du commercial qui a réussi sa démonstration et su répondre à toutes les objections. Parfois, c'est à notre équipe de service après-vente que nous devons un nouveau contrat, ou bien à un article rédigé par l'un de nos journalistes. Parfois encore, c'est la qualité de nos données qui emporte la décision, la capacité de les analyser parce qu'elles ont été intelligemment classées et interprétées par notre équipe de recherche développement et de collecte de l'information. Souvent, nous vendons grâce à notre première ligne offensive et défensive, les personnes qui répondent au téléphone quand vous appelez ou qui vous accueillent quand vous arrivez dans nos bureaux.

Ainsi, tout le monde peut contribuer à notre réussite et y contribue effectivement, c'est pourquoi nous partageons le pot commun. Certains domaines se développent très vite, d'autres lentement. La situation pourrait être inversée l'année prochaine. C'est la raison pour laquelle, chez Bloomberg, les commerciaux ne sont pas les seuls à bénéficier d'un intéressement aux ventes. Tout le monde est associé à notre succès à l'échelle de la firme (et non de la branche, du produit ou du département). Pour les cadres supérieurs et dirigeants, cela peut représenter jusqu'à 50 % à 75 % de leur rémunération annuelle. Si nous faisons une mauvaise année, les plus jeunes salariés souffrent, les membres de l'équipe de direction aussi. Les années fastes, tout le monde a le sourire.

10

# Je ne suis pas toujours au bureau

## Caractère et rigueur

Il y a dans la vie des moments qui nous définissent, des événements précis dont nous nous souvenons comme de moments décisifs : diplôme, mariage, naissances, décès, changements de carrière. Mais les expériences qui s'étendent sur de longues périodes ont un impact plus durable encore. C'est le cas, par exemple, de la vie de famille : aussi bien au cours de mon enfance que depuis mon mariage, j'ai été façonné par mes proches. Enfin, j'ai tenté de laisser la place à l'aventure, tant dans ma vie professionnelle que dans ma vie privée.

Je suis né à Medford, dans le Connecticut, le jour de la St Valentin, en 1942. Mon père, William, était comptable dans une laiterie ; toute sa vie, il a travaillé six ou sept jours par semaine. Ma mère tenait la maison. Ensuite, à la mort de mon père, elle a pris un emploi ; c'est elle qui m'a appris que chacun doit faire ce qu'il a à faire, sans jamais se plaindre. Je me souviens que, tous les soirs, elle nous obligeait à attendre le retour de mon père pour dîner en famille. Nous prenions ce repas dans la salle à manger, la table était toujours mise avec soin, avec l'argenterie familiale, une nappe et des serviettes assorties. Jamais une casserole n'apparaissait sur la table. Elle mettait son point d'honneur à réserver le meilleur aux personnes qu'elle considérait comme les plus importantes, les membres de la famille, faisant pour nous ce que les mères de mes amis ne faisaient que pour les invités. Je crois qu'elle cherchait ainsi à nous faire comprendre que nous devions veiller les uns sur les autres. Personne d'autre ne le ferait à notre place.

Ma jeune sœur Marjorie et moi prenions place chacun d'un côté de la table, mes parents présidant aux deux extrémités. Mon père nous racontait ce qu'il avait fait au cours de sa journée. (L'une de ses tâches consistait à acheter des bidons de lait destiné à être transformé en fromage et, de temps en temps, quand il y en avait trop, il en revendait. Je pense qu'il se considérait comme un grand négociant en matières premières. C'est peut-être la source de mon intérêt pour Wall Street.) Et chacun d'entre nous, autour de la table, faisait la même chose. Cela n'avait rien de guindé : nous nous intéressions tout simplement à nos activités mutuelles et les partagions en famille.

Je ne jouais pas au base-ball avec mon père, je ne faisais pas de mots croisés avec ma mère (je ne suis ni un athlète extraordinaire ni particulièrement doué en orthographe), mais nous faisions tout de même beaucoup de choses ensemble : nous partions en voiture passer nos vacances dans le New Jersey, nous faisions des excursions, nous allions au cinéma, nous allions dîner dans un modeste restaurant. Mes parents ne se disputaient jamais (en tout cas, jamais devant ma sœur et moi). Personne ne disait jamais « le mien », par opposition à « le nôtre ». Nous formions vraiment une famille unie, heureuse, où tout était partagé. Si j'ai moins bien réussi sur ce plan, je ne peux en faire porter la responsabilité ni à mes parents ni à ma sœur.

Nous avions au moins deux réunions de famille par an, au printemps et à l'automne, pour la Pâque et pour Thanksgiving, et nous nous retrouvions aussi à l'occasion des naissances, des barmitsva, des mariages et des enterrements. Les vacances scolaires, en revanche, avaient plutôt tendance à disperser la famille. Certains d'entre nous allaient au ski, d'autres au soleil ; quoiqu'il arrive, nous restions toujours en contact les uns avec les autres. Aujourd'hui encore, la première chose que je fais en arrivant au bureau, c'est d'appeler ma mère.

Quand j'étais enfant, la famille, c'était sacré – j'espère avoir transmis cela à mes propres enfants. De la même manière, au bureau, je ne cesse de répéter que nous formons tous une grande famille, que nous devons nous entraider. Effectivement, au regard de la loi, nous formons un groupe, mais c'est vrai aussi au sens humain. Quand on réussit, dans la vie, c'est que les autres vous aident. Et aucune organisation ne réussit sans que la plupart de ses membres y contribuent.

En temps de crise, il peut aussi être utile de pouvoir s'appuyer sur des personnes extérieures à la famille – c'est ainsi que nous avons béni nos amis et relations lorsque ma nièce, Rachel, s'est fait arrêter en Égypte. (Comme je m'amuse à le lui rappeler aujourd'hui, nous avons une « criminelle » dans la famille !) En 1996, Sue et moi étions en Angleterre, où nous étions allés assister aux funérailles de mon beau-père. Rachel, qui était en Israël, avait traversé la frontière. En sortant des toilettes à un arrêt de l'autocar, la police, venant soi-disant de trouver une arme à feu aux toilettes, l'a arrêtée. Le protocole de ce racket classique consiste à passer immédiatement aux « aveux » et de verser un *bakchich*. Mais Rachel étant Rachel, a refusé de se plier à ces coutumes. Nous avons donc dû mettre en branle le reporter Bloomberg de Jérusalem, notre responsable de bureau de Londres, le bureau du Caire d'une autre agence de presse, et un ami de la famille au Département d'État pour pousser l'ambassade à nous venir en aide. Ces arnaques sont fréquentes. Après la libération de Rachel, un diplomate américain a mis ma sœur en garde : « N'en parlez à personne, cela nuirait à la qualité de nos relations avec l'Égypte. » Quelle bêtise ! Mais qui cet homme protège-t-il ? Comment les autres parents sauront-ils qu'il faut dire à leurs enfants de faire attention ? C'est ce que j'appelle ne pas savoir placer ses priorités. Ce diplomate n'avait sans doute jamais appris la leçon que ma mère nous a si bien enseignée : charité bien ordonnée commence par soi-même.

* * *

Le jour où j'ai reçu la lettre m'informant que j'étais pris à Harvard, j'ai appelé ma mère, je savais que cela lui ferait plaisir.

Sa réaction ne m'a pas surpris : « Ne te monte pas la tête, mon garçon ! »

Mon père aurait certainement laissé éclater sa joie avec plus d'enthousiasme – nous l'avions hélas perdu un an plus tôt. Pour lui, qui était d'origine modeste, Harvard était une étape mythique sur la route du rêve américain. Mon passage en *business school*, le fait d'avoir été nommé associé chez Salomon Brothers et la notoriété dont nous jouissons aujourd'hui, tout cela aurait eu encore plus de prix à ses yeux qu'aux miens. Je ne doute pas que ma mère soit fière de son fils, mais elle met les choses en perspective. Parfois, quand on lui demande si elle est de la famille de *The* Bloomberg, elle répond par la négative, pour ne pas avoir à subir la conversation. Mon père, lui, aurait dit : « Absolument ! C'est mon fiston ! Vous savez, il fait des choses extraordinaires, je vais vous dire... »

C'est vrai qu'ils étaient très différents. Les parents de mon père, débarqués enfants d'Europe centrale, n'avaient jamais eu beaucoup d'argent. En revanche, mes grands-parents maternels, nés aux États-Unis, jouissaient d'une certaine aisance. Cette disparité économique, combinée au fait que l'un descendait de la première génération d'immigrés et l'autre de la seconde, explique peut-être que leurs personnalités aient été si dissemblables. Je me souviens de ma grand-mère maternelle comme d'une dame très américaine, mais mon grand-père paternel sentait encore son « vieux monde ».

Je suis fier des deux familles. Il est important de se souvenir de ses racines. N'empêche que si vous me demandez qui je suis, je réponds sans hésiter « Américain ». Il ne me viendrait pas à l'idée de dire Américain d'origine russe, Américain blanc, Américain du sexe masculin. Pour moi, Américain, cela suffit, je ne vois pas pourquoi j'ajouterais quoi que ce soit. Cela veut-il dire que je suis assimilé ? Je n'y pense jamais. Je fais partie de ce pays, ni plus ni moins. D'où venaient mes parents et mes ancêtres ? Quelle importance ? En ce qui me concerne, je viens de l'hôpital Sainte Elizabeth, à Brighton, Massachusetts, où je suis né.

Aujourd'hui, on décrit volontiers les États-Unis comme une mosaïque – la célèbre métaphore du *melting pot* (creuset) est passée de mode. J'espère qu'il n'y a là qu'une rhétorique politiquement correcte, qui passera, elle aussi. Cela sépare les groupes sociaux les uns des autres, ce n'est pas bon pour notre société. Les stéréotypes péjoratifs qu'utilisent certaines personnes, la ségrégation volontaire autorisée (alors qu'elle était autrefois imposée) sur les campus et dans les clubs, la pratique peu judicieuse de faire suivre un enseignement dans leur langue d'origine aux enfants immigrés (au lieu de les obliger à apprendre celle dont ils auront besoin pour réussir) – tout cela va dans le sens d'une division de notre société et non de l'amalgame de ses composantes. Se souvenir de son pays d'origine, en être fier, c'est parfait. Mais ici, nous faisons tous partie d'une grande famille, la famille américaine. Et, comme dans les familles traditionnelles, il nous faut vivre ensemble, communiquer, nous aider à survivre les uns les autres.

La mort de mon père m'a pris au dépourvu – mais il n'aurait pas dû en être ainsi. Enfant, il avait souffert de rhumatisme articulaire et, à l'époque, cette maladie laissait de graves séquelles cardiaques et réduisait considérablement l'espérance de vie. Je me souviens avoir joué un jour avec le casque de métal blanc qui lui avait été attribué pendant la Seconde Guerre mondiale en tant que vigile de la défense passive. Je lui avais alors demandé pourquoi il n'avait pas fait la guerre. Il m'avait répondu qu'il était trop vieux. Je n'avais pas fait le calcul, mais si je l'avais fait, je me serais aperçu que ce n'était pas la véritable raison – en réalité, il avait été réformé parce qu'il avait le cœur fragile. Ainsi donc, jusqu'à ce que je reçoive un coup de fil de ma mère, au printemps 1963, alors que j'étais en seconde année à Johns Hopkins, par pure paresse intellectuelle, je ne savais rien de l'état de santé de mon père. Elle m'a expliqué ce qu'il avait, m'a dit qu'il était hospitalisé, au plus mal – je devais prendre le premier train pour Boston. Quand je suis arrivé, il était dans le coma. Le médecin m'a dit qu'il était perdu. Il aurait certainement pu être sauvé aujourd'hui, mais la médecine n'avait pas alors les moyens dont elle dispose à l'heure actuelle. Il était impossible de dire combien de jours il lui restait à vivre, ma mère et moi avons donc décidé qu'il valait mieux que je retourne à l'université. Quarante-huit heures plus tard, c'est mon oncle qui m'a appelé. Le soir même, j'étais à Boston pour les funérailles. Trente ans ont passé et mon père me manque encore.

Ma sœur, alors étudiante à Antioch College, devait faire un stage de formation par alternance. Elle choisit une entreprise de Boston pour être plus près de notre domicile. « Tu peux revenir à Boston si tu veux, mais tu n'habiteras pas à la maison. Une étudiante de ton âge doit être indépendante, apprendre à vivre sa vie », lui dit ma mère. C'est ce qu'a fait Marjorie. Elle a travaillé les six mois suivants à Boston, mais en louant un appartement. En fin d'adolescence, les parents doivent obliger leurs enfants à prendre leur indépendance et à affronter seuls des problèmes relativement simples. Ce n'est certes pas facile, mais c'est nécessaire si l'on veut leur donner les meilleures chances de se débrouiller par la suite.

Ma mère a un sens pratique très développé. Quand mon père a été hospitalisé, elle a lu attentivement le mode d'emploi du changement de vitesse de la nouvelle voiture que mon père venait d'acheter. Elle n'avait jusque-là conduit que des voitures automatiques. Elle s'est entraînée dans les rues du quartier, puis a servi de chauffeur aux membres de la famille qui venaient voir mon père à l'hôpital.

Elle ne panique pas quand les choses échappent à son contrôle. Elle ne se plaint jamais. Je crois que j'ai hérité d'elle cette philosophie du « Fais ce que tu peux, puis passe à autre chose ». Mais je suis un peu fantaisiste, je fais beaucoup de choses spontanément. Ma sœur, au contraire, est concentrée, très posée. Mon père était très direct, très sincère. Quand on lui demandait comment il allait, il le disait. Ma sœur fait la même chose, alors que ma mère répond toujours qu'elle va très bien. Quant à moi, c'est l'un ou l'autre, cela dépend de mon humeur, je suppose.

* * *

J'avais de très bons amis au lycée, mais à la fin de nos études secondaires, en 1960, nous sommes tous partis chacun de notre côté, je n'en ai jamais revu aucun. À Johns Hopkins, j'avais deux très bons copains. L'un d'entre eux a suivi exactement les mêmes cours que moi, plusieurs années de suite. Tous les soirs, assis sur les marches de sa fraternité ou de la mienne, nous bavardions jusqu'à trois heures du matin. Nous discutions sports, politique, etc. Quand je suis allé poursuivre mes études à Harvard Business School, il est entré dans l'administration comme ingénieur.

Plusieurs années plus tard, je suis allé passer un week-end chez lui. Je n'en ai pas gardé un très bon souvenir. Il avait beau avoir été l'un des mes amis les plus proches, nous avions entre-temps passé une dizaine d'années sans nous voir et n'avions plus grand-chose en commun. Il avait travaillé dans l'armée, et moi, après Harvard, je m'étais retrouvé à Wall Street. Il était marié, avait de jeunes enfants, habitait une petite maison. Moi, j'avais collectionné les petites amies, fait la fête et voyagé un peu partout à l'étranger. Nous vivions dans des mondes très différents. Je ne l'ai plus revu jusqu'à la réunion organisée à l'occasion du trentième anniversaire de notre promotion. Ce jour-là, nous nous sommes dit qu'il fallait absolument que nous nous retrouvions et, comme de bien entendu, nous ne l'avons jamais fait.

Mon amitié avec mon autre camarade de Johns Hopkins, Jack Galotto, qui était d'ailleurs dans la promotion avant la mienne, a résisté à l'épreuve du temps. Il est médecin, je suis homme d'affaires. Il est à Washington, je suis à Manhattan. Quelle est la différence entre ces deux amitiés ? Pourquoi l'une a-t-elle duré et pas l'autre ? Est-ce parce que je connaissais bien l'épouse de Jack, Mary Kay, avec laquelle je m'entends très bien ? Parce que Jack a voyagé et rencontré beaucoup de gens pas très différents de moi ? Les deux enfants Galotto ont fait des stages d'été chez Bloomberg, cela a peut-être joué un rôle. En fait, déjà à Johns Hopkins, nous étions plus proches, car nous habitions dans la même fraternité. Les fraternités, à Hopkins, n'étaient pas très différentes de celles que l'on voit dans le film *Animal House*, de John Belushi. Certes, nous faisions des études sérieuses, il y avait beaucoup d'émulation intellectuelle entre les étudiants, mais je reconnais que nous avions aussi une vie nocturne animée et que nous avions une bonne descente. Tout ce temps « perdu » nous a laissé de bons souvenirs, en fin de compte, c'était peut-être un investissement à long terme.

J'ai été le premier Juif à être admis à la fraternité Phi Kappa Psi, la plus prestigieuse de toutes. Quelques années plus tard, le même chapitre local a admis les premiers Noirs de son histoire. À l'époque, les fraternités étaient toutes juives ou chrétiennes. C'est parce que j'étais très proche de Jack que j'ai voulu entrer dans la sienne. (Chargé de mon initiation, il ne m'a pas quitté d'une semelle quatre semaines durant.) N'ayant pas eu l'occasion de voir comment fonctionnaient les autres fraternités, je n'ai pas d'éléments de comparaison. Mais je suis sûr de n'avoir pas fait d'erreur. J'y ai passé quatre ans, et j'y ai été très heureux. Je crois que j'ai toujours un peu tendance à aller à contre-courant.

J'ai aujourd'hui la conviction que les universités ne devraient pas tolérer que leur campus ou la façon dont sont organisés l'hébergement et les repas des étudiants favorisent les distinctions de religion ou de race. Le sens même de l'éducation est de donner aux jeunes la plus grande expérience pratique possible. Les adultes peuvent s'associer avec qui ils veulent une fois qu'ils ont terminé leurs études – c'est cela, la liberté. Les professeurs devraient exiger que leurs étudiants entrent en contact avec les milieux qu'ils connaissent mal, de façon que les choix qu'ils feront par la suite soient intelligents, bien raisonnés, fondés sur ce qu'ils savent et non sur ce des ouï-dire. La déclaration des droits de l'homme s'applique à tout le monde, nous avons le devoir d'en inculquer les principes à la jeunesse.

Mes dix premières années de travail à New York, une fois mes études terminées, ont été placées sous le signe du travail et de la fête, aussi acharnés l'un que l'autre. Célibataire, voyageant beaucoup avec des notes de frais confortables, j'avais une petite amie dans toutes les villes, je faisais du ski dans toutes les stations, j'avais mes habitudes dans les meilleurs restaurants et ne manquais jamais une pièce à Broadway. Je ne manquais pas non plus l'occasion d'un dîner de plus avec un client en visite ou d'un rendez-vous à l'extérieur, pas plus que je n'hésitais à passer des coups de téléphone à l'autre bout du monde, au milieu de la nuit s'il le fallait. Avec d'autres amis célibataires comme Hugh Lowenstein et Michael Charles, je crois avoir établi de nouveaux records dans l'art de « brûler la chandelle par les deux bouts ». Les journées étaient toujours trop courtes, mais cela ne m'empêchait pas de faire tout ce que j'avais décidé de faire.

Aujourd'hui encore, plusieurs dizaines d'années plus tard, je suis un peu plus raisonnable, mais je continue à trouver qu'une journée parfaite, c'est une journée horriblement surchargée. Jogging à l'aube, arrivée au bureau à sept heures ; série de réunions rondement menées ; coup de téléphone sur coup de téléphone, cinquante messages vocaux et autant d'e-mails exigeant une réponse ; déjeuner d'affaires rapide intercalé entre des myriades de conférences debout pour résoudre les problèmes financiers, de personnel ou de stratégie de la firme ; à l'occasion, une interview à un journal d'un pays où nous avons besoin de publicité ; souvent, allocution destinée à construire notre image, soit en personne, dans le cadre d'une conférence locale, soit par vidéo-conférence, mon public étant à l'autre bout du monde. Ajoutons que je reçois constamment les clients qui viennent nous voir ; qu'il m'arrive souvent de dîner tôt avec des clients ou des groupes de salariés, et de recommencer un peu plus tard avec des amis (là, normalement, je peux enfin arrêter de parler et manger quelque chose) ; enfin, je m'effondre dans mon lit, épuisé mais ravi de ce que j'ai fait dans la journée. Pour moi, c'est la meilleure journée (de semaine) possible !

* * *

C'est en 1973 que j'ai commencé à sortir avec Susan Brown, loyale sujette de la couronne britannique fraîchement débarquée à New York. Comme elle l'a raconté elle-même, nos rendez-vous ont progressé de la cuisine mexicaine bon marché du lundi soir aux prestigieux restaurants français du samedi soir – et ce cheminement nous a conduit tout naturellement à l'amour et au mariage. Nous avons eu deux filles : Emma, en 1979, et Georgina (que tout le monde appelle George) en 1983. Au début, Sue n'aimait pas beaucoup m'accompagner en voyage d'affaires ou recevoir des clients. Elle commençait juste à les apprécier quand je me suis fait virer de la direction Actions chez Salomon Brothers pour prendre la tête du développement des systèmes, où les occasions de sorties nocturnes et de voyages étaient nettement moins fréquentes. Comme nos filles étaient alors toute petites, ce n'était pas plus mal.

Sue savait certainement, au niveau conceptuel, ce que je faisais au bureau. Mais nous n'en parlions jamais. « Tu as passé une bonne journée ? » « Très bonne ! » Je n'apportais jamais les problèmes de la société à la maison. Même si la vie professionnelle vous absorbe complètement, j'ai toujours considéré qu'il était important de ne pas la laisser dominer la conversation familiale. Si je m'y laissais aller, ce ne serait bien ni pour ma famille, ni pour mes collègues, qui pensent que je traite leurs problèmes dans la confidentialité. Les affaires de la société Bloomberg sont les affaires de la société Bloomberg, et j'ai toujours tenté de maintenir une cloison étanche entre ces deux mondes, de laisser les problèmes du bureau au bureau et les problèmes de la maison à la maison.

Le concept de la « femme du patron » me déplaît souverainement. Personne n'a réellement besoin d'être au courant du fonctionnement interne du lieu de travail de son conjoint et j'estime également que les épouses, ou les époux, n'ont pas à faire de la représentation, que ce soit au bénéfice d'une société ou du gouvernement. Ce vestige du féodalisme est une fiction perpétuée par des flagorneurs. Le népotisme, quelque forme qu'il prenne, n'a sa place ni dans les affaires ni en politique. Les emplois doivent être ouverts à tous et attribués au mérite, non offerts en récompense à quelqu'un parce qu'il couche avec quelqu'un d'autre. Si votre mari ou votre femme vise un poste là où vous travaillez, qu'il ou elle pose sa candidature (ou se présente aux prochaines élections !)

Lorsque j'ai quitté Salomon Brothers, j'ai dit à Sue que j'avais envie de créer une entreprise, mais que cela supposait de travailler beaucoup plus que je ne l'avais jamais fait. (Ce ne serait pas facile, puisque je travaillais déjà six jours sur sept.) Je lui avais demandé si elle se sentait capable de l'accepter. Elle avait répondu affirmativement. Quelques années plus tard, elle s'est mise à se plaindre : « Tu travailles trop, on ne te voit jamais, les filles et moi ! » Je lui ai rappelé que je l'avais prévenue, qu'elle avait dit être d'accord. Enfin, c'est *ma* version de la conversation.

On est toujours tiraillé entre sa carrière et ses enfants, le conflit est inhérent. Dans les deux cas, le facteur contrôlable le plus déterminant de la réussite est le temps investi. Néanmoins, s'il y a une constante, dans la vie, c'est la pendule. Il y a une limite à ce que l'on peut faire. Sue et moi parvenions donc toujours à nous organiser. En général, en semaine, je m'arrangeais pour être à la maison le soir pour dîner en famille. Tous les week-ends et toutes les vacances, je les passais avec nos filles, sur le circuit des concours hippiques ou à notre maison de campagne.

Concernant la gestion de mon temps, j'ai mis au point plusieurs tactiques. Je dors moins, je combine mes sorties avec des amis avec les réceptions de relations d'affaires, je m'arrange toujours pour ne pas avoir de longs trajets à faire entre mon domicile et mon bureau. Durant ceux-ci, plutôt que de succomber à la tentation de faire un petit somme, je passe des coups de fil professionnels sur mon portable, je regarde des dossiers, lis le journal. Mon ex-épouse et mes filles sont compréhensives, cela aide. Chaque jour, je me fais un programme et je m'y tiens. Toute une série d'autres stratégies me permettent de gagner du temps. En gros, je me concentre plus, fais plusieurs choses à la fois et essaie d'améliorer mon rendement.

Il n'en demeure pas moins que lorsqu'on tente d'équilibrer sa vie professionnelle et sa vie familiale, on est constamment contraint de trancher des nœuds gordiens : match de hockey ou réunion du conseil d'administration, concours hippique ou rencontre avec des clients importants. Il faut élever ses enfants, mais aussi s'assurer des revenus suffisants pour les faire vivre. Les psychologues pour enfants (la plupart de ceux que je connais sont eux-mêmes bizarres, leurs enfants rarement normaux) sont aussi incapables de comprendre le conflit que sa résolution, qui consiste à opter tantôt pour le travail, tantôt pour la famille. Rien, ni personne, n'est parfait ! Ma méthode a donné deux adolescentes américaines normales, avec leurs coups de folie typiques. On les aime toujours – même quand, en tant que parents, on a parfois du mal à ne pas exploser.

Bien sûr, mes enfants ne sont pas comme les vôtres. Les vôtres, je sais exactement comment il faut les élever. Leurs problèmes sont faciles à résoudre. Il me suffirait de faire une petite phrase pour résoudre les conflits entre frères et sœurs ou entre parents et enfants qui vous désespèrent. Je leur dirais juste de faire ce que je dis, et je suis sûr qu'ils s'exécuteraient. Hélas, avec mes propres enfants, je dois dire que cela s'est révélé un peu plus difficile. Mes filles sont les seules au monde à présenter des troubles sérieux, impossibles à résoudre. Rivalités, sentiments d'insécurité, complexes (et ce que je ne peux définir que comme une conduite irrationnelle d'adolescente), rien de tout cela n'arrive à Emma et George. Elles n'ont jamais tort. En revanche, Sue et moi sommes les seuls à dire non, les seuls à imposer une heure limite le soir, les seuls à ne pas être raisonnables. Nos filles nous l'ont admirablement fait comprendre !

Notre vie conjugale a longtemps été très heureuse, mais en 1993, Sue et moi avons décidé de divorcer. Au fil des années, nous nous étions progressivement éloignés l'un de l'autre. Nos centres d'intérêts n'étaient plus les mêmes, et, à mesure que nos filles prenaient de l'indépendance, les différences sont devenues plus apparentes. J'aime le ski, elle a horreur de ça. Elle aime le cinéma, moi non. Elle aime passer la soirée à la maison, j'adore sortir. J'aime voyager à certains endroits, elle en préfère d'autres. Le travail est une partie très importante de ma vie, elle n'est pratiquement jamais venue me voir au bureau. Il ne s'est rien passé de terrible, en soi. Simplement, nous nous sommes mis à avoir chacun notre vie, à ne pas faire la même chose. Un jour, nous avons fait le point et nous avons constaté que les choses avaient changé. C'était une évolution lente, mais elle avait bel et bien eu lieu.

Comme mes parents, Sue et moi ne sous sommes jamais disputés, nous ne nous sommes jamais battus. Quand nous n'étions pas d'accord, nous trouvions une solution, l'un de nous faisait une concession pour préserver l'harmonie et, depuis que nous sommes séparés, c'est la même chose. Nous ne nous sommes pas écharpés à ce moment là, et nous n'allons certainement pas le faire maintenant. Cela surprend beaucoup de monde. « Votre divorce est incroyablement civilisé ! », nous dit-on. Mais quand on a des enfants, et que l'on a de l'affection l'un pour l'autre, comment accepter qu'il en soit autrement ? Sue est merveilleuse, c'est sans doute mon amie et ma confidente la plus proche ; nous continuons à faire des choses ensemble, avec les filles, comme les concours hippiques le week-end et les repas de famille de fin d'année.

* * *

J'ai toujours pensé que les premiers succès de ma carrière n'auraient pas été possibles si j'avais été marié à l'époque. N'ayant pas de responsabilités familiales à assumer, je pouvais concentrer tous mes efforts sur ma vie professionnelle. Aujourd'hui, je vis une situation similaire. Les filles passent pas mal de temps de leur côté et, comme je suis divorcé, c'est uniquement à moi qu'il revient de décider si je travaille ou si je m'amuse. Tenez, à l'instant même où j'écris cette page, il fait un temps superbe, mes amis sont tous en train de jouer au tennis, de faire du golf, du bateau, ou de se faire bronzer à la plage. Je pourrais aller les retrouver ou continuer à écrire. J'ai fait mon choix, manifestement – le même qu'il y a des années, lors de mes débuts chez Salomon Brothers. La vie est un compromis. En tirerai-je une satisfaction plus grande que les sacrifices consentis ? Bien entendu. Je ne regarde jamais en arrière.

* * *

Depuis les années où j'étais étudiant, j'ai toujours entrepris des projets et des aventures indépendamment des autres. Je n'ai jamais été spectateur. J'ai toujours préféré agir moi-même que regarder les autres, c'est la raison pour laquelle je ne suis ni cinéphile ni supporter d'une équipe de sports. Je n'ai jamais lancé un ballon de foot comme Johnny Unitas, batté comme Ted Williams, patiné comme Bobby Hull, marqué au basket avec l'adresse de Larry Bird. Je n'ai pas non plus le physique de Harrison Ford ou de Kevin Costner. Mais je n'aime pas me contenter de regarder et de rêver : il me faut de l'action. Quand je vois des gosses faire du snowboard ou du rollerblade, je ne peux pas m'empêcher d'essayer.

Il en va de même pour le ski et l'avion. Pratiquement dès mes débuts chez Salomon, je me suis mis à piloter des avions, des hélicoptères, tout ce qui me tombait sous la main. C'est un défi passionnant, qui m'a beaucoup appris.

Un matin de janvier 1976, un associé de Salomon est arrivé dans la salle à manger des associés en agitant à la main un article d'un petit journal local. « Tu as eu un accident d'hélicoptère ce week-end, toi, non ? » m'a-t-il demandé d'une voix forte – attirant l'attention générale sur une dépêche dont j'avais opportunément « oublié » de parler.

J'avais en effet piloté un hélicoptère de location, tout seul, au large des côtes du Connecticut, le samedi précédent, quand, tout à coup, « BANG ! » Comme je l'ai découvert plus tard, une bielle avait coulé et le piston avait perforé le bloc moteur. L'huile du carter s'était répandue sur les tubulures chaudes et s'était enflammée. Tout ce que je savais, c'est que je n'avais plus de puissance et que des volutes d'épaisse fumée noire commençaient à envahir le cockpit. J'ai toujours eu l'habitude, quand je vole sur l'eau, de garder suffisamment d'altitude pour pouvoir atteindre la terre en cas d'urgence. Je reste également systématiquement en contact avec une tour de contrôle active. L'explosion a fait un tel bruit que je ne savais pas très bien ce qui se passait dans le compartiment moteur derrière moi, mais il était clair que j'étais en train perdre de l'altitude et que j'avais du mal à respirer. Je descendais. La seule question était de savoir si, une fois arrivé à terre, je sortirais vivant de la carlingue.

Heureusement, tous les pilotes d'hélicoptère s'entraînent à ce que l'on appelle l'autorotation, méthode qui permet d'atterrir en douceur sans moteur. Sans même penser à ce que je faisais – on n'a pas le temps, dans les dix secondes dont on dispose, pour raisonner ou pour paniquer – j'ai appuyé sur le bouton « appuyer pour parler » et j'ai dit à la tour de contrôle locale : « Hélicoptère 9272 en détresse, petite île au large de Norwalk ». Et j'ai entendu le contrôleur répondre : « Bien reçu, hélicoptère 9272 ». Immédiatement après, étant passé sous l'horizon, je n'ai plus reçu de signaux. Mais je savais qu'ils m'avaient entendu et allaient envoyer des secours.

Je dégringolais à toute allure. J'ai déconnecté le moteur de la transmission pour que le rotor puisse tourner librement et emmagasiner de l'énergie cinétique. Puis, quelques mètres au-dessus du sol, j'ai changé l'inclinaison des pales pour créer de la portance. Cela a stoppé la chute juste avant l'impact sur le sol. Je m'étais beaucoup entraîné à l'autorotation, et ça a marché. J'ai atterri en douceur, les patins de l'hélicoptère posés fermement sur l'île, la queue surplombant la mer. Les pales du rotor effleuraient un arbre, juste devant. J'ai saisi l'extincteur, ouvert le compartiment moteur et éteint les flammes. Cela a continué à fumer un bon moment, mais j'étais sain et sauf.

Des blocs de glace dérivaient tout autour de l'île, et non loin de là, des bateaux de chasseurs au canard m'ont repéré. L'un d'entre eux s'est approché à la rame et m'a demandé si j'étais blessé. J'aurais été plus que « blessé » si j'étais tombé dans cette eau glacée. Comme ce n'était pas le cas, il est reparti. Est-ce que j'ai eu peur ? À vrai dire, tant que j'étais en l'air, je n'ai pas eu le temps de ressentir la moindre émotion et, à terre, j'étais en sécurité. La réponse est donc non – à part, évidemment, un tremblement interne que je n'ai pas pu maîtriser de la journée.

Quinze minutes plus tard, un hélicoptère de l'armée de réserve est arrivé. Il a atterri, et les gars m'ont proposé de me ramener à Westchester. J'aurais préféré qu'ils me conduisent à l'aéroport de Teterboro, dans le New Jersey, où j'avais loué l'hélicoptère et laissé ma voiture. Ils n'en avaient pas le temps, devant regagner leur base à Albany, mais ils m'ont expliqué qu'un autre hélicoptère était déjà en route, et qu'il pourrait me déposer où je voulais. Puis, comme les chasseurs de canards, ils sont partis.

Peu après, les garde-côtes annoncés sont arrivés. Voyant cet énorme engin blanc décrire des cercles au-dessus de l'île, j'ai tout de suite compris qu'il était bien trop gros pour pouvoir atterrir sur ce minuscule îlot. Les membres de l'équipage ont ouvert une porte et sorti un tableau noir : « Avez-vous besoin d'aide ? »

Planté à côté d'une épave encore fumante, en plein hiver, sur une île grande comme un timbre-poste environnée de blocs de glace flottante, ils me demandent si j'ai besoin d'aide ? On croit rêver... Ils ont donc descendu la nacelle de secours, avec les instructions scotchées aux extrémités, je suis monté dedans, me suis coincé les pieds sous une lanière et me suis accroché des mains à l'autre. Ils m'ont hélitreuillé sur une hauteur de quinze mètres, puis, au cours de la manœuvre pour aligner la nacelle et la porte, m'ont copieusement cogné contre la carlingue (les pilotes amateurs sont sans doute censés aimer les sensations fortes), le tout en plein dans le tourbillon du rotor, sur le fond sonore assourdissant du moteur. Je me suis enfin retrouvé à l'intérieur.

« Que s'est-il passé ? », m'ont-ils demandé.

« Le moteur a lâché. »

« Où voulez-vous aller ? »

À Teterboro, mon moniteur m'attendait sur le tarmac, furieux parce que j'avais deux heures de retard. Un autre client avait loué l'hélicoptère après moi et se plaignait que sa réservation ne soit pas honorée. Et voilà qu'au lieu de revenir dans le petit F-28, je débarquais d'un énorme Sikorsky de sauvetage. Surprise !

J'ai toujours attaché beaucoup d'importance à l'entraînement. Même si on est génial, il y a des circonstances où l'on a absolument pas le temps de trouver tout seul les procédures de survie. À force de répétitions, on développe des réflexes. J'en suis la preuve vivante. Je crois aussi, dur comme fer, aux vertus de la préparation. Je souscris à l'expression « Ayez toujours un temps d'avance sur votre avion ». Traduisez : « Faites les choses quand vous avez le temps, de façon à ne pas avoir à les faire le couteau sur la gorge. » J'essaie de l'appliquer non seulement dans l'air, mais aussi sur terre. Un imprévu risque toujours de vous empêcher de traiter une question importante que vous avez négligée alors que vous auriez pu la régler plus tôt. Si je n'étais pas resté en altitude et en contact avec une tour de contrôle active, je ne serais peut-être pas là pour raconter ma petite histoire.

* * *

J'ai subi à nouveau une épreuve comparable en 1995. Mon hélice est tombée en panne alors que je survolais Manhattan avec mon neveu Benjamin. Nous avions décollé de Westchester, et comme il y avait pas mal de turbulences, j'ai demandé au contrôleur du départ la permission de voler à une altitude plus élevée, que j'espérais plus calme. Nous venions d'atteindre les 450 mètres quand, tout à coup,

« POP ! ». Le moteur tournait à merveille, mais je n'avais plus de poussée. L'avion très puissant dans lequel nous étions partis s'était mué, en quelques secondes, en un planeur très lourd.

Les avions à hélices de haute performance sont équipés de moteurs qui tournent à vitesse constante quelle que soit la puissance nécessaire. Pour obtenir une « poussée » (on devrait plutôt dire « tirée ») plus ou moins forte, on change le pas des hélices. Dans mon cas, le régulateur de l'hélice était tombé en panne et la pression de l'huile, qu'il contrôle, ne parvenait plus à maintenir l'angle de l'hélice. Les pales s'étaient donc alignées, elles ne nous entraînaient plus vers l'avant, quelle que soit la vitesse à laquelle elles tournaient.

Les instruments s'affolèrent. Le moteur tournait, mais il aurait aussi bien pu être arrêté (au moins, il aurait fait moins de bruit !) Je n'avais pas le temps de jouer les mécaniciens amateurs. Nous descendions. Instantanément, j'ai entamé un virage à 180° et appelé la tour de contrôle. « Novembre cinq zéro quatre Mike Bravo à contrôle : Urgence. Problème moteur. Retournons à Westchester. »

« Contactez tour de contrôle sur cent dix-neuf sept. Vous prenons en charge. » La réponse avait été instantanée.

Réglant ma fréquence sur 119.7 d'une main, pilotant de l'autre, je dis au contrôleur : « Westchester, quatre Mike Bravo en ligne ». Le contrôleur du départ avait déjà prévenu son collègue de la tour par la ligne terrestre.

« Avons évacué toutes les pistes. À vous de choisir. Ai rassemblé l'équipement. » Cela voulait dire les voitures de pompiers.

« Prends la trois quatre », dis-je tout en vérifiant méthodiquement, un par un, tous les éléments de ma checklist de pré-atterrissage.

Prenant un cap de 340 magnétique, j'ai eu juste assez d'altitude pour descendre en planant, sortir le train d'atterrissage, atterrir sur la piste 34, et me laisser rouler sur le tarmac jusqu'à l'arrêt total. Si j'avais volé plus bas, il est clair que je n'aurais pas pu revenir. Qui sait où j'aurais pu poser l'avion ? Sur l'Hudson ? L'amerrissage ne figurait pas sur la liste des actions à faire. Mais j'ai eu de la chance. Ou, si vous préférez, mon habitude de prendre de l'altitude aussi vite que possible, pour des raisons de sécurité, a payé. Ce sont toujours de petites choses qui donnent la marge supplémentaire qui, à son tour, vous sauve la vie. Vous n'en aurez peut-être jamais besoin, c'est encore mieux.

J'ai une théorie indémontrable : il ne m'arrivera plus rien aux commandes d'un hélicoptère ou d'un avion car, si les chances d'avoir un accident sont faibles et la probabilité d'en avoir deux infime, il n'y a aucune probabilité mesurable qu'un troisième accident arrive à la même personne. (Ce n'est hélas pas tout à fait vrai, dans la réalité. Chacune de ces mésaventures est un événement indépendant, j'ai donc intérêt à continuer à faire très attention. Tout de même, je trouve cela assez rassurant.)

Je crois que Ben n'a pas vraiment compris ce qui se passait. Quand j'ai commencé à virer, je lui ai dit : « Ben, il y a un réglage à revoir. On rentre à l'aéroport le faire en vitesse. » Le moteur tournait, pour autant qu'il le sache, tout allait donc bien. Une fois le virage achevé, il avait les pistes devant les yeux. Et quand le contrôleur a dit qu'il avait « rassemblé l'équipement », Ben ne savait pas ce que cela voulait dire. Nous avons atterri, les voitures de pompiers ont convergé sur nous de tous les côtés, c'est à ce moment-là qu'il a compris ce qui se passait, mais d'un point de vue agréablement sûr, de la terre ferme. Je suppose que l'enseignement à en tirer est le suivant : ne paniquez pas. Faites ce que vous êtes entraîné à faire. Ni plus ni moins.

Ma sœur n'a pas été particulièrement enchantée quand elle a appris ce qui s'était passé. Mais, comme je le lui ai dit plus tard, tout atterrissage dont on ressort en bon état est un bon atterrissage. Ce détail a moins d'importance, mais l'avion n'a pas été endommagé, sauf que j'ai dû faire réviser le moteur car je l'avais mis en surrégime lorsque j'avais perdu la puissance. Au total, le tour de Manhattan, que Ben n'a jamais fait, m'a quand même coûté cher.

Pourquoi piloter ? J'aime les situations qui vous obligent à faire ce que l'on dit que l'on va faire. J'aime que l'on paie de sa personne, je déteste que l'on se paie de mots. Quand on pilote aux instruments, on s'engage officiellement vis-à-vis des contrôleurs du ciel, on leur précise ce que l'on fera dans toutes les circonstances. Les autres pilotes font tous la même chose. Vous décollez, vous tombez dans un orage à 90 mètres du sol, vous volez deux heures, et vous émergez des nuages juste au-dessus du sommet des arbres, dans un alignement parfait avec une piste d'atterrissage à des centaines de kilomètres de votre point de départ. Cela fonctionne même quand vous perdez toutes vos radios au passage. Le fait d'arriver sain et sauf, à bon port, procure une intense satisfaction. Seulement, il faut faire exactement ce que l'on a dit que l'on ferait, faute de quoi on risque sa vie. On applique donc tous les règlements et concepts que l'on a appris. Et l'on utilise tous les chiffres, techniques, trucs et gadgets du tableau de bord ; ils correspondent vraiment à quelque chose.

Il n'y a ni hypocrisie ni faux-fuyants. On dit qu'on va faire quelque chose, et on le fait, un point c'est tout ! Tous les pilotes apprennent à s'engager et à agir conformément à leur engagement, à appliquer strictement la procédure ; tous comptent sur les autres pour en faire autant. Ceux qui ne le font pas ne survivent pas. Dans le monde de l'aviation, la régularité de pensée et de conduite est une nécessité vitale. C'est important aussi dans la vie quotidienne, du moins si l'on veut réussir.

* * *

Il m'arrive aussi de vivre des aventures riches d'enseignements sur la terre ferme. Une fois, avec des amis, nous étions partis faire du ski en nous faisant déposer par hélicoptère. C'était au Canada, plus précisément en Colombie britannique. La neige étant instable, notre guide nous a recommandé de rester à bonne distance les uns des autres, au cas où il y aurait une avalanche. Il est descendu le premier, suivi de Bob Brandt, un vieil ami californien. Un autre ami, Eric Borgen, qui partit ensuite, est tombé. Tom Wiesel (encore un ami) et moi, nous nous sommes arrêtés pour lui donner un coup de main. Tous les autres se sont retrouvés coincés derrière nous. Au moment où nous étions prêts à repartir, quelqu'un a crié : « Regardez, ça bouge ! » La neige, juste devant nous, descendait de plus en plus vite. Le guide, voyant arriver l'avalanche, est remonté à ski sur une bosse. Brandt, hélas, a regardé par dessus son épaule, puis a trébuché et est tombé – il a été immédiatement enseveli sous la neige.

Tout à coup, le glissement s'est arrêté et il y a eu un silence de mort. Nous avons réalisé qu'un être humain qui était là, parmi nous, une seconde plus tôt, n'y était plus.

Quand on fait du ski dans des régions inhabitées comme les montagnes Bugaboo, tout le monde porte un transmetteur sous ses vêtements. En cas de nécessité, on peut le transformer en récepteur. À ce moment-là, si l'on s'approche d'une personne enterrée, on entend ses transmissions s'amplifier puis, si on s'éloigne, elles s'affaiblissent. Ainsi, quand on cherche quelqu'un, on va d'avant en arrière sur une direction donnée, jusqu'à ce que l'on soit certain que la personne est sur cette ligne. Ensuite, on reprend les allers et retours dans le sens perpendiculaire, jusqu'à ce qu'on localise le skieur, qui doit normalement se trouver sous le point d'intersection des deux lignes.

Nous sommes donc tous descendus à ski près de l'avalanche, puis nous avons déchaussé. Tout le monde s'est arrêté près d'une grande formation de glace. Mais il était impossible que Bob se trouve plus haut. Je ne connaissais pas bien le mécanisme des avalanches, mais j'étais certain qu'elles ne pouvaient remonter leurs victimes sur un glacier, et je me souvenais que Bob était tombé après avoir passé ce point. Je me suis donc arrêté un peu plus bas, et j'ai descendu sur la neige dure, mon beeper en position récepteur. Instantanément, j'ai capté son signal. « Il est là ! », ai-je crié aux autres.

« Non, non, il est ici, en haut. Nous l'avons ! » Ils s'étaient regroupés et creusaient frénétiquement de leurs mains.

J'ai compris tout de suite ce qui s'était passé. Dans la panique générale, quelqu'un, là-haut, avait oublié de passer son beeper en position récepteur. Le signal qu'ils avaient repéré était en fait émis par l'un d'entre eux. J'étais peut-être le seul, mais je savais que j'avais raison : cent mètres plus bas qu'eux, j'étais seul sur la neige et j'entendais quelque chose. Cela ne faisait pas l'ombre d'un doute, j'avais raison, j'en avais la certitude absolue.

Le guide avait paniqué avec les autres. Il aurait dû s'arrêter pour vérifier, puisque je répétais, de là où j'étais, en bas, qu'ils se trompaient. Son attitude était l'exemple même des gens qui croient ce qu'ils ont envie de croire, sans tenir compte de possibilités soulevées par des faits qui ne cadrent pas avec les autres.

Quoi qu'il en soit, il y a une chose qu'il a bien faite : il a appelé l'hélicoptère qui nous avait amenés. Cet hélicoptère faisait la navette entre plusieurs groupes de skieurs. Il en déposait un en haut puis, pendant que ceux-ci descendaient, il remontait ceux qui étaient déjà en bas. Lorsque l'hélicoptère a ramené les membres du second groupe afin qu'ils puissent contribuer à la recherche, leur guide a eu le temps de vérifier que tous les transmetteurs étaient en position « récepteur ». Pendant le vol, il leur a remis des pelles et leur a calmement expliqué ce qu'ils devaient faire une fois arrivés sur le lieu du drame. Le pilote a essayé d'atterrir là où j'étais, sur un replat qui formait comme un héliport naturel. Mais je refusais de bouger, lui faisant signe de reculer. Lui aussi gesticulait comme un fou, il voulait absolument me forcer à bouger. J'ai tenu bon et l'hélicoptère n'a pas eu le choix : il a atterri plus bas, au bord du précipice. Tout le monde a sauté à terre, furieux contre moi, c'était incroyable d'être entêté à ce point-là, je retardais les opérations. Quand ils ont commencé à monter, je leur ai crié que j'avais repéré les émissions de Bob, qu'ils devaient se tromper, là-haut. Je leur ai demandé de bien écouter en passant.

Effectivement, en montant en file indienne, les récepteurs en alerte, ils ont constaté que j'étais juste au-dessus de Bob Brandt. Ils le détectaient eux aussi. Quand nous l'avons déterré, il a dit qu'il m'avait entendu d'un bout à l'autre, il avait hurlé, mais je ne l'entendais pas, à cause du vent ou de l'amas de neige qui étouffait le son. Bob n'était pas blessé, mais il avait eu une peur intense. Un peu plus tard, la même année, il a fait un cancer du colon, a été opéré et guéri à 100 %. Ainsi, deux fois en l'espace d'un an, il a trompé la mort. Il est toujours vivant, en pleine forme. Et je crois qu'il ne m'en veut pas trop de m'être montré un peu têtu.

Il y a des individus qui prennent pour parole d'évangile des choses qu'ils ne comprennent pas. Jamais vous ne les verrez prendre un temps d'arrêt et demander qu'on leur explique ou qu'on leur répète quelque chose. Voici une situation typique qui a le don de m'exaspérer : des gens discutent de XYZ – je ne sais quel sigle, représentant je ne sais quoi – je le leur demande mais ils n'en ont pas la moindre idée. Trop souvent, les gens font les choses automatiquement, sans réfléchir. Ce n'est pas par manque d'intelligence, mais plutôt de curiosité intellectuelle. Nos écoles négligent trop souvent d'enseigner la logique et le scepticisme. On nous apprend des faits et des techniques, non des concepts et des réflexions ; nous apprenons à accepter, non à mettre en doute. Cette terrible faille de notre système éducatif pénalise les élèves pour la vie.

Nous souffrons aussi d'un manque de rigueur chronique. Les gens vous disent : « Nous allons toujours dans cette direction », mais une fois confrontés à une situation réelle, dans la vraie vie, ils n'appliquent pas le principe affirmé antérieurement. Soit la résolution originale n'était pas mûrement réfléchie, soit ils n'ont pas l'honnêteté intellectuelle de faire ce qu'ils ont dit qu'ils feraient. Imaginez un pilote de ligne. Quand un incendie vient de se déclarer au moteur 3, avez-vous vraiment envie qu'il joue les mécanos amateurs ? Non, évidemment ! Il doit suivre les instructions mises au point beaucoup plus tôt dans un environnement contrôlé par les experts de la sécurité aérienne. Il s'agit tout simplement de sortir le manuel intitulé « incendie au moteur 3 » et suivre la check-list, lentement, délibérément et attentivement. C'est cela qui sauvera l'avion et ses passagers. Nous devrions tous en faire autant dans nos activités quotidiennes lorsque les relations avec d'autres personnes et les carrières sont en jeu. Réfléchir. Préparer. Planifier à l'avance, quand on en a le temps. Puis, dans la vraie vie, faire ce que l'on a dit.

* * *

De nombreuses raisons expliquent que certains réussissent et d'autres non, que certaines sociétés s'installent sur une trajectoire de croissance tandis que d'autres font un coup d'éclat puis s'effondrent tout aussi rapidement. Sur le long terme, trois caractéristiques séparent en général les gagneurs des losers : le temps investi, les compétences relationnelles et tout simplement, la bonne vieille chance.

Chacun naît avec un certain niveau d'intelligence génétique. En l'état actuel de la science médicale, nous devons nous en tenir à ce que Dieu nous a donné. En pratique, nous ne pouvons pas non plus modifier beaucoup notre environnement. Cela veut-il dire qu'il faille baisser les bras, se contenter d'accepter la main que l'on vous a distribuée ? Non, bien sûr ! Un jour, quelqu'un a mené une enquête auprès de « l'homme de la rue », aux États-Unis et en Grande-Bretagne, pour évaluer la perception que ces gens avaient d'eux-mêmes. Les Anglais se décrivaient généralement comme des « cols bleus », alors que les Américains affirmaient tous appartenir à la classe moyenne. Certaines personnes, quelle que soit leur nationalité, se considèrent comme des ambitieux avides de grimper, tandis que d'autres acceptent de se conformer à ce que l'on attend d'eux. Certains pensent que le destin est entre leurs mains, d'autres estiment n'avoir aucune prise dessus. (Heureusement pour la Grande-Bretagne, les habitudes changent et la nécessité finit par obliger les gens à « se bouger les fesses » et faire quelque chose pour améliorer leur sort.)

La plupart des fortunes ont été édifiées par des entrepreneurs partis de rien, qui se sont fait mettre à la porte une ou deux fois dans leur carrière. Et, à travers l'histoire, la grande majorité d'écrivains, d'artistes de musiciens, de danseurs, de juristes et d'athlètes étaient issus de familles dont les moyens financiers étaient limités. Les PDG de la plupart des entreprises classées au palmarès Fortune 500 ont fait leurs études dans des universités d'état et non dans les « *Ivy League* » (à moins qu'ils n'aient pas fait d'études supérieures du tout). Doit-on en déduire qu'une bonne « intelligence prénatale » (l'aptitude à choisir les meilleurs parents) soit plus fréquente parmi les enfants nés dans des familles pauvres que parmi les « gosses de riches » ? Ou bien que les conditions préalables traditionnelles de la réussite aient perdu de leur importance ?

Ceux qui travaillent plus que les autres sont presque toujours récompensés. Il faut arriver tôt au bureau, y rester tard, déjeuner sur le pouce, emporter des dossiers chez soi pour travailler le soir et le week-end. Le temps investi dans votre activité professionnelle est la variable contrôlable la plus importante pour déterminer votre avenir. Vous pouvez toujours essayer de battre le système en gagnant à la loterie, mais les chances pour que ça marche sont excessivement faibles. Ou espérer que le gouvernement cherche à émuler Robin des Bois et vous couvre d'or. Chaque fois que ce genre de politique a été expérimentée par le passé, la manne a été réservée au niveau vraiment le plus bas. Vous pouvez aussi espérer qu'une législation « anti-exploitation » soit adoptée, donnant droit à des pauses café obligatoires, des congés de maternité et de paternité de deux ans, des congés payés de six semaines minimum et imposant une durée maximum du travail, de sorte que vos concurrents seront ligotés. Les Communistes ont essayé, soixante-dix ans durant, d'éliminer la méritocratie – non seulement ils ont démoli leur économie, mais, au passage, ils ont littéralement fait mourir de faim cinquante millions de personnes.

Si vous travaillez avec acharnement, sans compter vos heures, le succès n'est pas garanti. En revanche, si vous vous y refusez, je suis raisonnablement certain du résultat.

Les socialistes avaient néanmoins compris quelque chose, à savoir que personne ne peut rien faire tout seul. Chacun ne peut pas avoir sa petite armée pour protéger sa liberté. L'assurance ne fonctionne que si les risques sont répartis. Il faut éduquer correctement tous les enfants qui feront tourner la boutique quand nous sucrerons les fraises : il y va de l'intérêt général. La seule manière de guérir de maladies que l'on n'a pas (encore), c'est de mettre les ressources en commun. La société est une collection d'individus : notre aptitude à agir seuls au niveau individuel découle directement du partage de certaines responsabilités au niveau collectif. Les animaux eux-mêmes se regroupent pour s'assurer des compagnons, une certaine protection et de la nourriture. Nous sommes mieux placés aujourd'hui que cela n'a jamais été le cas historiquement pour maîtriser notre vie et, simultanément, dans un monde nucléaire, nous sommes de moins en moins capables de nous en sortir tout seuls.

* * *

C'est vrai, j'ai énormément travaillé. Je ne vais pas vous dire le contraire ! Mais, à de multiples reprises, même quand je n'en avais pas conscience, mon destin a été déterminé par d'autres que moi. Entre autres mes parents, ma sœur, ma femme, mes enfants, mes professeurs, mes amis et mes collègues. Ce sont eux qui m'ont conseillé, consolé, avec qui j'ai partagé, eux qui sont restés à mes côtés pour que je puisse aller de l'avant – ils ont tous contribué à mon bien-être. Il y a d'autres manières de les remercier (la meilleure étant sans doute ma conduite dans la vie et non des mots sur une page), mais aucun autre contexte ne vaut ce livre pour déclarer publiquement l'importance qu'ils ont dans ma vie. Pour parler simplement, mon succès, c'est le leur aussi.

L'égoïste solitaire qui exprime tout à coups de « je » et de « moi » n'ira jamais jusqu'au bout de ses possibilités. Parmi les hommes ou les femmes d'affaires de tout premier plan, aucun ne croit réellement, en son for intérieur, avoir tout fait par lui-même. Ils savent tous ce qu'ils doivent aux autres, et le disent. La presse a beau monter en épingle les réussites apparemment individuelles de Donald Trump dans l'immobilier, Martha Stewart dans les arts de la table, Bill Gates, dans les logiciels, Estée Lauder dans les produits de beauté, George Soros dans les investissements, Katherine Graham dans les journaux, Rupert Murdoch dans les médias, Beverly Fills à l'opéra ou celle de Ted Turner pour la télévision, ce n'est pas le colonel Sanders qui prépare tous les poulets que vous achetez chez Kentucky Fried Chicken (le pauvre, il est mort depuis des années !). Plus vous avez de succès, plus il y a de chances pour que « vous » soyez un groupe. Pour gagner gros, il faut être capable d'exercer un effet de levier sur votre propre travail en identifiant, en impliquant, en convainquant et en inspirant d'autres personnes de suivre votre vision. Si vous ne les félicitez pas publiquement, vous ne tarderez pas à vous retrouver tout seul, à la tête d'une entreprise vidée de sa substance et dépourvue d'avenir.

Supposons maintenant que vous travaillez d'arrache-pied et que vous coopérez avec les autres, avez-vous pour autant la garantie de devenir milliardaire, de recevoir le prix Nobel, d'avoir des enfants extraordinaires et un nom connu dans tous les foyers ? Pas toujours. Il y a une autre composante, la chance. Je connais des gens qui ont tout fait comme il fallait et ne sont tout de même pas parvenus au sommet. J'en connais d'autres dont l'œuvre a été sabotée par un imbécile. Il arrive aussi que des événements imprévisibles – révolution technique, guerre, maladie, évolution du goût du public, que sais-je – périment les produits, les éliminent ou les font passer de mode. Certains ont des pépins de santé à un âge précoce, d'autres doivent faire face à de tels problèmes familiaux qu'ils ne peuvent pas se lancer dans des domaines nouveaux. Des milliers d'autres obstacles imprévisibles et de malchances peuvent ainsi surgir à tout moment.

Si je ne m'étais pas fait remercier de chez Salomon Brothers, je n'aurais jamais fondé notre société. Si j'avais été renvoyé plus tard, la concurrence avec les géants endormis se serait présentée sous des auspices moins favorables et nous n'aurions sans doute pas connu la même réussite. Supposez que je n'ai pas été admis à Johns Hopkins ou à la Harvard Business School, que je n'ai pas rencontré Sue ou trouvé les meilleurs collaborateurs pour travailler avec moi chez Bloomberg, que je n'ai pas eu les mêmes amis à l'université, ou encore que je n'ai pas réussi à poser l'hélicoptère et l'avion dont j'ai parlé plus haut… Ma vie entière en eût été bouleversée.

Travaillez. Partagez. Ayez de la chance. Puis conjuguez cela avec une honnêteté absolue. (Les gens sont nettement plus enclins à accepter et à aider ceux qu'ils croient intègres. On pardonne beaucoup plus facilement quand on est convaincu que les intentions étaient pures.) Et surtout, n'oubliez jamais l'admonition biblique : « Faites aux autres ce que vous voudriez qu'ils vous fissent. »

# 11

# Fortune, travail et sagesse

## Philanthropie et service à la communauté

Le premier octobre 1981, j'ai entamé la phase entrepreneuriale de ma vie. Ce jeudi-là, mes perspectives de réussite étaient incertaines (à part les dix millions de dollars que je venais d'empocher en échange de mes actions chez Salomon Brothers). Je venais de me faire licencier et personne ne me proposait d'emploi. Je créais une entreprise destinée à porter la concurrence à des géants riches de décennies d'expérience, de centaines de bureaux, de milliers de salariés et des millions de dollars d'actifs. Je n'étais certes pas sans le sou, mais je n'avais pas non plus toutes les chances de mon côté.

Quinze ans plus tard, le premier octobre 1996, j'envoyais un chèque de plusieurs millions de dollars à Johns Hopkins University and Hospital. Ce versement faisait partie d'un don de 55 millions de dollars à cette remarquable institution qui avait entrepris, sous ma direction, une campagne de collecte de fonds. Au cours des douze mois précédents, j'avais signé deux autres chèques à sept chiffres en faveur d'institutions culturelles et éducatives. Les années qui s'étaient écoulées entre ces deux dates m'avaient été favorables – je souhaitais faire un beau geste avec une partie de ce que j'avais gagné.

Après mes filles et mon entreprise, ce que j'aime le mieux au monde, c'est offrir mon temps et mon argent aux grandes causes qui me tiennent à cœur. Peu de gens ont autant de chance que j'en ai eu. Je ne sais pas si je la mérite, c'est une question de point de vue, mais j'en ai, c'est un fait. Aussi, au lieu de gémir sur les malheurs du monde ou de regarder souffrir, sans réagir, ceux qui sont moins favorisés que moi, au lieu de laisser passer la chance de laisser à mes enfants un monde meilleur, je consacre mon temps et mon argent à l'améliorer.

* * *

C'est aux louveteaux, à six ou sept ans, que j'ai eu pour la première fois l'occasion de servir mon prochain. Tous les ans, le jour des élections, nous nous portions volontaires pour accueillir les personnes âgées à l'arrêt du bus ou à leur descente de voiture et les accompagner aux bureaux de vote. Ce jour-là, nous veillions particulièrement à notre uniforme, où il ne manquait pas un badge ; en outre, pour la circonstance, nous arborions un petit drapeau américain cousu sur notre chemise. Rayonnants, imbus de notre propre importance, nous étions persuadés de jouer un rôle « critique » dans le processus démocratique, comme nous le disaient les grandes personnes. Nous avions le sentiment d'être puissants et privilégiés : nous étions autorisés à franchir quand bon nous semblait les barrières disposées par la police pour canaliser la foule. Entre les bannières qui flottaient au vent, la police qui patrouillait et les fonctionnaires qui distribuaient les imprimés électoraux, nous éclations de fierté et de bonheur, comme les petits garçons des peintures de Norman Rockwell.

À deux reprises, j'ai eu le privilège d'accompagner la citoyenne la plus célèbre de la ville, la mère d'Amelia Earhart, aviatrice disparue en vol. Elle devait avoir quatre-vingts ans bien sonnés et m'agrippait le bras de toutes ses forces. Tout le monde lui montrait une grande déférence et s'effaçait devant nous, tandis que nous progressions lentement, pas à pas, vers les isoloirs. Tous les regards convergeaient sur nous (presque sur moi...), c'était grisant. J'étais fier comme Artaban.

C'était l'époque de la guerre de Corée, les Américains exprimaient ouvertement leur patriotisme. Le 18 avril, à l'occasion de Patriot's Day, des centaines d'adultes se rassemblaient au centre de la ville pour écouter « Paul Revere's Ride », le poème de Longfellow qui célèbre le début de la guerre d'indépendance. Un cavalier, en costume d'époque, refaisait le parcours historique du messager rebelle, de Boston à Lexington et ensuite à Concord. À la grande joie des enfants massés sur les trottoirs, il parcourait les rues en criant « Les Anglais arrivent, les Anglais arrivent ! », puis disparaissait au grand galop.

Le moment de gloire de mon enfance fut justement d'être choisi, une année, pour lire ce fameux poème, juché sur une estrade d'où je dominais mon public. « Paul » caracolait devant moi, l'orchestre du lycée jouait des marches de John Philip Sousa, les photographes de presse se déchaînaient, et moi, je lisais, dans un véritable microphone, les célèbres vers. Je crois que je pourrais encore le réciter.

Memorial Day, en l'honneur de ceux qui sont tombés pour défendre notre pays, était l'occasion d'une autre grande fête à Medford. À l'époque, toutes les villes organisaient des défilés et des cérémonies, on déposait des gerbes au cimetière ; cette pratique a presque disparu aujourd'hui. Tout le monde participait au défilé : les motards de la police, les pompiers et leurs voitures, les organisations caritatives, les églises, les anciens combattants avec leurs drapeaux et leur musique et la section locale de la Garde Nationale, l'arme à l'épaule. Nous partions de l'école, en rangs par deux, et nous allions rejoindre le défilé pour la cérémonie finale du monument aux morts. Là, au garde à vous, nous prêtions très solennellement serment « au drapeau des États-Unis d'Amérique et à la République pour ce qu'il représente, une nation sous le regard de Dieu, indivisible, avec la liberté et la justice pour tous. » Un clairon solitaire jouait ensuite « Taps » et la cérémonie se terminait par une salve d'honneur de la Garde Nationale.

L'une de mes camarade de classe avait perdu son père, tué pendant la Seconde Guerre mondiale ; son nom était gravé sur une plaque de bronze érigée à un carrefour. Dans notre génération, elle était la première personne que je connaissais à avoir perdu l'un de ses parents. Une année, nous avons tous deux été choisis pour aller déposer ensemble la couronne de fleurs de l'école au monument aux morts. C'était une responsabilité importante, pour des enfants de notre âge. Nos condisciples, toutes les personnes qui venaient de défiler, les élus de la ville, tout le monde nous regardait progresser lentement, à la cadence des tambours. Nous priions le ciel de ne pas trébucher, tousser ou éternuer, qu'aucun incident ne vienne troubler la solennité de l'occasion. C'était un grand honneur d'y participer et cela conférait beaucoup plus de réalité et d'importance aux droits et aux privilèges que nous apprenions par cœur au cours d'instruction civique.

* * *

Je soutiens ardemment une police et un corps de sapeurs-pompiers forts et disciplinés et qui répondent de leurs actions devant les citoyens de la communauté qu'ils servent. Quand j'étais gosse, nous avions pris l'habitude d'aller jouer avec le dalmatien, mascotte traditionnelle des casernes de pompiers, et nous en profitions pour jouer aussi sur les camions. Tous les matins, nous bavardions et plaisantions avec les policiers qui réglementaient la circulation et protégeaient le passage clouté près de l'école. Dans de nombreuses régions du monde, les uniformes font peur à la population – au contraire, la familiarité née d'une proximité constante m'a laissé le sentiment que ceux qui les portent sont des citoyens comme les autres et surtout au service des autres : ils sont là pour nous protéger. (L'une des œuvres auxquelles je suis attaché depuis longtemps est le Fonds d'aide aux veuves de la police et du corps de pompiers de la ville de New York, largement soutenu par Wall Street, dont la liste des bénéficiaires ne cesse hélas de s'allonger.)

Il est dommage que nous n'ayons pas toujours ce sentiment de service quand on pense aux hommes politiques, dant le contribuable paie aussi le salaire. Il est vrai qu'en dehors des périodes électorales, on se demande parfois qui travaille pour qui. Ils n'hésitent pas, par exemple, à détourner les policiers de leur rôle de protection de la population, tout cela pour offrir une sécurité renforcée aux visiteurs de marque dont ils recherchent la faveur. (Bien sûr, ces personnalités courent davantage de risques que le commun des mortels. Mais personne ne les a jamais obligés à briguer leur poste ! Pourquoi négligerait-on la sécurité de l'homme de la rue pour renforcer celle d'individus qui ont choisi, en toute connaissance de cause, une carrière dangereuse ?) Les hommes politiques adorent se déplacer en cortège encadré de motards. (Mais pourquoi supporterions-nous que nos rues soient fermées à la circulation afin que ces individus qui sont, après tout, nos employés, n'aient jamais à attendre alors qu'on nous enferme dans des embouteillages inextricables ?) Ces serviteurs de la nation bénéficient d'une sécurité aérienne plus grande que celle qui suffit, à en croire la Federal Aviation Authority, au citoyen ordinaire. (J'aimerai bien qu'on m'explique ça, un jour.) On en arrive à se demander si les rôles ne sont pas inversés, si ce ne sont pas eux qui devraient courir des risques et supporter des inconvénients pour nous, puisqu'ils sont censés être à notre service.

Les sondages d'opinion révèlent régulièrement que la plupart des gens placent les élus tout en bas de la liste des personnes qu'ils respectent le plus. De fait, ils les classent juste à côté des journalistes (là, je crois que je comprends le mépris général). Si je n'hésite pas à dire ce que je pense de l'hypocrisie des hommes politiques et de leur mentalité, qui consiste à se faire réélire à tout prix, je considère néanmoins qu'aucun individu travaillant au service de ses concitoyens ne mérite un traitement aussi sévère.

Les cyniques ont beau dire, la politique est une noble profession. Il est vraiment dommage que, parmi ceux qui se sentent appelés à briguer les suffrages de leurs concitoyens, il se trouve toujours quelques brebis galeuses qui gâtent ce qui est si beau en Amérique. Certains élus sont égoïstes, corrompus, paresseux, incompétents et sans vergogne : c'est une honte ! Les titulaires de postes élevés qui courent le jupon, se livrent à des magouilles et agissent avec duplicité abaissent notre société. Il faudrait exiger que les élus tiennent leurs promesses électorales et aient une vie privée honorable. Il est vraiment regrettable que certains de nos élus les plus en vue ou leur famille en soient si loin.

Dans une démocratie, les individus qui se présentent à nos suffrages doivent être bons, intelligents et travailleurs. Les électeurs doivent pouvoir choisir parmi eux des hommes et des femmes capables d'assumer des fonctions au gouvernement. La société est trop complexe pour que nous puissions tout gérer nous-mêmes. Quelqu'un doit donc travailler à un consensus acceptable par la plupart d'entre nous, imposant le moins de contraintes possibles à la minorité. C'est cela, la politique. Il serait difficile d'imaginer un défi plus ambitieux, un service plus nécessaire ou une occupation plus satisfaisante pour ceux qui s'acquittent bien de leur tâche.

Personnellement, je ne me suis jamais présenté à des élections. Je ne me sens pas la moindre vocation de législateur. Il y a trois choses qui ne me plaisent pas dans ce métier : le rythme de travail, sa nature, et les compromis que l'on est appelé à faire. La procédure est tellement ennuyeuse que je ne tiendrais pas cinq minutes comme sénateur ou membre du congrès. La seule chose qui pourrait m'intéresser, ce serait l'exécutif – être maire, gouverneur ou président. Je crois que je réussirais très bien à chacun de ces trois postes, où l'expérience que j'ai acquise me serait précieuse. (Si vous tenez à être gouverné par des hommes compétents, ne vous inquiétez pas : je ne prévois absolument pas, à l'heure actuelle, d'arpenter les allées du pouvoir.)

Je suis scandalisé que tant de personnes briguent des postes élevés en se préoccupant exclusivement des opportunités politiques et non de la nature du poste, de leurs propres compétences, ou enfin de savoir s'ils sont faits pour le terrain ou pour la réflexion stratégique. Une carrière à la chambre n'est pas une préparation adéquate pour assumer les responsabilités totalement différentes d'un ministre. Et vice versa. Dans le monde réel (commercial), où la performance est la seule chose qui compte, il ne viendrait à l'idée de personne de promouvoir à un poste donné un individu qui n'en aurait pas le profil. Il n'y a qu'au gouvernement que certains ont l'outrecuidance d'affirmer qu'obtenir de piètres résultats à un poste inférieur soit la meilleure préparation pour assumer des responsabilités plus importantes dans un domaine totalement différent.

Cela ne veut pas dire que je ne participe pas au processus électoral, bien au contraire. En ma qualité de démocrate fortuné, ayant régulièrement apporté mon soutien financier au parti, tous ses candidats m'appellent, de ceux qui se présentent pour récupérer les chiens errants à ceux qui briguent les postes les plus élevés. Tous voudraient avoir « mon opinion éclairée », bénéficier de ma « vaste expérience » et sont convaincus que j'ai « beaucoup à apporter » – et, oui, d'ailleurs, ils allaient oublier, tous seraient très heureux d'accepter une contribution financière significative à leurs frais de campagne. (Ceux-ci sont désormais limités par la loi ? Qu'importe ! Avec une hypocrisie typique, ils ne se gênent pas pour expliquer aux électeurs qu'ils sont favorables à ce que l'on pousse plus loin cette réforme, sans pour autant se sentir obligés de se priver du lait nourricier dont les abreuvent les donateurs ; quand ils cherchent des subsides, ils trouvent donc toujours un moyen de transférer votre argent à une entité qui les fera élire.)

Est-ce que je donne ? Bien sûr. Pour que la démocratie fonctionne, il faut la soutenir financièrement. Les alternatives ne sont pas envisageables et je souhaite ardemment laisser à mes enfants un pays libre et sain. J'envoie des chèques aux candidats individuels auxquels je crois. J'en envoie aussi aux candidats qui se présentent sous la bannière de mon parti, même quand je ne suis pas tout à fait sûr que ce soit les meilleurs. J'en envoie également à la plupart des candidats que mes amis me demandent de soutenir.

Certains trouvent malhonnêtes et abominables ces concepts de loyauté à un parti et de renvoi de l'ascenseur. Pourquoi soutenir un individu que l'on ne tient pas en haute estime ? Pourquoi aider le rival d'un candidat que l'on soutient déjà ? Ils ont tort. La loyauté par rapport au parti et l'identité de la personne qui me demande mon soutien sont tous deux aussi importants que la personnalité du candidat. Même si celui-ci n'est pas le meilleur, s'il est de votre bord et peut lui assurer la majorité, il contribuera à faire passer les lois auxquelles vous tenez. Aider un ami à faire élire quelqu'un, même si ce quelqu'un ne vous plaît guère, ce n'est peut-être pas cher payer si cet ami vous rend la politesse en soutenant le candidat auquel vous croyez vraiment.

Si nous demandons un coup de main aux autres, comment ne pas répondre favorablement quand ils nous sollicitent à leur tour ? La situation se présente exactement de la même manière quand on cherche à rassembler des fonds pour des organismes caritatifs. Dans ce type de situation, il faut s'entraider. Quand mon ex-femme demande de l'argent à de vieux amis pour soutenir une cause qui lui tient à cœur et qu'ils l'envoient promener, cela me met hors de moi. Comment osent-ils se comporter de la sorte, quand Sue et moi avons tous deux financé, tant d'années durant, leurs bonnes œuvres et leurs candidats politiques ? Qu'on le veuille ou non, la vie repose sur des échanges de bons procédés.

* * *

Mes parents m'ont non seulement donné le sens du service, mais aussi celui de la philanthropie privée, et cela dès mon plus jeune âge. Chaque année, mon père recevait une publication qui donnait la liste des personnes ayant versé des fonds à l'organisme caritatif qu'il préférait. Pendant le dîner, il l'étudiait, page après page, à la recherche de noms connus et commentait la taille des dons offerts par des personnes qu'il connaissait, ou l'absence complète d'autres noms.

Ce que donnaient ses amis et connaissances influençait certainement l'effort qu'il ferait lui-même l'année suivante. C'est ce que j'appelle la pression des pairs, dont l'impact sur le monde de la philanthropie est énorme. Les gens ont toujours une conscience aiguë du rang qu'ils occupent. Le fait de publier des listes de donateurs, en les subdivisant par ordre de grandeur des sommes offertes, pousse souvent les donateurs à faire un effort pour passer dans la catégorie supérieure. Quand vous sollicitez des dons, demandez toujours plus que vous pensez recevoir. Vous pouvez vous tromper et atteindre le chiffre demandé. Les bienfaiteurs potentiels seront flattés que vous ayez cru qu'ils pouvaient donner autant. En outre, ils donnent plus qu'ils n'avaient prévu si l'objectif est plus élevé. Nous sommes tous des suiveurs. Un jour, j'ai adressé un chèque important à Harvard et quelques mois plus tard, quelqu'un a triplé cette somme, en expliquant que le don que j'avais fait avait stimulé sa générosité.

Vous me demandez une contribution importante ? Je commence par vous demander ce que vous et les administrateurs de l'organisme concerné donnent personnellement. Tout le monde ne peut pas se permettre de signer de gros chèques, mais on peut toujours donner une somme en rapport avec ses moyens. Si ni vous ni eux n'ont soutenu la cause, elle ne mérite peut-être pas non plus mon aide. À l'inverse, lorsque c'est moi qui sollicite, je commence toujours par dire combien Bloomberg a déboursé. Les personnes que j'approche ont le droit de le savoir, et je suis fier de ce que nous faisons.

Il est toujours déplaisant de quémander. Mais l'alternative est claire : ou vous ne demandez rien et l'aide que vous apportez se limite à votre contribution personnelle, ou vous maximisez l'assistance aux causes qui vous sont chères. Y tenez-vous suffisamment pour ravaler votre amour-propre, rassembler votre courage, engager vos ressources et prendre le temps de passer quelques coups de téléphone ? Ceux qui le font ne trouvent pas nécessairement cela plus agréable que ceux qui s'y refusent – simplement, ils sont plus motivés.

De nombreuses personnes donnent généreusement tout en ne disposant que de revenus moyens, mais en fait, ce sont les grandes fortunes qui fournissent une part disproportionnée des dons collectés par les organisations caritatives. Ceux qui se plaignent toujours du fossé entre les nantis et les autres et les membres du gouvernement qui prônent la redistribution des revenus devraient en prendre note. Les fortunes Carnegie, Mellon, Rockefeller et Duke ont largement été rendues à la société par ceux qui les ont amassées ou héritées ; ces hommes ont créé des institutions dont l'impact est nettement plus durable que les politiques consistant à prélever les mêmes sommes par l'impôt sur le revenu et les successions et à le transformer en dépenses publiques. La personne qui a bâti la fortune et la ou les générations suivantes ont sans doute vécu dans l'abondance mais, contrairement aux jaloux qui les critiquent, la plupart d'entre eux ont donné plus qu'ils n'ont pris. Grâce à eux, il fait meilleur vivre dans le monde (et aux États-Unis).

Les riches d'aujourd'hui sont-ils aussi généreux ? La liste des 400 premières fortunes américaines établie par la revue *Forbes* (et, à tout prendre, il vaut mieux y figurer) comporte autant de grippe-sou que de remarquables et généreux bienfaiteurs. Il en va de même de n'importe quel échantillon de la population américaine. En 1989, notre pays comptait 1,3 million de millionnaires ; leur nombre a sans doute triplé depuis. Je préfère élever mes enfants ici, aux États-Unis, que dans n'importe quel autre pays. L'Amérique est véritablement la terre des opportunités, c'est aussi un endroit où l'entraide privée existe réellement. Que ce soit par le biais des introductions en bourse, de promotions, ou de la création d'entreprises, que ce soit le résultat d'investissements en titres, en matières premières ou dans l'immobilier, la quantité de valeur créée dans ce pays est réellement extraordinaire ; nulle part ceux qui réussissent ne partagent avec un tel empressement. Vous croyez que d'autres pays sont plus justes, plus égalitaires, plus généreux, offrent une vie meilleure aux citoyens ordinaires, en particulier ceux qui sont habituellement victimes de discrimination ? Soyons sérieux ! Quand les gens votent avec leurs pieds, c'est *toujours* ici qu'ils viennent.

Les Américains sont d'une générosité extraordinaire. Toutes les organisations philanthropiques que je connais ont des recettes record. Leur nombre augmente également très rapidement. Nous avons peut-être plus que d'autres, mais nous aidons davantage ceux qui ont moins. Où existe-t-il autant d'universités, de musées, d'orchestres symphoniques, etc., ne fonctionnant que grâce à des fonds privés ?

* * *

Considérez n'importe quel individu ayant beaucoup de chance, ici, aux États-Unis. Une fois qu'il a fait fortune, la vraie question qui se pose est de savoir ce qu'il va en faire. Cela semble sans doute ridicule au salarié moyen rêvant de gagner au loto, mais je vous assure qu'après avoir accumulé une certaine quantité d'argent, on se trouve confronté à un problème sérieux. Il y a une limite à ce que l'on peut manger, au nombre d'employés de maison que l'on peut faire travailler, de voyages que l'on peut faire, de pièces que l'on peut habiter. En tout état de cause, on ne peut dormir que dans un lit à la fois.

La réalité de la grande fortune, c'est qu'on ne peut ni la dépenser, ni l'emmener avec soi. La seule solution consiste donc à donner à d'autres individus (en payant des droits de mutation ou de succession élevés) ou à des organisations philanthropiques (en bénéficiant de déductions fiscales importantes). Trois choses restent à votre discrétion : à qui, combien et quand.

Alors, une fois que l'on s'est habitué à vivre comme un pacha, que fait-on ? Premièrement, payez vos impôts sans en faire une maladie. D'innombrables personnes font des bêtises en tentant d'éviter l'inévitable. Notre pays vous a donné une opportunité – eh bien ! Payez-le de retour et qu'on n'en parle plus ! Deuxièmement, ne gâtez pas vos enfants. Quand vous aurez travaillé toute votre vie, ne laissez pas un héritage de dissensions, d'angoisse ou de souffrance, surtout pour ceux que vous aimez. Prévoyez à leur intention un pécule suffisant pour que cela leur serve de tremplin ou de béquille en cas de périodes difficiles, laissez-leur, surtout, un bon souvenir. Troisièmement, soyez égoïste ! Faites-vous vraiment plaisir : donnez le plus gros de votre fortune à un musée, une université, une organisation caritative, tout ce qui vous tient réellement à cœur !

Combien faut-il laisser de côté pour les petites têtes blondes ou brunes ? Voulez-vous vraiment éliminer pour eux le besoin de travailler autant que vous l'avez fait ? Voulez-vous que vos enfants ressemblent à ceux qui se croyaient sortis de la cuisse de Jupiter quand vous mangiez de la vache enragée ? Pour eux, il est bien pire d'avoir trop d'argent que de ne pas en avoir assez, bien pire, je vous assure. Que de fois j'ai vu des familles péricliter à cause d'héritages excessifs, continuer à subir la tyrannie de patriarches ou de mères douairières morts et enterrés ? Le corollaire de la fortune, c'est le pouvoir. Le corollaire du pouvoir, c'est la capacité de détruire. Dons et héritages influencent ceux que vous aimez le plus. Hériter trop d'argent d'un seul coup détruit l'initiative, fausse la réalité, engendre l'arrogance. Une fois que l'argent vient à manquer – et cela finit toujours ainsi – on se retrouve sans le sou, mais aussi, et surtout, incapable de s'en sortir. Si d'aventure l'héritage est accompagné de conditions, cela génère souvent des comportements pervers. Nul ne peut visualiser l'avenir ni ce dont ses enfants auront besoin.

Si vous voulez aider intelligemment ceux que vous aimez, donnez-leur une partie de votre argent de votre vivant, pendant que vous pouvez leur transmettre en même temps vos valeurs morales et voir l'effet de l'argent sur eux. Quand vous serez parti, scindez vos legs en petites quantités de façon à ce que le style de vie de vos héritiers s'améliore progressivement, à différentes étapes de leur développement ; donnez-leur si possible une deuxième chance après quelques erreurs éventuelles.

Et, surtout, traitez tous vos héritiers de la même manière. Que de familles ont éclaté à la suite d'un testament favorisant certains enfants aux dépens des autres ! On trouve toujours une excuse à l'excès et au favoritisme (disparités de compétences, de maturité, d'âge, de sexe, de centres d'intérêt, etc.) Mieux vaut tout brûler que s'adonner à ce genre d'injustice. Les enfants ne sont pas titulaires d'un droit divin à l'héritage. Si le partage de votre fortune doit dresser les frères et sœurs les uns contre les autres ou provoquer des comportements autodestructeurs, cet argent, gagné à la sueur de votre front, vous aurez l'éternité pour regretter de le leur avoir donné.

Quant aux petits-enfants, c'est une autre affaire : on ne réalise pas toujours l'écart qui sépare deux générations. Certaines personnes couchent sur leur testament des membres de leur famille qui leur sont à peine plus proches que des étrangers, en espérant que leur nom ne sera pas oublié et l'impôt sur les successions moins élevé. Quelle sottise ! Ils n'auront aucun souvenir de leur bienfaiteur, de toute manière. Les récipiendaires changent souvent de nom pour mieux s'intégrer à la société où l'héritage qu'ils viennent de faire leur permet de se hisser. Non, mes amis, il faut se faire une raison, nous ne sommes pas immortels.

La solution que j'ai trouvée consiste à créer des trusts pour mes enfants et une fondation pour les causes qui me sont chères. Les trusts formeront comme un tremplin qui les aidera à démarrer dans la vie et leur servira de béquille si elles se trouvent en difficultés. Elles devront gagner leur vie, mais j'aurai auparavant financé les meilleures études possibles, je prévois aussi un petit pécule pour donner un coup de pouce au départ. Plus tard dans la vie, à supposer qu'elles aient besoin d'assistance, moi, mes exécuteurs testamentaires ou les administrateurs du trust seront là pour parer à toute urgence.

Le véritable héritage financier que je laisse à mes filles est autrement plus important. Elles seront administratrices de notre fondation familiale et, en tant que telles, jouiront d'une grande influence. Toute leur vie, avec leur mère et mes amis les plus intimes, elles distribueront des subsides importants à des institutions remarquables et à des individus créatifs ayant besoin d'une aide financière. Elles auront entre les mains la possibilité de canaliser le développement culturel, de faire progresser la recherche scientifique et médicale, d'influencer le processus politique, de former notre jeunesse et de soutenir leurs organisations religieuses.

De temps en temps, elles se réuniront pour approuver les subventions, déterminer la politique d'investissements et administrer la fondation. Les deux sœurs devront travailler ensemble et avec leur mère, ce qui empêchera la famille d'éclater. Au cours de la conversation, elles se demanderont peut-être ce que leur père aurait fait dans telle ou telle situation, se diront que telle ou telle autre m'aurait fait plaisir. Elles peuvent opter pour continuer à soutenir les œuvres que j'aidais de mon vivant. Mais, dans le cadre des grandes lignes directrices que j'ai inscrit dans les statuts de la fondation, elles passeront le plus clair de leur temps à sélectionner les causes qui leur paraissent les plus dignes de notre aide. (Si, de temps à autre, elles pensent à leur père, ce ne sera pas mal non plus !)

Au conseil d'administration de la fondation, siégeront aussi quelques amis intimes. Je ne leur lègue pas d'argent, à eux non plus. La plupart d'entre eux ont bien réussi, ils n'en ont pas besoin ; ils seraient gênés. Tous partagent mon intérêt pour la philanthropie (sans quoi ils ne figureraient sans doute pas parmi mes amis), ils sauront donc conseiller mes filles lorsqu'il s'agira de faire le tri parmi des centaines de sollicitations. Elles en tireront la satisfaction et la reconnaissance qu'elles méritent, ainsi qu'un rappel périodique de notre amitié.

* * *

Dès aujourd'hui, vous comme moi (et comme ma fondation, dans quelque temps), nous avons le choix : la liste des causes dignes de notre aide est infinie. On peut contribuer à promouvoir ses croyances religieuses ; à instruire la jeunesse ; à lutter contre la cécité et les morts prématurées, contre la misère qui sévit de par le monde. On peut aussi contribuer à la recherche contre les maladies susceptibles de frapper les générations futures, soutenir des peintres et des sculpteurs, des musiciens et des musées, de façon à enrichir notre patrimoine culturel ; on peut travailler à améliorer l'environnement, aider ceux qui ont besoin d'un coup de pouce.

Quel que soit notre choix, notre influence et notre souvenir se prolongeront longtemps après notre disparition physique. Et si nous faisons (ou promettons) nos dons de notre vivant, voir notre aide se mettre en place et produire ses premiers effets nous donnera, à coup sûr, la plus grande satisfaction que l'argent puisse procurer. Avoir son nom sur une plaque ou sur la liste des généreux donateurs qui permettent aux organisations philanthropiques d'accomplir leur mission, cela nous récompense toute notre vie. Tout à coup, la communauté, le pays, et même le monde, deviennent nos débiteurs. Quelle plus grande satisfaction que d'œuvrer au mieux-être de l'humanité ? D'autant que nous faisons ce que nous – et non pas quelqu'un d'autre – pensons personnellement qu'il faut faire pour elle.

Johns Hopkins University et Yale University comptent toutes deux parmi leurs bienfaiteurs des hommes qui en ont fait l'expérience. Zanvyl Krieger, avocat de Baltimore animé d'un profond souci humanitaire, avait pensé léguer à Johns Hopkins la somme magnifique de 50 millions de dollars après sa mort. Un beau jour, en 1992, il s'est dit qu'il était dommage d'attendre, dommage de laisser encore une génération être privée d'éducation, de laisser mourir des malades alors que l'on pouvait hâter la découverte du traitement de leur maladie. Il a donc, sans plus attendre, fait le don qu'il avait prévu dans son testament. La reconnaissance, le respect et le plaisir dont il a joui ces dernières années valaient-ils cette somme ? Il vous dira qu'il n'a jamais rien fait d'aussi astucieux, que son seul regret est de n'y avoir pas pensé plus tôt.

Lee Bass a vécu une expérience différente, moins agréable, mais qui constitue une raison supplémentaire de donner de son vivant plutôt que par testament. Il a offert 20 millions de dollars à Yale pour réaliser un programme bien précis. Pour un certain nombre de raisons, Yale n'a jamais réussi à le faire fonctionner. Il a donc récupéré son argent (et je suis sûr qu'il en fera don à une autre cause aussi noble qui, cette fois, satisfera ses souhaits). S'il avait agi par voie testamentaire, il n'aurait pas bénéficié du droit à l'erreur.

Il n'est pas indispensable de disposer de moyens considérables pour en faire bon usage. Les petits cadeaux s'additionnent et, collectivement, peuvent faire de grandes choses. D'un point de vue moins altruiste, les contacts, le respect et la satisfaction que vous vaudra votre générosité ne peuvent que stimuler votre réussite dans les affaires et dans la société. Ce que vous donnez vous est souvent rendu au centuple. Vous n'avez peut-être ni à vous demander combien laisser à vos enfants, ni à rechercher de déductions fiscales. Ces problèmes, corollaires de la fortune, vous les connaîtrez peut-être plus tard. Mais dès maintenant, vous pouvez bâtir l'avenir grâce à votre générosité, votre « petite pierre » peut vous permettre de rester un catalyseur positif dans la vie des autres, longtemps après que la vôtre soit achevée.

La philanthropie privée est véritablement une tradition américaine – c'est même l'une des contributions uniques que nous faisons à l'humanité, l'une des raisons de la grande réussite que connaît notre pays. C'est ici, aux États-Unis, que certaines personnes désireuses d'étendre le domaine de la connaissance humaine financent la recherche fondamentale de façon totalement désintéressée. C'est ici que la multiplicité des programmes charitables initiés en dehors de toute planification du gouvernement central aboutit à des résultats souvent extraordinaires. C'est ici que les projets inhabituels, étranges, à la pointe du progrès, trouvent tous un financement.

Nulle part dans le monde il n'existe l'équivalent de la générosité américaine. Dans ce pays, il est aussi valorisant d'aider les autres que de réussir dans les arts, dans sa vie privée ou dans le commerce. Des grands « barons » du début du siècle aux géants actuels de la philanthropie (Annenberg, Bass, Getty, Hunt, Hunstman, Lauder, Packard, Tisch, etc.) ce sont généralement ceux qui ont connu la plus grande réussite personnelle qui ont le plus donné aux autres.

La vie mondaine des riches, dans les grandes villes américaines, est placée sous le signe de la philanthropie. Au lieu de s'adonner à des distractions purement égoïstes, ils participent à des événements – grands dîners, soirées dansantes, croisières, etc. – destinés à collecter des fonds. Même les activités sportives servent souvent les grandes causes de la planète. Prenez la chronique mondaine d'un journal new-yorkais, vous y trouverez le nom des personnalités qui assistent, tous les soirs, à ces dîners de bienfaisance et la presse rend un hommage particulier à ceux qui ont beaucoup donné par le passé et participent activement à la collecte de fonds. Chefs d'entreprises et personnalités mondaines se sollicitent mutuellement au bénéfice de l'œuvre qui leur tient le plus à cœur. Ils se retrouvent à des soirées mondaines au cours desquelles, après quelques discours flatteurs, ils s'accordent mutuellement de petits témoignages de gratitude. De belles soirées pour de belles causes.

Il faut reconnaître, hélas, que les cercles philanthropiques sont toujours trop restreints. Ce sont toujours les mêmes noms qui reviennent sur les listes de donateurs. Où sont les autres ? Où sont les athlètes qui ont bénéficié de bourses, puis gagné eux-mêmes des fortunes, mais n'ont jamais donné un sou à l'université qui leur a mis le pied à l'étrier ? Où sont les vedettes du showbiz ? À quelques notables exceptions près, elles ne réagissent qu'à la crise du moment, orchestrée par les médias, dans les seuls domaines de l'environnement, de la santé ou de la pauvreté. Il leur suffirait pourtant de faire don d'une soirée, régulièrement, pour aider tant de personnes ! Les sportifs et les vedettes du spectacle gagnent remarquablement leur vie grâce au public : ils lui doivent quelque chose en retour. Ils sont trop peu nombreux, les Bill Crosby, les Paul Newman, les Larry Johnson et les Andrea Jaeger, dont je salue le travail.

Il nous appartient d'en convaincre d'autres de se joindre à eux. Il y a encore tant à faire, tant de personnes à aider !

J'ai toujours respecté ceux qui, au lieu de gémir sur les misères du monde, tentent de le rendre plus accueillant et plus humain. Certains donnent leur temps, d'autres de l'argent. Certains choisissent la voie de l'action humanitaire, d'autres préfèrent œuvrer au sein du gouvernement. Prenez les millionnaires actifs politiquement, comme Steve Forbes. Nombre d'entre eux ne sont pas de mon bord, mais j'ai la plus grande admiration pour ceux qui mettent leur fortune, leur temps et leur réputation à la disposition de leur cœur et de leurs idées. Contrairement à tous les conseils qu'on lui a prodigués, Forbes a dépensé une partie de sa fortune personnelle pour financer sa campagne. Il soumettait ainsi sa propre personne et sa famille à l'examen impitoyable des électeurs (par presse interposée), assumait les risques physiques que cela implique, tout cela par idéal, pour changer le monde (je ne pense pas qu'il ait besoin des émoluments liés à la fonction pour vivre). Pour se lancer dans ce type d'aventure, il faut du courage, de la générosité et un immense dévouement. Il en faut d'autres, des hommes et des femmes comme lui, qui ne se contentent pas de récriminer, mais passent à l'action !

Il en va de même en matière de philanthropie. À New York, des gens comme Peter Grauer, Henry Kravis, Morris Offit, Jack et Lewis Rudin, Dan Tully et Dave Komansky font énormément pour les grandes causes : ils donnent de l'argent, incitent les autres à en faire autant, offrent leur intelligence et leur travail (sans abandonner pour autant leurs responsabilités familiales et de chefs d'entreprises). Dans toute ville américaine, on pourrait dresser une liste comparable. Par comparaison, ceux d'entre nous qui ne font rien sont paresseux, égoïstes et surtout myopes. Ils se privent ainsi eux-mêmes du plus grand plaisir que la vie puisse offrir : apporter sa petite pierre à la construction d'un monde meilleur.

* * *

Aujourd'hui, ce sont les entreprises qui contribuent le plus au financement des organismes caritatifs. Aider les autres ne nuit pas aux affaires, bien au contraire. Les entreprises donnent pour améliorer leur environnement, influencer l'opinion publique, renvoyer l'ascenseur, se ménager des accès. Soit elles font directement des dons aux organismes à vocation caritative ou culturelle, soit elles doublent ceux que font individuellement les membres de leur personnel. Elles font aussi des dons en nature, sous forme de marchandises que les associations redistribuent aux plus démunis ou de matériel de bureau usagé qui peut leur être utile. Enfin, elles prêtent leur personnel ou encouragent leurs salariés à faire du bénévolat.

Je suis administrateur du Central Park Conservancy. Le CPC collecte des fonds privés pour rénover et entretenir ce magnifique espace vert, à deux pâtés de maisons de nos bureaux, près duquel résident nombre de nos salariés. La ville de New York n'a pas les moyens d'entretenir ce poumon de verdure, mais je pense que nous avons tout intérêt à l'y aider, dans la mesure où un environnement agréable constitue un atout pour attirer les meilleurs collaborateurs. Je fais partie des fervents utilisateurs de Central Park, mais je ne suis pas le seul : nombre de nos salariés y font du sport, s'y détendent ou s'y retrouvent. Bloomberg (et aussi le très généreux Dick Gilder, qui a offert 17 millions de dollars pour la restauration du parc) finance le CPC et organise des événements destinés à collecter des fonds supplémentaires. Les travaux réalisés allègent les dépenses de la ville et, je viens de le dire, nous en bénéficions directement. Toutes les entreprises devraient en faire autant. Il faut soutenir financièrement des causes de ce type dans toutes les villes où nous avons un bureau. C'est bon pour les affaires, puisque c'est bon pour les gens.

Les stages d'été permettent aussi de rendre service sans nuire aux affaires, bien au contraire. Chaque année, nous accueillons près de deux cents étudiants. Ils reçoivent le même salaire : dix dollars de l'heure – c'est beaucoup pour eux, mais, à dire la vérité, pas pour nous. Nous essayons de faire en sorte que les quelques mois qu'ils passent chez nous constitue une expérience aussi intéressante que possible pour eux. Ils voient fonctionner une entreprise de l'intérieur, c'est un premier contact avec le monde des affaires. Quelques années plus tard, nous serons en concurrence avec d'autres firmes pour recruter ces mêmes jeunes. Nous espérons bien qu'ils auront gardé un bon souvenir de leur stage et qu'ils nous choisiront de préférence aux autres firmes.

Nous offrons un certain nombre de ces stages d'été à des organisations philanthropiques qui les mettent aux enchères pour collecter des fonds (« Qu'est-ce que vous donneriez pour que votre fils ou votre fille fasse un stage chez Bloomberg ? ») Nous embauchons, pour quelques mois, les enfants de nos salariés, de nos clients et de nos fournisseurs. Nous leur faisons ainsi une faveur qui nous est rendue sous forme de fidélisation ou de resserrement des liens entre nos sociétés. Beaucoup de nos stages vont aussi à des jeunes issus de familles moins favorisées, dont les parents n'ont pas de « relations » à exploiter. Ceux-là nous permettent de nous faire connaître dans des milieux d'où, normalement, ne nous parviendraient pas de candidatures spontanées pour des postes à plein temps. Les jeunes répandent la bonne nouvelle, ce qui aide notre recrutement ultérieur. En outre, évidemment, le système nous permet d'identifier les étudiants que nous souhaitons embaucher définitivement quand ils auront terminé leurs études.

L'une des difficultés que nous rencontrons, au niveau du recrutement, c'est d'attirer des candidatures diverses par le sexe, la religion, la couleur de la peau. Aux États-Unis, la loi nous impose d'avoir un personnel diversifié. Le capitalisme du marché nous l'impose également. Et puis le brassage de cerveaux différents augmente les probabilités que la prochaine idée géniale germe parmi nous et non ailleurs.

Il n'est pas toujours facile d'inciter les meilleurs, les plus brillants de chaque groupe à poser leur candidature chez nous. Il arrive souvent qu'ils ne sachent ni qui nous sommes, ni ce que nous faisons, qu'ils ne croient pas pouvoir obtenir un poste chez nous – et même qu'ils n'envisagent pas de faire carrière dans les affaires. Nous avons donc mis en place un plan de recrutement personnalisé. Nous faisons paraître des annonces dans les journaux et dans les magazines que les groupes cibles sont susceptibles de lire, nous participons à des journées carrière dans leurs écoles, nous allons aux salons professionnels et aux salons de recrutement où ils prospectent.

Certains des groupes que nous visons sont également très demandés par nos concurrents. Nous devons leur donner une bonne raison de nous choisir de préférence aux autres. Pour les attirer, nous louons nos terminaux à moitié prix aux bibliothèques qui les mettent à la disposition des étudiants. (À un moment donné, nous ne les faisions pas payer du tout… et avions fini par en disséminer plus de mille dans diverses écoles.) En les faisant payer un peu, nous pouvons aider un plus grand nombre d'écoles sans créer une charge financière trop lourde pour elles ou pour nous. Les étudiants se servent de notre terminal pour leurs recherches ; aussi, quand nous venons organiser des entretiens de recrutement sur place, ils s'inscrivent plus nombreux pour rencontrer notre représentant. Nous fournissons aussi des terminaux gratuits à quarante et une écoles participant au United Negro College Fund. Ce sont en général de petites écoles aux budgets minuscules, qui ne peuvent pas compter sur d'anciens élèves fortunés pour les défrayer même de notre tarif réduit. Leurs étudiants n'ont en général pas encore été en contact avec le monde des affaires et encore moins avec Bloomberg ou avec nos métiers. Rares sont aussi les entreprises qui contactent leur bureau de placement des élèves. Les prochains génies en sortiront néanmoins peut-être, ces talents nous intéressent !

Nous apportons notre soutien à d'autres organisations locales, culturelles et éducatives, pour des raisons similaires. Je suis administrateur du Lincoln Center for the Performing Arts et du Jewish Museum, qui enrichissent tous deux la vie culturelle de New York. Un autre organisme, « Prep for Prep », envoie les enfants les plus brillants issus de groupes minoritaires dans des universités privées qu'ils n'auraient pas eu les moyens de fréquenter autrement. C'est une cause enthousiasmante, susceptible de rendre notre société plus harmonieuse. Avec Leon Black, Marty Lipton et John Vogelstein, autres philanthropes new-yorkais, nous transformons ainsi la vie d'un bon nombre de jeunes gens intelligents et courageux. Leur ouvrir la voie qui mène au rêve américain, voilà bien l'une des choses les plus satisfaisantes que je puisse faire – et, comme d'habitude, c'est excellent pour ma société. Là encore, je donne de mon temps pour participer au conseil d'administration, ainsi que mon argent et celui de ma firme pour promouvoir les objectifs de « Prep for Prep ». Nous sommes payés de retour : nous vivons dans une société plus harmonieuse, nous pouvons recruter d'excellents éléments, et nous ressentons une immense satisfaction. (Je suis également administrateur de l'U.S. Ski Team Educational Foundation, mais pour des raisons strictement personnelles. Je suis passionné de ski, cela m'amuse. Comme quoi on peut pratiquer la philanthropie en s'amusant !)

* * *

Je place au-dessus de tout le reste tout ce qui touche à l'éducation. Mon travail avec l'Academy of Finance contribue à préparer les élèves du secondaire, sur l'ensemble du territoire, à se débrouiller dans le monde du commerce quand ils auront terminé leurs études. Je participe au financement de l'école de mes filles, dont je suis administrateur. C'est une institution remarquable et les frais de scolarité demandés aux parents ne couvrent jamais les coûts réels, surtout lorsqu'il s'agit d'enfants ayant bénéficié d'une bourse. Je suis également administrateur de l'Institute for Advanced Study, cellule de réflexion situé à Princeton, dans le New Jersey, destiné aux étudiants de post-doctorat travaillant sur des problèmes extrêmement théoriques en matière de sciences sociales et naturelles. Qui sait si ses membres n'aboutiront pas à de grandes découvertes ? (Albert Einstein a été le premier représentant de la faculté de cet organisme.)

L'essentiel de mon activité, cependant, à part ma famille et mon entreprise, je la consacre à Johns Hopkins University. J'ai l'honneur d'en présider le conseil d'université – je tente ainsi de marcher sur les traces de Morris Offit, qui a changé à lui tout seul le destin de cette grande institution. Cette activité me conduit environ une fois par semaine au siège de Baltimore. J'ai du mal à imaginer une activité à la fois aussi difficile, intéressante et gratifiante.

Hopkins a trois missions essentielles : la première est d'éduquer nos futures élites ; la seconde la recherche, afin de découvrir, d'inventer et de créer ce qui façonnera nos vies, préviendra, éradiquera et guérira les maladies et les infirmités qui causent tant de misère de par le monde ; la troisième consiste à aider l'armée à défendre les libertés qui, ici, nous paraissent souvent aller de soi.

Johns Hopkins aide les lieux où il possède des campus : le Maryland, Washington, la Chine et l'Italie. Mais c'est dans le monde entier que cette institution diffuse l'éducation, les connaissances et la culture. Ainsi, lorsque je donne de l'argent à Johns Hopkins (premier bénéficiaire de ma générosité), quand je donne mon temps et les petites idées qui me viennent, je fais une contribution à la société dans son ensemble. La prochaine fois qu'un chercheur, un diplomate ou un écrivain de Johns Hopkins aura le prix Nobel, je le partagerai moralement. Il ou elle ne l'aurait pas obtenu sans ma participation. Ce sera donc mon prix, à moi aussi. Ce sera aussi, et tout autant, le prix Nobel de chacune des centaines de milliers de personnes qui donnent leur temps et leur argent aux diverses institutions Hopkins.

Citoyen du monde (auquel la chance a souri), je suis responsable de faire ce que je peux pour améliorer la vie des autres. Je le fais avec mon argent, mon expérience et mon temps (fortune, sagesse et travail – ce sont les trois choses que l'on peut donner). Et j'ai essayé de le faire de la façon que je crois la plus efficace. Il y a quelques années, en l'honneur des soixante-quinze ans de ma mère, j'ai doté une chaire d'histoire de l'art à Hopkins. Elle s'y intéresse et l'école en avait besoin. Je crois que cela lui fait vraiment plaisir de penser que le titulaire de la chaire Charlotte Bloomberg enseigne, fait de la recherche, enrichit notre culture. Par ailleurs, ma mère, ma sœur et moi-même offrons chaque année quatre bourses à des personnes qui contribuent à des causes juives, autre passion de ma mère. Tous les hivers, elle se fait une joie d'assister à la cérémonie au cours de laquelle sont remises ces bourses. Son regard parle pour elle quand elle aide à choisir les lauréats et leur remet leur enveloppe.

J'ai doté Harvard University d'une chaire d'enseignement et de recherche, dont le titulaire conduit des études sur les politiques de bénévolat et la philanthropie. Je lui ai donné le nom de mon père, et s'il n'est plus là pour le voir, sa femme, ses enfants et petits enfants le sont. Tous les deux ans, cette « chaire » passe d'une école d'Harvard à l'autre, de la religion au droit en passant, bien sûr, par mon *alma mater*, le business. Une nouvelle personne se penche alors sur le sujet qui m'intéresse tant, la philanthropie et, dans une optique nouvelle, l'enseigne, conduit des recherches et écrit. Ces personnes apporteront-elles une contribution importante à la société ? J'en suis certain. Le fait d'enseigner cette activité qui me tient tant à cœur permettra-t-il de la prolonger ? J'y compte bien. Ma famille et moi-même en concevrons-nous du plaisir, de la satisfaction, de l'admiration ? Absolument.

* * *

En Amérique, le rôle de la philanthropie et du service à la communauté est clair : nous devons nous y impliquer ou nos successeurs souffriront – et il pourrait fort bien s'agir de nos propres descendants. Pour certains, c'est à l'État qu'il appartient de veiller au bien-être des citoyens. C'est commettre deux erreurs : primo, l'État ne peut pas tout faire, secundo, il y a des choses qu'il ne fait pas bien. Chacun doit donc se mobiliser personnellement pour faire ce dont il croit que la société a besoin.

En matière d'œuvres philanthropiques et de service à la communauté, le rôle des entreprises se présente d'une manière un peu différente. En général, la direction est juridiquement responsable de maximiser la valeur du capital détenu par les actionnaires. Rien ne peut la délier de cet objectif et, compte tenu du potentiel de malversations, il est bon qu'il en soit ainsi. Les activités qui ne s'inscrivent pas dans cette perspective sont en général prohibées. Ce n'est pas parce que le patron tient telle ou telle œuvre en haute estime qu'il peut détourner vers elle des actifs appartenant aux actionnaires. Les sociétés sont dans l'obligation de distribuer des dividendes, dont les actionnaires individuels font ce qu'ils veulent. Il en va de même dans la gestion des affaires : tout ce qui n'est pas conçu pour promouvoir les intérêts de la société est légalement interdit.

Rien ne pourrait cependant mieux servir les intérêts des actionnaires que d'aider les autres à aider l'entreprise. En tant que chef d'entreprise, je suis sans cesse sollicité pour toutes les belles causes possibles et imaginables. Lorsqu'il s'agit de ma religion, de mes activités favorites ou des écoles où j'ai fait mes études, la donation est au nom de Michael R. Bloomberg. Cependant, quand c'est par un client que je suis sollicité, quand les membres de notre personnel bénéficient directement de la contribution demandée, quand elle est susceptible d'aider spécifiquement nos affaires, c'est Bloomberg L.P. qui fait le cadeau. Autrement dit, les intérêts personnels, je m'en occupe, mais ceux qui relèvent de nos affaires, tous les investisseurs y contribuent.

Les sociétés non cotées sont plus libres que les autres de faire ce qu'elles estiment être de leur devoir. Nous avons par exemple refusé de nous introduire sur le marché de l'Afrique du Sud pendant l'apartheid et nous avons pris cette décision avant que de nombreuses municipalités américaines l'exigent de leurs fournisseurs. Plus tard, quand le président de Klerk a commencé à démanteler les pratiques racistes, nous avons à nouveau joué les pionniers : nous sommes allés travailler en Afrique du Sud pour encourager le gouvernement de ce pays à poursuivre son action sur cette voie, alors que la politique officielle du gouvernement américain restait restrictive. Il faut parfois faire ce que l'on croit bon pour la société, même si ce n'est ni populaire ni profitable.

Pourtant, même pour les sociétés privées, il y a une limite. Elles n'ont jamais suffisamment de ressources, à la fois en temps et en argent, pour tout faire. Comme beaucoup d'autres entreprises ayant le souci de servir la communauté, nous employons une personne à temps complet, Patti Harris, dont l'unique tâche consiste à décider quelles activités philanthropiques sont adaptées à notre entreprise et à s'assurer que nous en avons pour notre argent quand nous offrons des subsides, du temps et du personnel. L'une des questions que se pose Patti est la suivante : quand cela nous aide-t-il d'aider les autres ? En voici une autre : combien pouvons-nous nous permettre de donner, sachant que nous sommes sans cesse sollicités ? La troisième s'adresse directement à son cœur – par pure compassion, il y a des cas où nous ne pouvons pas rester indifférents.

Nous donnons aux œuvres que soutiennent nos clients – c'est pour nous une manière de les remercier de leur fidélité. Nous faisons des dons à des organisations qui améliorent la notoriété de notre marque et notre image. Nous soutenons les efforts pour améliorer l'environnement dont profite notre personnel. Nous unissons nos dons à ceux des autres quand nous pensons que les relations, les contacts et l'expérience mutuelle peuvent, plus tard, être utiles à notre société dans l'exercice de ses activités commerciales.

Non seulement Patti engage nos dollars, mais elle suit, influence et oriente l'usage qui en est fait de façon à s'assurer que nos objectifs sont atteints. Il arrive d'ailleurs souvent que de petites associations aient autant besoin de notre aide et de nos conseils que de notre argent. Patti peut les aider à collecter des fonds, à faire de la publicité, à entrer en contact avec les administrations susceptibles de leur être utiles. En outre, elle prend l'initiative de chercher sans cesse de nouvelles façons dont Bloomberg, le personnel et moi-même pouvons nous rendre utiles à la communauté. (L'un des projets qu'elle nous a ainsi soufflé c'est la peinture des écoles. Avec l'aide de Publicolor, association à but non lucratif basée à New York, nous achetons des pinceaux et de la peinture. Nos salariés offrent leur temps : le week-end, ils se transforment en peintres en bâtiment dans les écoles de la ville. Ensemble, nous transformons l'environnement de milliers d'enfants qui travaillaient jusque-là dans des locaux lugubres. Instantanément, la sueur et le cash produisent des résultats visibles.)

Nous souhaitons être connus comme une entreprise soucieuse du bien-être de son personnel, qui sait aussi se montrer généreuse envers la communauté. Cette attitude ne nuit pas à nos résultats, bien au contraire. Les entreprises qui ne le comprennent pas ne réalisent pas la totalité de leur potentiel.

Donnez un peu de ce que vous gagnez, vous gagnerez plus encore !

# Postface

L'heure est venue de répondre à la question que se posent, j'en suis certain, la plupart de mes lecteurs : pourquoi a-t-il écrit ce livre ? Il est vrai que cela nous a pris beaucoup de temps, à Matt et à moi, nous aurions pu le passer à faire autre chose. Je n'ignore pas que nous courions un risque, à coucher sur le papier des choses sur lesquelles nous ne pourrions pas facilement revenir. Si les critiques nous descendent en flammes, nous en serons mortifiés. Si nous vendons moins d'exemplaires que le pape, je serai définitivement étiqueté comme un piètre écrivain (et Kelly McGown, qui a inlassablement édité et tapé les révisions de Matt et les miennes, avec tant de compétence, nous tuera tous les deux).

La rédaction en elle-même m'a donné une précieuse leçon de modestie. J'ai toujours admiré ceux de mes amis qui remplissent leurs obligations familiales, dirigent leur entreprise et, simultanément, écrivent des scénarios, des articles et des livres sérieux. Leur talent littéraire et leur discipline personnelle sont cent coudées au-dessus des miennes : ce sont des êtres supérieurs – à côté d'eux, j'ai vraiment l'impression d'être un dilettante. Il a fallu reprendre le manuscrit, page après page, plusieurs fois. Sans le soutien et les encouragements de nombreux amis, je ne serais jamais allé jusqu'au bout. Ils ne sont certes pas responsables de la qualité du résultat. Mais ils m'ont poussé à continuer à faire de mon mieux et, pour le meilleur et pour le pire, vous avez entre les mains ce que je suis capable d'écrire.

Matt et notre agent Arthur Klebanoff ont élaboré le plan du livre et m'ont obligé à prendre la plume. Ensuite, cela a pris un temps infini de combiner les gribouillages de Matt et les miens afin d'en faire de la prose, moi qui ne communique, en temps normal, que verbalement.

C'est Myles Thompson, de John Wiley & Sons, qui a lancé toute cette affaire en téléphonant à Elizabeth DeMarse, notre grande prêtresse du marketing, afin de solliciter notre intérêt. Mon premier instinct a consisté à répondre qu'il n'en était *absolument pas question*. Si l'on mettait en regard le risque pris et ce qu'il pouvait rapporter, il apparaissait à l'évidence que Bloomberg n'avait pas grand-chose à espérer de l'entreprise. La plupart des amis à qui j'en ai parlé m'ont dit la même chose. C'est sans doute cela qui m'a décidé, d'ailleurs. L'adjectif « têtu » n'est pas, à mon avis, celui qui convient le mieux pour me décrire, je dirais plutôt que je suis « tête de mule ». En outre, je manifeste souvent un certain esprit de contradiction : le meilleur moyen de m'inciter à prendre un risque ou à m'engager loin des sentiers battus est donc certainement de me conseiller de ne pas le faire.

Que dire du désir de voir son propre nom sur la couverture d'un bouquin ? Je plaide non coupable. La réussite de notre compagnie a fait connaître mon nom dans le monde entier, et je suis le porte-parole de Bloomberg. La publicité devrait me laisser indifférent... Je dois pourtant reconnaître que l'adulation des foules, même feinte, ne m'est pas désagréable.

N'oublions pas non plus que si notre logo fleurit dans des librairies du monde entier, cela ne fera pas de mal à nos affaires. Plus nous avons de notoriété, plus nos commerciaux ont la tâche facile. Établir une marque reconnue et une image favorable dans l'esprit du consommateur prend des dizaines d'années et coûte des milliards de dollars. Tout ce qui y contribue est utile, on ne sait jamais ce qui fera la différence. Au moment où la radio, la télévision, l'Internet et les magazines rivalisent pour attirer l'attention du consommateur, le vieil adage selon lequel l'important est que les gens sachent comment s'écrit votre nom s'applique plus que jamais.

Je me suis fondé aussi sur un raisonnement de nature plus prophylactique. Si vous ne faites pas quelque chose vous-même, il y a toujours un risque que quelqu'un d'autre le fasse à votre place. Laisser un journaliste sans foi ni loi trafiquer la vérité, c'est dangereux. Il n'est que trop facile de présenter le verre comme à moitié vide ! Je préférais passer le premier.

Mais, en fin de compte, ce qui a emporté la décision, c'est que j'avais quelque chose à dire. J'ai de fortes convictions sur la façon dont les jeunes doivent préparer leur avenir. Je crois aussi savoir donner aux groupes l'envie de travailler ensemble, en particulier lorsque les tensions concurrentielles se traduisent par une complexité et une technologie croissantes. J'apprécie la chance que j'ai d'être citoyen des États-Unis d'Amérique et je tiens à assumer le devoir qui m'incombe d'en faire un pays plus beau encore. Beaucoup n'apportent pas la contribution qu'ils devraient à la société et j'ai à cœur de les en convaincre, de les inciter à partager leur savoir et leur fortune et à montrer davantage de compassion.

Si je me suis attelé à la tâche, c'est pour aider, expliquer et changer, au lieu de récriminer. Si je ne joue pas mon rôle, je ne vaux pas mieux que ceux que j'accuse de mener une vie médiocre, hypocrite ou égoïste. J'ai quelque chose à dire. J'avais l'occasion de le faire. Pourquoi ne l'aurais-je pas saisie ?

# Index

## A



## B

## C

## D



## E



## F

## G



## H



## I



## J

N



O



P



Q



R

## S



## T



## U

## V



## W



## X



## Y



## Z

Achevé d'imprimer
sur les presses de l'imprimerie
Arts Graphiques du Perche
28240 Meaucé

Dépôt légal Novembre 1999
Imprimé en France

991693